彩图 1

彩图 2

彩图 3

彩图 4

彩图 5

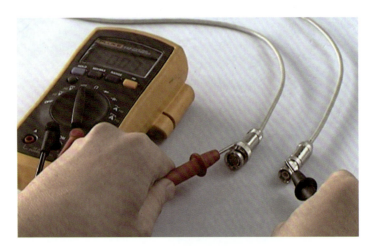

彩图 6

彩图 7

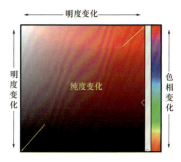

彩图 8

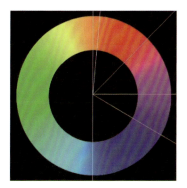

彩图 9

彩图 10

彩图 11

彩图 12

彩图 13

彩图 14

彩图 15

微课程和
多媒体课件
设计与制作规范
|第3版|

吴疆◎主编

人民邮电出版社

北 京

图书在版编目（CIP）数据

微课程和多媒体课件设计与制作规范 / 吴疆主编
. -- 3版. -- 北京 : 人民邮电出版社，2023.7
ISBN 978-7-115-61469-8

Ⅰ. ①微… Ⅱ. ①吴… Ⅲ. ①多媒体课件－制作
Ⅳ. ①G434

中国国家版本馆CIP数据核字(2023)第053901号

内 容 提 要

本书共分为三部分。第一部分主要介绍视听觉媒体的运用与规范，包括多媒体课件画面的艺术运用以及文字、声音、图像、视频、动画等媒体的运用与规范。第二部分主要介绍微课程的设计与制作，包括微课程的教学特点、微课的教学设计与结构规划、微课的教学编导与制作、微课的基本教学技能和教学效果评价等。第三部分介绍多媒体课件的制作与规范，包括多媒体课件的整体设计、多媒体课件的界面设计、PPT课件的设计与评价。

本书可作为高等学校教育技术专业教育技术公共课教材，也适合广大教师、教学管理人员以及多媒体与网络课件开发人员阅读。

◆ 主　编　吴　疆
　　责任编辑　刘　朋
　　责任印制　陈　犇

◆ 人民邮电出版社出版发行　　北京市丰台区成寿寺路 11 号
　　邮编　100164　　电子邮件　315@ptpress.com.cn
　　网址　https://www.ptpress.com.cn
　　北京隆昌伟业印刷有限公司印刷

◆ 开本：787×1092　1/16　　　　　　彩插：2
　　印张：18　　　　　　　　　　　2023 年 7 月第 3 版
　　字数：396 千字　　　　　　　　2023 年 7 月北京第 1 次印刷

定价：69.90 元

读者服务热线：(010)81055410　印装质量热线：(010)81055316
反盗版热线：(010)81055315
广告经营许可证：京东市监广登字 20170147 号

本书编委会

主　　编：吴　疆

副主编：刘成锁　周丙锋

编　　委：张攀峰　张　莹　常　樱　吴　琼
　　　　　李　嬿

前　　言

　　网络和多媒体技术为学习者提供了各种知识信息，改变了人们的学习和工作方式，也为教育工作者如何运用信息技术提高教育水平提出了新的课题，更为教育工作赋予和提出了新的内涵和要求。信息技术教育已经成为培养学生的创新意识与综合素质的新型教育方式。

　　多媒体课件是由文字、图像、图形、动画、视频和音频等多种视听觉媒体组合而成的，它们也构成了多媒体课件画面中的媒体语言。这些视听觉媒体有各自的表现规律，也有着彼此配合组织的规律。学习这些媒体技术不仅仅是学习其艺术表现，更重要的是学习这些媒体语言的运用与规范。界面设计是多媒体课件制作过程中需要认真对待的重要方面，其表现形式直接决定了教学信息传播的通畅性。合理的界面设计不仅可以提升课件的艺术品位，而且能改善教师授课的效果。

　　微课这种将教师讲课的微视频和学生课前自主预习、教师课上辅导答疑的教学组织流程相结合的教学模式已经开始在教学中应用了。随着移动数码产品和无线网络的普及，基于微课的移动学习和远程学习将会越来越普及，微课必将成为一种新型教学模式和学习方式，更是一种可以让学生进行自主学习和探究性学习的平台。如何设计与制作符合学生的认知特点、能引起学生的兴趣、有助于学生自主学习的微课，是当前教师急需解决的问题。

　　为了使广大教师能够了解、学习微课和多媒体课件的设计与制作方法，掌握微课教学中的各种应用技能，进一步加强理论与规范在教学中的指导作用，我们组织相关教育专家于 2015 年编写了本书。本书包括三部分内容：视听觉媒体的运用与规范、微课程的设计与制作，以及多媒体课件的制作与规范。几年来，随着发行量的不断提高，该书对如何在教学中应用微课和多媒体课件起到了较好的示范作用，尤其是对教学当中的一些不规范的方式、方法和手段进行了纠正。教学改革的深入发展和教学环境的不断变化，带来了教学方法、教学模式和教学手段的变化，对教师的教学过程和教学技能提出了更高的要求。为了进一步满足广大教师在教学中的应用需求，我们组织相关教育专家对本书内容进行了补充和完善。新版内容更加丰富，进一步突出了系统性和实用性，我们希望能够满足广大教师在教学中的不同需求，有效解决教师在教学中遇到的各种问题。

　　由于编者水平有限，加之编写时间仓促，书中难免存在疏漏和不妥之处，敬请广大读者批评指正。

编　者

目　　录

第一部分　视听觉媒体的运用与规范

第二部分　微课程的设计与制作

第三部分　多媒体课件的制作与规范

第一部分

视听觉媒体的运用与规范

第一章　多媒体课件画面的艺术运用

第一节　多媒体课件的特点与画面

图和文都具有语言功能，可以用来交流思想和传递信息。文字语言具有线性特点，在描述事物以及思维过程时，需要通过字、词、句的组合来进行表述。用文字语言进行交流，还需要借助人的思考和理解，并且与人的知识水平和语文水平有着密切的关系。同时，文字语言还具有地域性，不同国家和地区的文字往往不同，人们需要借助翻译才能进行交流。另外，文字语言具有概括性和隐喻性。

画面语言以图像为基本的语言符号，包含形状、明暗、色彩、色调、肌理、比例和空间等构成要素，在使用上更强调造型，以二维画面形式显示事物，多种事物可以同时呈现在屏幕上。通过画面上的图像，可以形象地反映事物和进行交流，直观易懂，没有地域上的局限。画面语言具有具象性和直观性。由于画面语言具有许多与文字语言不同的特点，所以了解和运用画面语言非常重要。

一、多媒体课件与传统教材的区别

多媒体是多种媒体的综合，一般包括文本、声音和图像等多种媒体形式。多媒体也指计算机与影像处理技术的结合，是一种人机交互式的信息交流和传播媒体。信息形式的多样性是多媒体的优势与特点，它以各种形式从各个角度与不同侧面全方位、动态地表达信息内容。

1. 设计传统教材的条件

在传统教学环境中，编写教材时需要具备两个条件：第一要具备专业知识；第二要具备用某种语言表达专业知识的能力，即掌握足够的词汇（会写），熟悉语法规则（会用）。这样才能编写出既符合教学需求又适合学习者学习的合格教材。

2. 设计多媒体课件的条件

在信息化教学环境中，设计多媒体课件时同样需要具备两个基本条件：第一要具备专业知识；第二要具备利用教育技术手段表达专业知识的能力，即掌握多媒体技术（会操作），熟悉多媒体画面的艺术规律（会应用）。由于多媒体课件不同于教材，画面呈现的艺术效果不只是增加视觉上的美感，更重要的是能够准确和完善地表达教学内容。只有具备上述条件，才可以满足教学要求和学习者的学习需求。

二、多媒体课件的特点

多媒体课件是教学、技术和艺术相结合的产物。它将视听媒体与计算机的交互功能结合在一起，把要表现的教学内容用文、图、声、像等多媒体形式有机地组合在一起，以一幅幅界面的形式呈现在学习者的面前。

多媒体课件的特点是采用非线性的超文本结构。知识结构设计主要是将教学内容划分成若干个教学单元，确定每个教学单元所包含的知识点，形成超文本的网络结构。由于多媒体课件是多维的、非线性的网状结构，它在任何时间、任何位置都可以暂停、跳转和退出。

交互性是多媒体课件的基本要求。所谓人机交互是指学习者能够主动控制某一部分内容，例如由当前页跳转到下一页或其他横向内容，终止程序运行，随时退出，等等。这种信息关联方式类似于人类的联想记忆结构和思维方式，适用于指导学习者进行有效的自主学习。

三、多媒体课件画面的呈现

多媒体画面如同书本中的字句一样，是多媒体课件的基本组成单位，主要依托数字化屏幕将文、图、声、像等内容表现出来，在功能上主要体现的是人与多媒体课件之间的信息传递和交换。多媒体画面具有动态性和交互性特征。

多媒体画面语言主要是指用以构成视听觉形象的各种因素和方式，体现创作构思以及各种手段和技法的总和，其中包括文、图、声、像等语言要素以及光线、色彩、构图、交互等诸多艺术表达形式。

语法、词汇和语音是语言的三个要素，它们之间密切联系、相互制约，但又具有相对的独立性。语法是指词语组成句子的结构和功能规律，即利用词汇来生成句子的规律。没有词汇就没有句子，也就没有语法，只有将一定的词语按照语法规则组合起来，才能准确地表达思想，进行语言交流。多媒体画面也有自己的语言，只有将其按照一定的规则组合起来，才能符合艺术规律，满足学习者的学习需求。

第二节　多媒体课件画面语言的构成与运用

一、多媒体课件画面语言的特点

多媒体课件画面语言主要依靠形、表、意来表现，通过将文、图、声、像组合起来达到视听的需要和美感。在文字语言中，字和形二者是有区别的，但是多媒体课件画面主要通过"形"来表现出其中的"义"。因此，多媒体课件画面与语言之间具有共通性。多媒体课件画面语言不受语种、教育程度等因素的限制，学习者可以通过多媒体课件画面语言对其中所表述的内容进行准确的理解。多媒体课件由一帧一帧画面构成，画面与画面之间的联系、镜头与镜头之间的组合也有一定的手法与技巧。多媒体课件画面具有传递知识信息和产生视觉（听觉）美感的作用，这也是"义"和"形"的具体要求。画面语言追求画面美、造型美、色彩美等审美要求。

多媒体课件画面的特点是以"形"传"义"。对于呈现教学内容的画面，在注重呈现知识信息的同时，还要注意画面的美感，确保知识信息的准确表达和学习环境的美化。在设计多媒体课件画面时，既要遵循这些部分的艺术规律，还要满足"艺术真实"的原则，以符合人的视觉经验和学习者的心理需求。

二、多媒体课件画面语言的构成要素

多媒体课件画面语言的构成要素主要包括文字、声音、图像、视频、动画等。

1. 文字语言要素

多媒体课件画面的文字语言要素主要是指字幕的构成和呈现方式。文字的外在表现形式（诸如字体和色彩）与图像的相互融合也是一种基本的表达模式。在设计课件时，可以用文字表达画面的意境，以图画展现文字，从而达到文字图像化与图像文字化的效果；还可以使文字与图像共同出现在画面中。除此之外，文字与图像的深度融合、字体与色彩的合理配置还会起到增强美感的艺术效果。多媒体课件画面中的文字与传统教材中的文字的含义、词法和句法是一致的，通常以字、词、句的组合来构成篇章，往往会采用描写和抒情等表现手法与技巧。只要了解文字语言的基本含义，我们就可以合理运用了。

2. 声音语言要素

多媒体课件画面的声音语言要素主要是指屏幕画面中充当解说词和能够表情达意的一切声音的形态，诸如人声、音效、音乐等。人声除了表达逻辑思维、传递信息的功能之外，因音调、音色、节奏等不同而具有表达情绪和塑造性格的作用。音效是指自然、社会的声响和主观情绪化声响，具有很强的表现力。学习者通过对音效意义的理解，可以产生一定的空间环境感受以及相应的联想和想象。音乐是指声乐和器乐形式的声音。音乐可以表达深层情感，在与画面的相互结合、相互作用中能够更好地发挥作用。声音语言通过有效塑造时空结构和构建画外空间，与视觉语言一起促进教学信息的有效传达。

3. 图像语言要素

多媒体课件画面的图像语言要素主要是指界面中的静止画面，包括摄影照片以及通过计算机或手工绘制的图画。前者侧重于构图（即拍摄主体的选择）和拍摄技巧，后者则侧重于设计者的构图创意和艺术设计（即图形中填充色彩的构成）。例如，在界面中可以使用图形按钮，让受众更加直观地识别和使用。摄影和绘画都离不开"形"和"色"这两个方面，通过点、线、面、影调、色彩、肌理和空间来体现画面内容和美感。静止画面艺术也是构图和用色的艺术，不同的构图代表不同的思想，不同的色彩代表不同的情绪。

4. 视频语言要素

多媒体课件画面的视频语言要素主要指的是界面中的运动画面，它是由画面语言、有声语言和剪辑语言构成的视听语言系统。景别、角度、镜头运动和特技的运用水平如何，对于准确表达教学信息来说非常重要。背景音乐、人物台词、旁白和特殊音效的运用，不仅可以增强画面的真实感，营造某种氛围或情感基调，更重要的是可以参与叙事、刻画人物。剪辑是指对运动画面素材进行选择、分解与组接，最终形成连贯流畅的教学内容，表达一定的主题。如果说视觉要素和听觉要素是视频语言的"语音"和"词汇"，那么剪辑方式就是视频语言的"语法"。

5. 动画语言要素

多媒体课件画面的动画语言要素包括画面造型语言、动作表演语言和声音语言三个方面。不管是二维动画还是三维动画都离不开画面，所以这些元素的创建与造型艺术有着密切的联系。多媒体课件中的动画既是创造的艺术，也是美术造型的艺术。由于动画是用各种表现手法来创造一种艺术化的仿真景物，因此动画中的影像就在动作表演中产生了独特的动作表演语言。声音可以丰富画面的造型效果，增强动画的视听魅力，因此声音也是动画语言的重要组成部分。

三、多媒体课件画面的艺术运用规律

多媒体课件画面、电视画面和计算机画面都是屏幕上呈现的画面。电视画面是通过摄像机的拍摄产生的画面，遵循的艺术规律是摄影艺术，呈现的是表现客观现实的场景镜头。计算机画面则是用计算机软件制作的，呈现的是计算机图形，所遵循的艺术规律类似于绘画艺术。

多媒体课件画面是电视画面和计算机画面的有机结合，由文、图、声、像等多种语言要素组成。由于是屏幕呈现的画面，多媒体课件画面的表现形式受到了空间、环境和内容等诸多要素的影响。为了满足学习者的视觉要求和实现真实的环境场景，除了各种语言要素应按照自身的规则进行组合外，还应遵循艺术规律，运用多种艺术手段增强画面的艺术效果。尽管不同的语言要素具有不同的艺术特色，但是它们还应遵循共同的艺术规则，并且在内容和形式上要有所拓展和创新，以实现教学内容在画面上的最佳呈现。多媒体课件画面所遵循的艺术规律如下。

1. 光线艺术

光线艺术包括光线的强度和界面用光的强弱。光线艺术可以在画面中起到表现被摄物体的形态、影调、色彩、空间位置和质感以及描写环境、塑造人物、表达情感等作用。在多媒体课件画面的影像和构图中，离不开光线艺术的运用。光线的性质、成分、角度、层次、强弱、明暗千变万化，从而构成了极为丰富的光线艺术。由于不同材质和相同纹理的物体以及相同材质和不同纹理的物体在同一光照条件下的效果是不相同的，通过多媒体课件画面景物中的光线和物体表面材质所反射的光线，可使光照效果更接近真实环境，有效地增强画面场景的真实感。

2. 色彩艺术

色彩与线条、光效、影调的融合，可以起到表现和突出拍摄主体、渲染和烘托主题、描述自然环境和确定情感基调的作用。任何一种色彩都同时具有色相、明度和纯度三种基本属性，我们称之为色彩的三要素。色彩是视觉传达中的一个非常重要的要素。对于多媒体课件来说，除了插图，文字、标题、背景和超链接等元素也都需要运用色彩艺术。多媒体课件画面通过色彩的设计与搭配可以形成强大的视觉冲击力，增强感官刺激，提升视觉传达效果。

3. 构图艺术

点、线、面和空间是画面构图的基本元素，而色彩的运用和合理配置是画面构图的重要组成部分。构图艺术的运用是为了表现内容的主题思想和美感，在一定的空间内处理各种画面元素的位置关系，用局部的形象组成艺术的整体，使画面信息更集中，更有冲击力，艺术感更强。

4. 蒙太奇艺术

蒙太奇是法国建筑学中的术语，后来被影视艺术引用，用来指镜头衔接与转化，即按照一定的目的和程序把镜头组接起来，使故事情节的发展在有别于现实的时间和空间中进行，以此构成完整的影视艺术作品。多媒体课件呈现的是运动画面，相应的艺术规律包括表现运动和运动表现两个方面。在表现运动方面，多媒体课件所采用的技术手段通常和影视技术一样，镜头的组接遵循传统的蒙太奇艺术规律。在运动表现方面，运用多媒体技术制作画面和进行画面连接，从而使教学内容的呈现在有别于现实的时间和空间中进行。这样一来，不仅画面内容更加丰富，而且画面的连接方式更加多样化，拓展了传统的蒙太奇艺术规律。

5. 交互功能艺术

交互功能是计算机的基本属性之一，用以控制计算机画面的连接。交互功能的引入为多媒体课件画面的编辑提供了更多的组接方式，形成了多媒体画面特有的交互功能艺术。在多媒体课件中，可以通过菜单、热区等方式对多组画面进行连接。这种方式可以使学习者参与到学习过程中去，使学习过程变成双向的学习交流活动。交互功能在多媒体课件中主要用于导航、互动教学和练习。

第二章　文字媒体的运用与规范

多媒体课件是用计算机对视频、音频、图像、动画及文字等进行处理并使之有机地结合在一起的一种新的信息载体和工具，这些视听觉媒体也构成了多媒体课件画面中的媒体语言。它们有各自的表现规律，也有着彼此配合组织的规律。学习这些媒体不仅仅是学习其艺术表现，更重要的是学习这些画面语言媒体的运用与规范。

多媒体画面是声像并重的视觉艺术，其中视像可分为"图"和"文"两种，文字作为抽象的符号和图形（图像）的补充出现在画面中。文字的主要功能在于强调、概括、说明课件中的某些内容，弥补图像和声音的不足。在多媒体课件中，文字的作用是不可忽视的。

第一节　教学书面语言中数字与标点符号的运用

数字与标点符号作为语言文字系统的重要组成部分，在教学中起着非常重要的作用。教学课件是通过语言文字表现其内涵的，而数字与标点符号则是其不可缺少的有机组成部分。除了可以帮助我们分清句子的内容和结构外，数字与标点符号还可以帮助我们辨明语气和了解文意。所以，正确使用数字与标点符号也是运用语言的一项基本功，对教学和阅读都有重要意义。

一、阿拉伯数字

按照文字出版物中的数字用法规定，下列情况必须使用阿拉伯数字。

1. 统计表中的数值

示例　368（整数）、15.2（小数）、1/5（分数）、58.5%（百分数）。

2. 精确的数字

示例　学校里有 2756 个学生和 198 名教职员工。

3. 代号和序号

示例　D2002/D2003 动车、105 路公交车、92 号汽油、第 1 页。

4. 物理量值

示例　800 克、15.8 平方米、5 升、100 分贝、30 摄氏度。

5. 非物理量值

示例　25.35 元、58 岁、15 个月。

6. 公历日期和时间

示例　20 世纪 90 年代、2008 年 8 月 8 日、15 时 30 分、18 时 10 分 45 秒。

7. 已定型的含阿拉伯数字的词语

示例 4G 手机、MP3 播放器、G8 峰会、维生素 B12。

二、汉字数字

按照文字出版物中的数字用法规定，下列情况必须使用汉字。

1. 定型的词组

示例 十月革命、第三世界、二万五千里长征、八国联军。

2. 农历及历史纪年

示例 丁丑年二月二日、"八月十五"中秋节、大年三十。

3. 星期、季度的表述及规范化简称

示例 星期一、第二季度、七届三中全会。

三、标点符号

标点符号是辅助文字记录语言的符号，是书面语言的有机组成部分，用来表示停顿、语气以及词语的性质和作用。

标点符号主要有句号、逗号、顿号、分号、冒号、问号、感叹号、引号、书名号、省略号、破折号和括号等。

1. 句号

① 用于表示陈述句末尾的停顿或一句话说完后的停顿。

示例 实施科教兴国战略的基础在于教育，教育的基础在于教师。

② 用在舒缓的祈使句的末尾。

示例 请您稍等一下。

2. 逗号

用在句子内部的各个成分之间，表示一句话中间的停顿。

① 句子内部主语与谓语之间的停顿。

示例 教育信息化的发展，带来了教育形式和学习方式的重大变革。

② 句子内部的谓语动词与宾语之间的停顿。

示例 我们看到，有魅力的教师在课堂上的一个举动、一个表情、一句话均能对学生产生深刻的影响。

③ 复句内部各分句之间的停顿。

示例 教学离不开语言，语言是教师完成教学任务的主要信息媒介，是师生进行信息交流的主要手段和途径。

3. 顿号

用在句子内部的并列词语之间，表示短暂的停顿。

示例1 从初始阶段的以教师为主体的教学模式向发展阶段的以教师为主导、以提高学生的自主学习能力和应用能力为目的的教学模式转换。

示例2 学生通过搜集资料并进行比较、概括、整理学习体会以及用文字表达等环节，在学习知识和技能的过程中培养能力。

4. 分号

用在并列复句内部的各个分句之间。

示例1 教学语言要简明扼要；适当留给学生一定的思考、探索时间；教学内容要合理简化；使用简短句式，便于学生理解和记忆。

示例2 尽量选择能给学习者带来愉悦的心理感受的构成元素；构图尽量开阔、畅通，不要形成"堵"的心理感觉；尽量选择能带来稳定、愉快情绪的色彩和色彩搭配。

5. 冒号

用在总说性词语和提示性词语的后边，提示下文。

示例1 基本教学技能主要包括：教学语言技能、教态变化技能、板书技能、讲解技能和演示技能。

示例2 老师们、同学们：我们现在开会了。

6. 问号

用在疑问句的后边，表示疑问。

示例 教师应当如何运用语言技能，需要注意哪些问题？

7. 感叹号

表示赞美、愤怒、惊奇等强烈的感情。

示例1 我们要为祖国的繁荣富强而奋斗！

示例2 小王！你在做什么？

8. 引号

① 表示引用原文或原话。引号的前一半不能出现在一行之末，后一半不能出现在一行之首。

示例 苏联教育家苏霍姆林斯基说："教师的语言修养在极大的程度上决定着学生在课堂上的智力劳动效率。"

② 表示具有特殊含义。

示例 在讲"多幕剧"和"独幕剧"的区别时，这位教师若不借板书，学生就很难听清楚。

9. 书名号

表示书籍、文章、报刊、影片等的名称。书名号的前一半不能出现在一行之末，后一半不能出现在一行之首。

示例1 本课出现在全日制高校通用教材《大学语文》第六单元的篇目中。

示例2 《蒹葭》是一首爱情诗，表现了古人对真挚爱情的向往。

10. 省略号

表示语句省略、意思未尽等。省略号的中间不能断开。

示例　她哼起了这首歌谣："世上只有妈妈好，有妈的孩子像块宝……"

11. 破折号

① 表示解释或说明。破折号的中间不能断开。

示例　这是全年的最后一天——大年三十。

② 表示意思转折。

示例　今天好冷呀！——你什么时候回北京？

③ 表示声音延续。

示例　同学们随着王老师的手指，大声地念起来："我们——是——中国人，我们——爱——我们的——祖国。"

12. 括号

括号包括圆括号"（）"、方括号"[ ]"和方头括号"【】"等。

（1）圆括号"（）"

对前边的话加以解释或对有关内容进行补充说明等。

示例　同学们已经掌握了语言学和文学（包括文学史）的基础知识。

（2）方括号"[ ]"

用来表示行文中的补缺或订误、国际音标、参考文献序号等。

示例　friend [frend]：名词，朋友、友人。

（3）方头括号"【】"

常用来表示工具书中的条目。

示例　acid …【化】酸的、酸性的。

四、标题序号

正确地使用标题序号，可以使内容层次清晰、逻辑分明，便于学习者学习与引述。

各级标题应区分层级。下面是某多媒体课件的一级标题到五级标题，其中一级标题用汉字数字加顿号，如"一、""二、""三、"，以此类推。

示例　一、多媒体课件的设计

二级标题用汉字数字加括号，如"（一）""（二）""（三）"，以此类推。

示例　（一）多媒体课件的类型

三级标题用阿拉伯数字加黑圆点，如"1.""2.""3."，以此类推。

示例　1．助教型

四级标题用阿拉伯数字加括号，如"（1）""（2）""（3）"，以此类推。

示例　（1）多媒体课件文字稿本的编写

五级标题用带圆圈的阿拉伯数字，如"①""②""③"，以此类推。

示例　①　多媒体课件文字稿本示例

第二节　多媒体课件中的文字媒体形态

每一个教学课件都离不开文字，如标题、内容和注释等。文字的字体、字号、颜色和屏幕布局等直接影响课件的教学与表现效果。所以，了解课件文字的基本特征，掌握课件文字的构成和呈现形式是非常重要的。

一、课件文字的基本特征

课件文字是指呈现在课件画面上的、具有特定意义的文字，除了可以对信息内容做出明晰的说明外，还可以弥补物象形态无法传播抽象信息的缺陷，克服时间对物象形态及声音的制约。

1. 文字阅读的视觉规律

屏幕上呈现的文字因形、色的差异而有别于图形，也因呈现方式和扮演的角色不同而有别于书本上的文字。我们的阅读习惯大都是从左向右、从上到下。

人的视觉习惯是由眼球转动造成的。眼球的追踪运动在方向上具有选择性，如阅读从左向右排列的文字很容易，而阅读从右向左排列的文字就较难。实验证明，眼睛水平（左右）方向的运动快于垂直（上下）方向的运动。

2. 文字设计的重要性

一本书、一份杂志、一张报纸，要想吸引读者的视线，首先是内容的可读性，其次是版面的编排设计。设计人员在版式设计中应通过各种编排手法来体现其创意，充分调动读者的视觉感受，才能达到吸引读者的目的。标题、正文、背景、色调、留白等是版式设计时需要考虑的元素，其中正文文字设计和标题文字设计则是重中之重。

二、课件文字的构成形式

在多媒体课件中，由于环境和角色的变更，文字在屏幕上的呈现效果与书本有很大的不同，主要体现在课件文字的构成形式和呈现方式上。

在课件设计中，文字作为画面的构成元素之一，除了具有传达信息的功能外，还需要具有视觉上的美感，给人以美的感受。文字由基本笔画组合而成，笔画决定了文字的形状。

1. 课件文字的类别

从艺术表现的角度来看，课件文字通常分为两大类：标题性文字和说明性文字，分别如图 2-1 和图 2-2 所示。标题性文字通常包括书名、章节标题以及部分菜单等，艺术性要求较高。说明性文字用于交代人物、时间和地点等，展示画面中人物的对话，减轻学习者"听"的负担，提高信息传播的清晰度。另外，说明性文字还用于呈现课文内容，对图形进行说明，标注图标名称，等等。说明性文字一般不要求具有艺术性，但要求清晰、便于阅读。

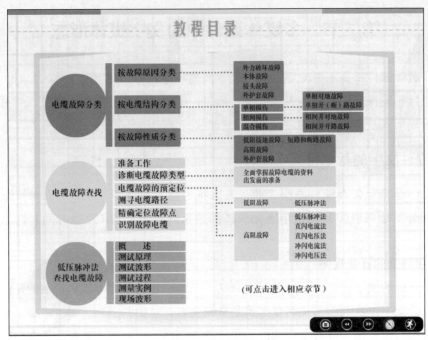

图 2-1　标题性文字

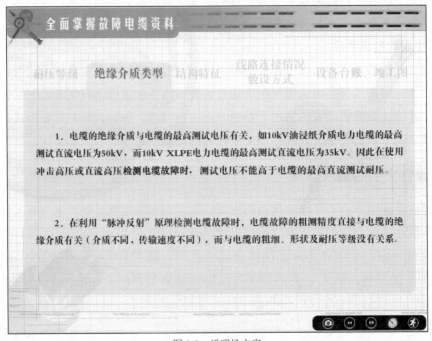

图 2-2　说明性文字

2. 画面与文字的转换关系

画面上的字幕一般由文字和背景图形两部分构成。一般情况下，背景图形充当文字的陪衬，但是在用文字说明图形时，文字便处于与图形对等的地位（见图 2-3），或退居于陪衬地位。

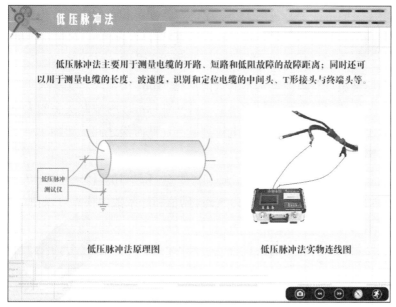

图 2-3 文字处于与图形对等的地位

三、课件文字的呈现方式

课件文字按呈现方式分为静态字幕和动态字幕两种。

1. 静态字幕

静态字幕是指屏幕上的文字处于静止状态，常用于展示文字教材、习题、图形说明和菜单等。

2. 动态字幕

动态字幕则用于展示文本的滚动、片头标题的呈现过程等。动态字幕与静态字幕的相同要求是易于辨认和阅读，注重文字的色彩、字体、光线和特效处理等；不同要求是动态字幕还要控制运动的速度和方向，既要有动感和刺激力度，又要让人欣赏到运动中的细节。

通过改变关键字的颜色或字体，利用较大的反差来突出重点，可以使文字在视觉上更加明显，有吸引力。常用的处理方法有变色（改变部分笔画的颜色）、模糊（改变笔画的虚实对比）、添加阴影（给文字的部分笔画添加阴影，营造视觉上的前后关系）、形状替换（用形状或图标替换文字的部分笔画）、文字叠加、设计立体字等。

第三节 多媒体课件中的文字运用

文字是课件中不可缺少的组成部分，是向学习者传递知识的主要方式。文字的最大优势在于表述准确，能更好地引导学习者进行阅读。

一、课件中常用文字的基本特征

不同风格的页面使用的文字是不一样的，而针对页面类型，我们所运用的设计规则也不尽相同。课件中文字的特征要素包括大小、字体、字间距和行间距等。为什么有的课件不好看？通常原因都是字体、大小、字间距和行间距没有设置好。

1. 大小

文字的大小通常决定着版面最基本的效果。在 Word 中，表示文字大小的计量单位有两种。其中一种是字号，这是区分文字大小的一种衡量标准。号数制文字的大小通常有 7 个基本等级，按一、二、三、四、五、六、七排列，在这些等级之间又增加了一些字号，如小四号、小五号等。字号越大，文字便越小。

另一种是国际上通用的点制（也称"磅"），如 5、5.5、10、12……48、72 等。磅值越大，文字越大，最大的磅值为 72 磅，最小的为 5 磅。磅值和毫米数的换算可以使用"磅数÷2.835=毫米数"的公式来进行。

字号与磅值是定义文字大小的两种方式。在国内使用时，以字号为主，磅值为辅。

2. 字体

字体是指文字的各种不同的形状，也称为笔画姿态。字体的艺术性体现在其外在形式与丰富的内涵之中。我们应根据内容来选择字体，通过字体充分表达内容所传达的信息。

汉字的字体可分为手写体和印刷体两大类。手写体有楷书、行书、草书等字体。楷书是现代通行的汉字手写正体字，也叫正楷。行书是一种主要的辅助字体，它的形体和笔势介于草书和楷书之间。草书的特点是笔画相连，书写快捷。印刷体有宋体、仿宋体、楷体、黑体等。

如果要进行细致的划分，则可以将字体分为传统字体、过渡字体和现代字体。传统字体有楷书、行书、隶书、舒同体和魏碑之分。过渡字体中的宋体有标宋、中宋、大宋和超宋之分。现代字体中的黑体又有粗黑、大黑、中黑及细黑等之分。

3. 字间距

字间距是字与字之间的距离。字间距直接影响一行或者一个段落的文字密度。通常字间距可分为正常、紧凑和疏松三种。具体使用哪种形式，视相关的内容而定。

例如，文章字数多时，字间距适当小一些，不要过于疏松，通常是 1.5 倍或 1.75 倍；文章字数少时，可以适当增大字间距。

4. 行间距

行间距是行与行之间的距离。行间距也可分为正常、紧凑和疏松三种。紧凑行间距一般指行间距小于 1 倍，正常行间距指行间距为 1～1.5 倍，疏松行间距指行间距大于 1.5 倍。如果行间距过小，上下行的文字容易相互干扰；如果行间距过大，太多的空白又会使字行没有较好的延续性。文字大小与行间距的常规比例为 10∶12，即文字为 10 磅时，则行间距为 12 磅。

相对来说，字号越小，字间距越大，行间距也越大。字间距与行间距成正比关系，字间距越大，行间距应该越大，而字间距越小，行间距应该越小。

二、课件中常用字体的分类

汉字有多种字体，每种字体都有与其他字体不同的审美特征，比如点画有长短、粗细、曲直、动静之别，结构有长、方、扁等不同，神态有清秀、雄壮、自然、古朴等差异。在计算机上，还有平面、立体、运动、静止等变化。充分利用汉字的这些审美要素，可以增强汉字的艺术效果和感染力。

字体是文字的书写形式，不同的字体具有不同的特点和应用场合。正确选择字体，不仅关系到多媒体画面的艺术效果，还对学习者阅读信息有直接的影响。基本字体是在承袭汉字的各种书写风格的基础上，经过统一整理、修改、装饰而成的，多应用在印刷之中，因而又称为印刷体。按照基本笔画的标准笔形的差异，可将常用印刷体分为宋体、黑体、仿宋体和楷体 4 种基本类型，如图 2-4 所示。

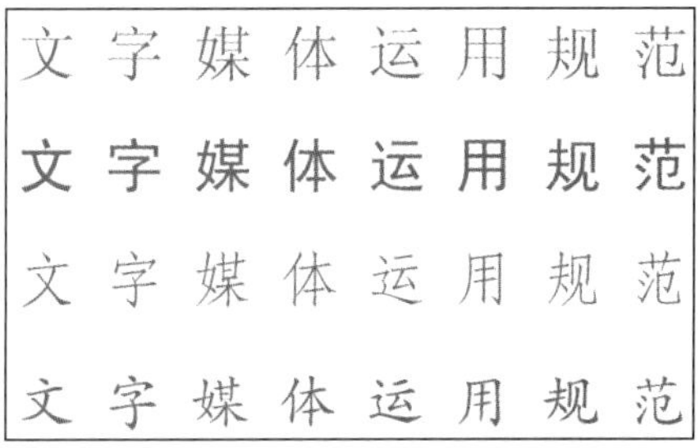

1. 宋体类字体

字体设计中的宋体是汲取了古代印刷中的宋体和明刻书的精粹演变而来的，历史最为悠久，应用最为广泛。宋体的风格是典雅、工整、严肃、大方，从中延展出标宋、书宋、大宋、中宋、仿宋、细仿宋等。宋体的基本特征是字形方正，竖粗横细，在横、竖转

图 2-4　宋体、黑体、仿宋体和楷体的效果

折处行钝角，收笔处呈尖峰状，整体形状短而有力，笔画有极强的规律性。宋体常用于正文，使人在阅读时有一种舒适醒目的感觉。由于宋体的笔画很细，即使文字很小，也很容易辨认，因此宋体也是文档报告类 PPT 的首选字体。不过同样因为笔画太细，宋体用在标题中时冲击力不足，即使加粗之后还是显得有些无力，而且距离太远时，一些很细的笔画就会看不清楚。

2. 黑体类字体

黑体是现代汉字体系中最重要的字体之一，尤其是随着 20 世纪末计算机和互联网的普及，黑体的运用得到了进一步体现，从而成为了当今各种屏幕媒介中最有发展前景的字体。

黑体又称方体或等线体，是一种字面呈正方形的粗壮字体。黑体结构严谨，庄重有力，朴素大方，引人注目，视觉效果强烈，具有浑厚凝重的气度。黑体可分为粗黑、大黑、中黑、细黑、圆头黑体（圆体）等字体。黑体的基本特征是笔画单纯，粗细一致。一般黑体的起收笔呈方形，但圆头黑体的起收笔呈圆形。黑体的使用范围很广泛，用在标题和正文中皆可，通常适用于标题、需要引起注意的按语及批注。

3. 仿宋体类字体

仿宋体是仿照宋版书的字体演变而来的，是一种采用宋体结构和楷书笔画、较为清秀挺拔的字体。仿宋体的笔画粗细均匀，起笔和落笔呈倾斜状，笔法锐利，结构紧密，清秀雅致，通常用于副标题、批注、引文，也用于书籍、杂志和报纸的正文。

4. 楷体类字体

楷书是在汉初隶书的基础上慢慢演变而来的，后来成为书法艺术上的一大主体。楷书的特点在于规矩整齐，是字体中的楷模，所以称为楷书，一直沿用至今。

楷体古朴秀美，历史悠久，它的基本特征是保持楷书顿笔、行笔的形式，笔画富于弹性，横、竖粗细略有变化，横画向右上方倾斜，点、横、竖、撇、折的尖锋柔和。楷体也是一种

书法字体，字形端正，笔画挺秀均匀，显得文质彬彬，让人感觉传统、自然、亲近。楷体的风格接近手写，适用于文化性说明文字。

5. 隶书类字体

隶书也叫"隶字""古书"，是在篆书的基础上，为适应书写便捷的需要而产生的一种字体。隶书一般属于方块字体，最突出的特点就是横长而竖短窄，这是隶书与楷书、篆书以及行草的主要区别。

隶书是一种比较古老的书法字体，字形略扁，近乎方形，整篇看来具有流动性，笔画生动，造型优美。在多媒体课件中，隶书看起来像是用毛笔写成的，宽扁的字形让文字显得庄重大气，但隶书的笔画太粗，在显示大量文字的时候会让阅读变得吃力，而且隶书虽然很有古典韵味，但也显得很陈旧，没有现代感。隶书在 PPT 中并不常用。

三、衬线字体与非衬线字体的运用

中文字体通常分为衬线和非衬线两种。衬线字体的横笔细，竖笔粗，笔画开始和结束时有修饰。宋体是一种最标准的衬线字体。非衬线字体的横笔和竖笔粗细一致，笔画开始和结束时无修饰。黑体是一种典型的非衬线字体。

同样，英文字体也分为衬线和非衬线两种。与中文字体不同，英文衬线字体的修饰指的是字母结构笔画之外的装饰性笔画。在英文中，非衬线字体强调的是每一个字母，衬线字体则强调每一个单词。

在内容较多的正文中，衬线字体比非衬线字体更容易阅读，而非衬线字体用在标题和短篇文字内容中时，因去掉了很多装饰性的结构，可以让学习者更快速地识别文字内容，所以信息类文本通常采用非衬线字体。

四、课件字幕的构成模式

在课件呈现的学习内容中，除了视频画面、语音解说以及后期配加的音乐这些信息外，还有一种信息就是屏幕上出现的字幕。在课件学习中，与画面相比，字幕具有更为清晰明确的表意功能。

在课件中，除了正文中的文字外，我们看到的字幕通常有标题和对白两种类型。标题字幕主要包括片头、片尾、注解和说明等。对白字幕是音、视频中人物对象说话内容的文字表现。画面上的字幕一般由文字和背景两部分构成。根据背景呈现形式的不同，字幕通常采用以下几种构成模式。

1. 以彩色（单色）或纹理为背景的字幕

背景以单色、多色或各种纹理作为底色，在其上面呈现文字时，具有阅读清晰和美观大方的视觉效果。此时，文字颜色与背景不能过于接近，否则难以辨别阅读。

2. 异色轮廓字幕

当以活动画面（视频）作为背景时，可以使用异色轮廓，使字幕与背景隔离，以期达到文字清晰、视觉醒目的效果。

3. 以图片为背景的字幕

使用符合一定内容要求的图片作为背景时，要配以与背景图片的色调和字体一致的字幕，以达到图文统一、形象生动的艺术效果。

4. 特技字幕

随着计算机技术的发展，字幕软件的特技功能越来越丰富，可以生成种类繁多的特技效果（如推出式、拉入拉出式、飞跃式等），还可以制作二维或三维字幕，十分适用于片头制作、广告设计等场合。

第四节　多媒体课件中的文字设计与运用规范

文字是制作课件时必不可少的元素。除了可以帮助我们传达信息外，文字的外观也是非常重要的。多媒体课件中的汉字字体设置一直不被关注，制作者在制作课件的过程中也只是根据个人偏好随意选择搭配，忽视了字体本身的文化内涵。页面所使用的字体是否适用于内容表达的主题？在使用这些字体时是否遵循了字体使用原则？如何使用文字才能使页面更加美观呢？下面我们来看一下课件中的文字都有哪些设计原则和应用规范。

一、文字设计的基本原则

不同的字体会让人产生不同的心理感受。我们在进行文字设计编排时既要注意汉字与拉丁字母的不同特点与要求，又要根据所设计页面的主要功能选择设计思路，进而发挥文字设计的功效。文字作为屏幕布局中视觉元素的一部分，放在何处、选用何种字体、以何种颜色和方式显示都是颇需斟酌的事情。有主有从、形成对比、生动美观、层次清晰、舒适流畅和风格统一是文字设计的六项基本原则。

1. 字体选择要与主体内容相匹配

在页面中，不同的字体类型所呈现的视觉印象是不同的，有些字体比较清秀，有些字体比较生动活泼，有些字体比较稳重挺拔。字体的类型不同，带给人们的视觉感受往往也是不同的。在课件设计中，字体不能产生视觉上的冲突，以免引起视觉顺序的混乱。文字在页面中的安排要考虑到全局因素，要与主体内容相匹配。

2. 文字设计要形成反差对比

形成反差、突出重点是文字设计中的一大原则，其目的是突出重点内容，加深学习者的印象。对重点内容和非重点内容进行区分，可以更好地呈现信息。突出重点的方法有加大字号、改变文字颜色和重要内容重复出现等。

3. 文字设计要有视觉上的美感

在视觉传达的过程中，文字作为课件页面的形象要素之一，具有传递情感的功能。课件要具有视觉上的美感，能够给人以美的感受。

4. 文字内容的逻辑要层次清晰

文字设计要注重内容的先后次序、深浅程度、主次关系，简洁的文字可以使学习者快速理解相关内容。

5.　文字内容要舒适流畅

文字设计的根本目的是更有效地传递作者的意图，表达设计的主题，切忌为了设计而设计。不管最终选择了哪些字体，都要符合字体之间的相互关系，还要确保学习者学习时的舒适度，使学习者易认易懂，提高文字的可读性。

6.　文图整体设计要风格统一

课件版面设计要从文图关系、字体格式、空间布局和颜色搭配等方面进行考虑，既要做到风格统一，还要在整体结构设计上有创意。

二、文字设计的基本要领

在视觉媒体中，文字和图片是两大视觉要素。文字设计是增强视觉传达效果、提高课件界面审美价值的一个重要技术手段。文字排列组合的好坏直接影响版面的视觉传达效果。所以，文字在屏幕布局中也是一个重要的构图因素，它直接影响多媒体课件的整体质量和艺术效果，不仅反映了课件设计者对内容的理解与总体把握程度，还反映了其艺术修养和创作思维能力。

1.　文字在画面中的位置

文字在画面中的不同位置可以带给学习者不同的感受。标题文字位于画面的上部或中上部时，给人以平衡的感觉；位于画面的下部时，会产生稳定的效果；位于画面的顶端时，则会显得比较醒目。

2.　文字在画面中的层次

为了突出重点，美化版面，标题文字和说明性文字在画面中应该以不同的层次来呈现，这样既可以产生不同的视觉效果，又能够强调不同的重点。标题文字和说明性文字可以选择一样的字体，以不同的大小来区分，以不同的颜色来强调。如果有特殊的需求，也可以使用不同的字体进行区分。

3.　文字与图片的位置关系

文字在画面中的安排要考虑到全局的因素，不能有视觉上的冲突，例如文字与图片的比例关系、文字与背景的对比关系、颜色的搭配等。我们应处理好文字和图形之间的位置关系，既不要影响图形的观看，也不能影响文字的阅览。

4.　文字作为画面的主体

当背景图形充当文字的陪衬时，文字是画面的主体，应位于屏幕的视觉中心。同时，应调动大小、形状、对比、色调等造型要素进行突出和美化，如图 2-5 所示。同时注意文字与画面边界保持一定的距离，这样的处理符合人们的审美习惯，有利于减轻视觉疲劳，刺激大脑兴奋，醒目而完美。

5.　文字作为画面的陪体

当用文字说明图形时，文字便处于与图形对等的地位，甚至退居陪衬地位。作为画面的陪体部分时，文字应该紧凑地排列在适当的位置，不可变化分散，以免因主题不明而造成视线流动的混乱。将文字设计为画面的陪体时，要不争不抢，和谐自然，以"面"或"线"的形式将文字安排在主画面的一侧或一角（见图2-6），使学习者的视线首先集中在画面上，然后自然移向文字，进一步理解画面内容。

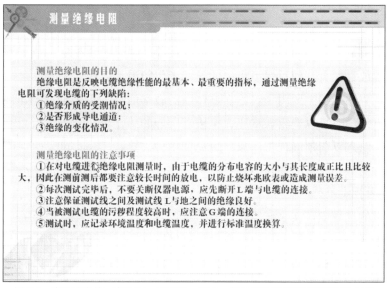

图 2-5　应调动字体、字间距、行间距、对比、色调等造型要素突出和美化文字

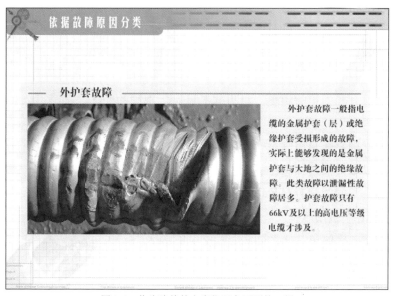

图 2-6　作为陪体的文字位于主画面的一侧

6.　文字用于呈现辅助信息

除了形式上的要求外，对于呈现辅助信息的文字还要有语义方面的要求。首先，不要使用过于专业的词语和术语。其次，避免使用缩写、简写形式以及负面词语，可使用简单的动词。通过这些方法保证屏幕上的辅助信息易于理解，避免出现歧义和令人费解。

7.　文字采用多种字体

采用不同字体和不同风格来修饰文字时，可取得较好的阅读效果。研究证明，字体混合编排的文章的阅读速度快于文字风格统一的文章，这是由于字体混合编排的文字的外形更易识别，从而易于辨认。提示信息、菜单、按钮等上的文字可采用混合字体，这是为了与邻近的同类元素形成对比。

8. 文字具有可读性

课件中的文字要力求精练，教材上的大段文字阐述不必在课件中重复出现，即使出现也要尽量浓缩，以浅显、精练的文字归纳出要点。在课件中可多次重复目录页，每讲完一个大问题，可重复播放目录页，使思想不集中的学习者也能追上课程的进度。

课件中的说明性文字主要用于表达需要传递的教学信息，应使用规范、清晰易辨的宋体、黑体、楷体等，给学习者以严肃、端庄、挺拔、宁静的感觉。在同一幅画面中，必须考虑文字的整体效果，给人以清晰的视觉印象；避免使用种类繁杂、色彩斑驳的字体，以免冲击视觉，影响学习者对核心内容的注意力。

9. 文字具有视觉美感

在视觉传达的过程中，文字作为画面的形象要素之一，具有传达情感的功能，能够给人以美的感受。在说明性文字的编排中，文字的行间距应大于字间距，这样可以使学习者的视线按一定的方向和顺序进行阅读。不同类别的文字板块要适当集中，可以利用空白区域加以区分。为了突出不同部分字体的形态特征，要留有适当的空白，分类集中。在有图片的画面中，文字的组合应相对集中。前文说过，如果以图片作为主体要素，文字应该紧凑地排列在适当的位置，不可变化分散，以免因主题不明而造成视线的流动。

三、字体与呈现方式的选择

中国的文字已有几千年的历史，有不同的风格、不同的变化，甚至可以代表不同的思想感情。尽管计算机提供的字体不像书法家的作品那样以形传神、挥洒自如、千变万化，但几十种风格各异的常用字体足以满足设计者的各种需求。由于不同的字体风格可以表现出不同的情感色彩，所以字体的选择不是随意的，而是由内容和读者对象决定的。设计者可以根据不同的文字内容、不同的读者对象以及不同的位置选择不同的字体。

1. 标题与内容字幕的选择

文字有正常体、粗体和斜体之分，一般使用正常体。标题、需重点介绍的内容可用粗体。图上河流的注名可用斜体。衬底图案杂乱时，文字应当用粗体且稍大一些。

对于标题字幕（即片头、片尾字幕），为了增强艺术性，激发学习者的兴趣，可以采用草书、隶书、行书等书法味浓的字体。而对于内容字幕，则应以易认为标准，采用比较规整的字体，如宋体、黑体等。这时，字幕的意义在于体现教学内容，传授知识。另外，还要注意标题文字应采用统一的字体与颜色。字号的大小也不容忽视，它影响着画面的均衡：若字号太大，容易破坏画面的和谐美；若字号太小，则看不清楚，容易使学习者疲劳烦躁。

2. 字幕呈现方式的选择

随着计算机技术的发展，字幕呈现的特技功能越来越丰富，容易引起学习者的注意，给人以耳目一新的感觉。字幕的呈现方式应根据教材的种类、内容和字幕出现的位置等来选择、确定。多媒体课件中的一些字幕是对画面的补充、说明和概括，是面向学习者的，不能一闪而过，要给学习者以消化理解的时间。因此，内容字幕的呈现方式多采用切入、切出式。片头字幕和一些次要内容的字幕多采用推出式，条片字幕多用来呈现歌词、诗歌、对白等。

为了提升演示效果，字幕还可以采用自定义动画等呈现方式。对于一屏文字资料，文字内容要逐步引入，随着讲课过程逐步显示，这样有利于学习者抓住重点。引入时，可采用多种多样的动画效果、清脆悦耳的音响效果，以引起学习者的注意。显示较多文字时，可采用滚动文本窗技术，突出文字效果。

四、文字大小的设计规范

在多媒体课件中，文字媒体的使用不仅需要恰当地选用字体，文字的大小、位置安排以及布局也要做到合情合理。如果不符合约定俗成的使用规律和艺术审美要求，便不能成为较完美的课件。

1. 标题

文字的大小是多媒体课件制作中常遇到的问题。通常标题文字要大于正文，不过最多不要超过后者的两倍，因为比例太悬殊时有失和谐，看着不舒服。主标题和副标题的关系也是一样的（主标题文字太少而副标题文字太多者除外），副标题文字的大小一般介于主标题和正文之间，如图 2-7 所示。

标题只有两三个字时，最大高度是屏幕高度的 1/3 左右（见图 2-8）；只有一个字时，也不能超过屏幕高度的 1/2，否则就要发生涨满现象（特殊情况除外）。

图 2-7　标题文字的大小

图 2-8　标题只有两三个字时，最大高度是屏幕高度的 1/3 左右

当然，不论是标题还是正文，文字也不能过小，以免影响阅读。通常，一屏文字可以控制在 8~12 行，大标题至少选用 36 磅，一级标题和二级标题可以分别选用 32 磅和 28 磅。如果需要更清晰些，可以进行加粗处理。

2. 正文

在制作 PPT 课件时，要采用合适的字体和字号，如图 2-9 所示。正文多用 32 磅，一般不要小于 24 磅。不要将文字填充得太满，底部应留白。一行字数以 20~25 个为好，一屏文字尽量不超过 7 行，最多为 10 行。要合理设定字间距和行间距，留出适当的空隙。成段文字的行间距不应小于字高的 0.5 倍，正文中每一段文字的首行应当缩进（英文段落首行可以不缩进）。每行字数少于 12 个时可缩进一个字，否则应缩进两个字。文字版式要符合规范和人们的阅读习惯，定理、定义、公式、上下角标等必须书写准确，符合相关标准。

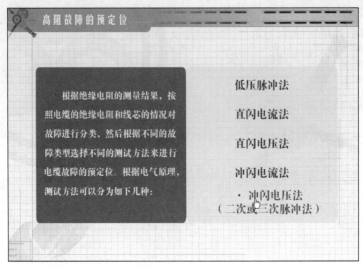

图 2-9　正文文字

五、文字颜色的设计规范

文字颜色的作用在于使学习者的阅读过程更加轻松愉快。在每一个界面中，可以通过文字的大小、形状、色相、明暗及纯度的变化，不断给学习者以新鲜、跳跃、运动的感觉，使其观看过程更加轻松。

文字的颜色也要认真设计，不同内容的文字应设计为不同颜色。例如，浅色、暖色文字给人以扩张感，有呼之欲出的感觉；深色、冷色文字给人以收缩感，有后退、显现深远的感觉。文字的颜色要根据主画面的颜色来选择。主画面为亮色、艳色时，文字应以冷色、暗色为主；主画面深沉凝重时，文字则应以白色、浅色为主。在以图表、文字为主要内容的画面中，文字一般应选择前冲颜色，背景则应选择后退颜色。例如，背景以蓝、绿色为基调时，文字以黄、红色为主；背景以灰色为基调时，文字以白色为主。

标题文字要和正文文字区别开来，同一级别的标题要用相同的字体、颜色和大小。一个句子尽量用一种颜色，如果用两种颜色，要在整个课件内统一使用。文字颜色的选择和背景息息相关，二者的搭配要求醒目、易读，避免造成视觉疲劳。一般文字颜色以亮色为主，背景颜色以暗色为主。文字颜色与背景颜色要形成强烈反差，才能使字迹清晰易认。表 2-1 给出了几种颜色搭配方案。

表 2-1　　　　　　　　　　　　　　　　颜色搭配方案

文字颜色	白色	白色	白色	黄色	黄色	黄色
背景颜色	黑色	绿色	红色	蓝色	黑色	红色

通常，应用较多的颜色搭配方式是：深蓝背景白色字，白色背景黑色字，淡蓝背景黑色

字，黑色背景白色字，深绿背景白色字，粉红背景黑色字，粉绿背景黑色字，淡黄背景黑色字，深红背景白色字。

六、文字布局的设计规范

布局也称章法，是指包括字间距、行间距、天地、侧边和排列组合方式在内的总的设计安排。在文字布局的设计过程中，需要在有限的空间内突出重点内容。一方面要把文字看作有意义的内容，另一方面要把文字看作图形或空间的搭配元素。首先要根据单个字体的设计方法来分析空间布局，其次要从字体结构、字间联系、文图关系和表现形式等方面进行规划。

1. 文字的间距设计

字号、字体、字间距和行间距，是设计每一个课件时常常要思考的问题。有的课件不好看，很可能就是字体、字号、字间距和行间距的选择出了问题。

设计课件时，字体的种类不宜过多，如果需要变换字体，也尽量采用同一类字体。正文的字间距一般采用计算机本身默认的字间距。标题文字较少时，可以加空格拉开一些，但字间距不能大于标题两头与外框间的距离，不然就会造成标题布局松散。行间距要大于字间距，一般以字高的 1/2～2/3 比较合适。

通常，行间距以 1～1.5 倍为宜。以 PPT 课件中的宋体字为例，为了达到清晰的辨读效果而又不导致粗野的夸张，用 Word 编辑文档时，标题文字宜选择 32～44 磅并加粗，正文文字选择 20～28 磅，行间距以 1.2 倍左右为宜。标题和正文之间保持一行至一行半的距离即可。两侧边的宽度应该相等，最窄不小于两个字的宽度（行数少于 10 的情况除外）。天地的宽度可比侧边略大一些，最窄等同于侧边。标题通常不占满行（超过正文宽度的 3/4 时就要变成两行），所以天边的宽度为标题字高的 1～2 倍即可实现天宽一些的效果。

屏幕上只有单行标题时，其位置高度通常在黄金分割线上（上面的 1/3 至 2/3 之间）或在上面的 1/2 区域内，这要视文字的大小如何和是否题写作者的名字而定，甚至还要根据有关内容或底图来确定，一般不写在中心线以下。注释性文字（如歌词和演讲内容）属于陪体，非放在下面不可，一般距屏幕下沿一个字的高度即可。

在同一幅画面上同时使用几种不同的字体时，要根据画面内容和构图要求寻求它们之间的联系，获得最佳视觉效果。例如，主标题和副标题在位置、大小、字体及颜色上都应当有所变化、有所呼应，既要表现出它们之间的对比效果，又要给人以恰当的节奏韵律，如图 2-10 所示。

图 2-10　主标题和副标题的呼应关系

在版面设计中，选用 3～4 种字体时，版面的视觉效果最佳。有时只需将有限的字体加粗，变换文字颜色，调整行间距或改变字号，就可达到较好的视觉效果。字体越多，整体效果越差。

文字大小与行间距成反比关系，即较小的字号需要较大的行间距，较大的字号需要较小的行间距。字间距与行间距则成正比关系，即字间距越大，行间距也越大。整体来说，字号越小，字间距越大，行间距也越大。

多媒体课件离不开文字的展现，文字有信息负载量大、信息传达快捷准确的优势，适合教学过程中的反复使用和修改。我们只要不断地学习与总结，就可以掌握文字设计的基本要领，设计出更多和更好的多媒体课件。

2. 文字的组合设计

文字设计不仅要看字体的选用是否得当，同时也在于字体的排列组合是否得体。要想取得良好的排列效果，同时也利于学习者的有效阅读，关键在于要找到不同字体之间的内在联系。

通常，人们在水平方向上的阅读顺序是从左到右，在垂直方向上的阅读顺序是从上到下。字体的外形特征也受视觉流动的影响，所以在进行不同字体的排列组合时，要充分考虑不同字体在视觉方向上的差异。

例如，扁字体有左右流动的动感，适合横向的排列组合；长字体有上下流动的动感，适合竖向的排列组合；斜字体具有向倾斜方向流动的动感，适合横向或倾斜方向的排列组合。

3. 文字的负空间设计

在课件设计中，不能只考虑文字、图形在画面中的排列组合和背景设计，而忽略了那些空白地方。所谓的负空间也叫空白空间，是画面设计中的空白之处。例如，书籍中的空白会给人以停顿的感觉，可以营造轻松的视觉效果。空白还会给人以无限的想象，能够使课件与学习者发生互动。如果充分发挥负空间的作用，还会使画面具有较强的视觉冲击力。

在文字布局设计中，负空间便是除文字本身所占用的画面空间之外的空白，即字间隔及其周围的空白区域。文字组合效果的好坏在很大程度上还取决于负空间运用得是否得当。例如，大标题和小标题的间隔、小标题和正文的间隔以及行与行之间的间隔都是不同的，都需要进行负空间设计。

第三章 声音媒体的运用与规范

　　根据教学内容，在课件中可以使用声音媒体来塑造相应的时空结构，构建画外空间，形象、生动、鲜明、准确地呈现教学内容，传达教学信息，同时更好地表达情感、节奏、韵律等。声音在多媒体语言体系中具有很强的概括性和艺术性，不应只被看作视觉语言的点缀和补充，而应切实发挥独特的表述能力，尤其是营造画外空间和塑造无形角色的能力，从而与视觉语言一起促进教学信息的有效传达。

第一节　多媒体课件中的声音媒体形态

　　在揭示人耳如何接收并感觉声音之前，有必要了解声波的物理特性。在生理学上，人耳主观感觉到的就是音调、响度和音色。声音是人们用来传递信息、交流感情的最方便、最熟悉的方式之一。在多媒体课件中，可将声音按媒体的形态分为语言、音效和音乐三种。

一、声音的基本特征

　　声音是由物体振动产生的一种声波，通过某种介质（如空气）以波的形式进行传播，能够被人的听觉器官所感知。例如，当拍打物体或演奏乐器时，就会引起空气中的分子有节奏地振动，由此产生声波。声波通过传播介质进入人的耳朵，最终产生听觉。

　　在自然界中，人们将有规则的、让人愉悦的声音称作乐音。从物理学的角度看，发声体做无规则振动时发出的声音称作噪音，即干扰人们正常工作或对人们要听的声音起干扰作用的声音。声音是一种物理现象，通常具有音调、响度和音色三个物理特性，这些也是乐音的三个主要特征。人们通常根据它们来区分声音。

1. 音调

　　频率是描述声波的一个重要物理量，频率的高低与我们通常所说的音调相对应。音调又称音高，反映的是声音的高低，它是由发音体在单位时间内振动的次数（即频率）来决定的。频率的单位是赫兹（Hz），频率越高，音调就越高。人耳可以听到的声音频率为 20～20000Hz。20Hz 以下的声波称为次声波，20000Hz 以上的声波则称为超声波。

2. 响度

　　响度又称音量，即人耳感受到的声音的强弱，由发音体振动的幅度来决定。振幅越大，声音越强；振幅越小，声音越弱。振幅的单位是分贝（dB）。人们通常说话时的音量在 60 dB 左右，高于 100dB 时就会让人感到声音太大，低于 30dB 时又会让人听不清楚。

3. 音色

　　音色又称音质，是声音最根本的特征。音色由声波的形状来决定，波形不同，音色也就不同。例如，钢琴和小提琴用不同的材料制成，所产生的声波完全不同，所以人耳听到的音色也就完全不同。

二、声音的构成形式

课件中的声音包括语言、音效和音乐三种形态。语言是人所发出的声音。音效又称自然音响，是在视听时空关系中所出现的一切音响。音乐是课件声音的又一个重要组成部分。与一般的音乐不完全一样，课件音乐没有独立性，它必须与课件的思想内容、结构形式和艺术风格协调一致。

1. 语言

语言是指课件中以角色语音方式出现的声音（不包括声乐），它的逻辑性强，能够系统和完整地表述概念、理论和细节。语言不仅可以直接传达信息，而且可以与视觉元素以及其他听觉元素相结合，更有效地传达教学内容，调整节奏和韵律，渲染情绪和气氛，拓展画面空间。

课件声音中的语言即人声，又分为对白和解说词两种。对白又称对话，是视听画面中的人物进行交流的一种方式。解说词则用于补充画面里没有的信息，在塑造更加生动的形象、渲染气氛和讲解知识等方面起着重要的作用。

制作课件时，可根据语气、语调、音色、力度、节奏等来刻画发声角色，使塑造的形象和反映的内容更加真实。通过语言可以整合画面内容，帮助学习者更好地理解和掌握学习内容。

采用第三人称的语言时，通常声音塑造的是画面内容的解说者形象，客观真实地表述学习内容。在情景化学习中，第一人称语言塑造的画外形象还可作为学习者学习时的指导者、合作者，提供实时的语音提示、帮助与协作。相对而言，第一人称的语言会使学习者产生强烈的亲近感和认同感，有利于学习动机的培养。

2. 音效

音效是指自然的和社会的声响以及主观情绪化声响。音效是一种有内容的信息，同时它也是一种传播信息的手段。在多媒体语言中，音效具有很强的表现力。学习者通过对音效意义的理解，能够产生一定的空间环境感受以及相应的联想和想象。由于声场对声音有很强的空间塑造能力，因此不同的空间对声音的"加工"效果也就不一样，给人的主观听觉也不同，从而可以反映不同空间的声学特性。比如，在空旷的大厅和小房间中走路，其声音印象就完全不同。由于声音的多普勒效应，音效在塑造声源的运动（尤其是快速运动）方面具有很大的优势，使学习者有一种身临其境的感觉。自然的和社会的声响多用于真实环境的模拟表现，例如用蛐蛐的叫声表现月夜，用敲击计算机键盘的声音表示办公环境。而具备主观情绪色彩的音效经常用作交互操作中操作正误的提示音，如上升音调的音效表示输入的答案正确，下降音调的音效表示输入的答案错误。适时、适度地使用音效，能够增加课件的趣味性和真实性，降低画面内容的制作难度，尤其是在学习情景的创设方面，音效可以发挥重要作用。

3. 音乐

音乐是指声乐和器乐形式的声音。除去以音乐为主题的课件，大多数音乐主要用作课件的背景音乐，通过特有的感染力唤起学习者的无意注意，调节学习者的情绪，营造愉悦的听觉环境。音乐具有很强的主观情绪性，对学习认知有强烈的帮助或干扰作用。

人们常把旋律、节奏、和声作为音乐最主要的构成要素。旋律是由一系列不同音高的乐音以特定的高低关系和节奏联系起来而形成的声音序列，也是声音经过艺术构思而形成的有组织、有节奏的和谐运动。旋律是乐曲的基础，乐曲的思想感情都是通过它表现出来的。节奏是指乐音的长短、高低、强弱等变化组合。节奏通常被比喻为音乐的骨架，使乐曲体现出情感的波动起伏，增强音乐的表现力。和声也是音乐最基本的要素之一，是指两个或两个以上不同的乐音按一定的法则同时发声而构成的音响组合，也指多声部音乐按照一定的关系构成重叠复合的音响现象，使音乐具有结构感、色彩感和立体感。

第二节　多媒体课件中声音媒体的选择

声音是多媒体课件中运用的一种重要媒体，也是视频媒体的重要组成部分。在一段视频中，学习者对于他们所听到的往往比他们所看到的更为敏感。因此，不论类型与时长，在课件的视频教学中，我们都要关注声音，重视声音。声音在课件中有哪些构成模式？我们如何选择适合教学内容的声音呢？

一、声音的构成模式

课件声音是一种视听语言，其构成模式有同期声和后期配音两种。

1. 同期声

同期声是指在拍摄画面的同时进行录音，声音包括拍摄现场的原音、环境声等。拍摄教学专题片时常采用这种方法录制人声、音效或音乐，此时还需要做好录制声音前的各项准备工作，以保证画面与声音一次拍摄和录制完成。例如，使用摄像机拍摄教师在教室内讲课的画面，录制其讲课的声音。

2. 后期配音

后期配音是指在前期先拍摄视频，待影像拍摄完成后，再根据影像的内容进行录音。同期录音不可避免地存在一些来源于录音场所的环境噪声，声音也受话筒（又称传声器）、位置、距离等的影响。通过后期配音处理，可以消除杂音，使声音变得更加完美。例如，教师在室外讲课时会受到室外环境噪声的影响，我们可以在拍摄完画面后，重新进行配音。此时，根据口型和节奏进行后期配音是非常重要的，否则画面与声音就会出现不同步的现象。后期配音要求教师不仅要掌握讲课技能，同时还要掌握正确的发声方法，具备富有表现力的语言表达能力。除此之外，解说词也是在后期进行配音的，通常根据前期拍摄的教学内容对画面进行讲解。

二、声音的选择流程

在课件设计中，语言形态的声音适合为个别化学习提供语音导航，与动画、视频配合讲解抽象内容，以语言方式设立教学情境，提供语音反馈以及歌唱和朗诵等示范，概括、总结教学内容。音效形态的声音可以增强交互操作结果反馈的趣味性，营造客观真实的教学情境。

音乐则适合营造轻松、舒适的学习氛围，进行音乐教学示范与欣赏。如果前面列举的情形都不需要，则可以不使用声音媒体。声音在课件中并不是必须使用的，尤其是在课堂教学所使用的课件当中，不审慎地加入声音媒体往往会干扰学习者正常的认知活动，在设计中要避免为取得声音效果而不考虑教学需要盲目使用声音媒体的做法。

在课件设计中，对于声音媒体的形态，可以按照下面的声音媒体选择流程进行选择，如图3-1所示。一般而言，课件中声音形态的使用频率由高到低依次为语言、音效和音乐。

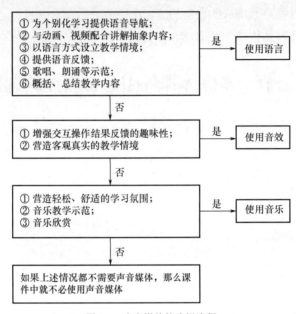

图 3-1　声音媒体的选择流程

第三节　多媒体课件中的语言处理和运用规范

由于多媒体课件的内容不同、形式各异，它们被赋予的感情、语气、基调和节奏也各不相同。在课件设计中，高质量的解说可以节省不必要的界面语言，提高界面语言的表现力。在课件设计中，语言是如何录制的，语言的运用又有哪些原则与规范呢？

一、语言的编辑

语言在课件中发挥讲解、归纳、总结等重要作用，我们在课件制作中经常会涉及语言录制问题。可以通过使用话筒、声卡及相关录音软件，利用计算机的数字音频处理能力，展开基于计算机的数字语言录制工作。

1. 录音硬件

录制语言需要用计算机连接话筒拾取外部声音，只要将话筒连接到计算机声卡的 MIC IN（话筒输入）接口就行了。条件允许时，可在话筒与声卡之间接入一个小型调音台，以调整话筒输入的电平及频率，使其保持均衡。

一般的笔记本电脑都内置了话筒，利用它就可以完成录音工作，只是机器自身的运行噪声会被同时录制下来。想要取得良好的录音效果，外置话筒是最好的选择，你可以使用带有话筒的耳机（见图 3-2）来完成这项工作。红色插头为话筒连接端，绿色插头为耳机连接端，将红色插头插入笔记本电脑的话筒输入接口（红色），就可以准备录音了，如图 3-3 所示。

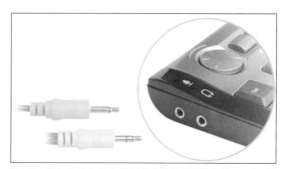

图 3-2　带有话筒的耳机　　　　图 3-3　将红色插头插入笔记本电脑的话筒输入接口（红色）

2. 录音软件

音频编辑软件一般都包含声音录制功能，我们可以利用音频编辑软件完成录音工作。PC 平台上的音频编辑软件种类较多，有 SoundForge、Audition 等，其中 Audition 软件的前身为人们广泛使用的音频编辑软件 CoolEditPro，其功能强大而又易于使用，如图 3-4 所示。

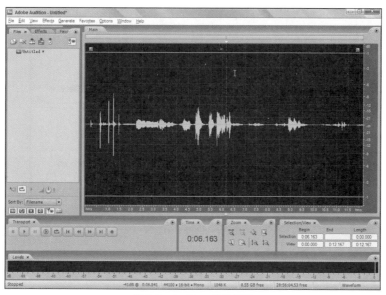

图 3-4　Audition 软件界面

与 Audition 这种专业的音频编辑软件比较而言，Windows10 操作系统内置的录音机应用程序使用起来更为简便。我们可以在 Windows10 的"开始"菜单中找到录音机应用程序，通过它实现语音文件的录制、标记、播放、裁剪、重命名与分享等。

3. 语言的基本编辑

（1）音量调整

在工作中，经常需要调整数字语言文件的音量、长度等基本属性，以及在不同文件格式之间进行转换处理。这些调整操作均可利用数字音频编辑软件来完成。下面以数字音频编辑软件 Audition 为例，介绍数字语言文件的音量调整方法。

① 运行 Audition 软件。

② 单击"File"（文件）菜单下的"Open"（打开）命令，打开欲调整的语言文件，语言文件的波形将显示在主视窗之中。

③ 在主视窗中，使用鼠标左键划选要调整音量的那一部分的声音波形，被划中部分以反亮方式显示，如图 3-5 所示。

④ 单击"Effects"（效果）菜单下的"Amplitude and compression"（放大与压缩）组中的"Amplify and fade"（放大与衰减），在弹出的面板上拖动左右声道音量滑块改变音量，0dB 为原始音量，

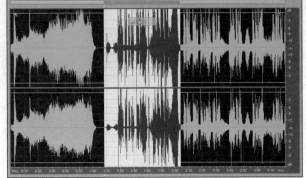

图 3-5　声音波形被划中部分以反亮方式显示

大于 0dB 为提升音量，小于 0dB 为衰减音量，如图 3-6 所示。设置完毕，单击"OK"（确定）按钮，执行音量调整。

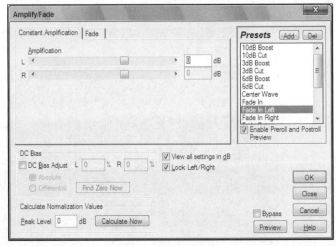

图 3-6　音量调整面板

⑤ 最后单击"File"（文件）菜单下的"Save"（保存）命令，保存音量调整结果。

（2）长度修剪

长度修剪是指选取声音文件中指定长度的内容并予以保留。利用 Audition 可以完成任意开始点和结束点之间的文件修剪工作。

① 单击"File"（文件）菜单下的"Open"（打开）命令，打开声音文件，声音波形将显示在主视窗之中。

② 在主视窗中，使用鼠标左键划选要保留的那一部分的声音波形，被划中部分以反亮方式显示。

③ 单击"Edit"（编辑）菜单下的"Trim"（修剪）命令，即可将起止点之外的声音内容

去除，只保留反亮显示的部分，如图 3-7 所示。

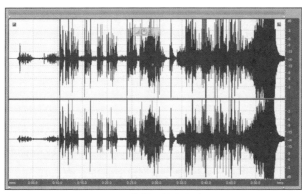

图 3-7　修剪后的声音波形

④ 单击"File"（文件）菜单下的"Save"（保存）命令，保存修剪结果。

二、语言的基本运用原则

教学离不开语言。在教学语言中，教师的思想、情绪、情感和心理活动都是通过自身表情和体态来表现的。课件中语言的运用方式不同，效果也会截然不同。课件语言的运用既是辅助教学的重要手段，也是教学思想的直接体现。规范性原则、学科性原则、多变性原则和形象性原则是在课件中运用语言时的四项基本原则。

1. 规范性原则

教学人员在运用教学语言时应遵守语音、词汇、语法等方面的标准和规范。在标准化的形成和发展过程中，由于方言渗入、其他语言的影响以及教学人员的语言修养等方面的差异，教学语言中往往存在一些不符合规律的分歧和混乱现象，即使同一词语，在不同场合下，面对不同的学习者，以不同的口气说出时，表达效果往往也不尽相同，使学习者听不明白或引起误解。不规范现象首先表现在语音上，也常常出现在词汇方面，还表现在文字和语法上。由于教学语言的规范性是影响学习者的学习效果的重要因素，所以在课件中教学语言在语音、语法和词汇等方面要遵循相应的规范和标准。其中，语音规范是前提，语法规范是基础，文字规范是主线，词汇规范是核心。

语音规范是指在音节表达中，声、韵、调要符合汉语拼音方案的规定。语法规范是指要符合汉语的结构规律。汉字包括经过整理简化的字和未经过整理简化的字，简化字以 1986 年重新公布的《简化字总表》为准，异体字以 1955 年公布的《第二批异体字整理表》为准，规范汉字的字形则以《现代汉语通用字表》为准。词汇规范主要是指要对方言词、古语词、外来词和新造词进行规范。

2. 学科性原则

学科的性质不同，教学时使用的语言也应不同。我们应根据学科特点和教学理念来组织教学语言。比如，文科性的教学内容在于激发学习者的情感，拓宽学习者的思路，培养学习者的想象力，要求使用的语言具有充沛的情感、丰富的词汇、形象化的思维和创造性的想象力。理科教学则以精心设计教学情境、引发学习者的创新思维意识、培养学习者的创新能力为目标，要求使用的语言具有逻辑性、抽象性和形象性。

新文科是相对于传统文科而言的，突破了传统文科的思维模式，将哲学、文学、语言等诸如此类的教学内容融为一体。新文科体现了人文社会科学领域内多个学科的交叉与融合，要求使用的语言和词汇具有融合性、拓展性和创新性。

3. 多变性原则

在教学中，教师应不断变换自己的语调和语气，尤其要注意语调的高低、快慢、缓急、停顿等方面的变化。语调的高低主要体现在声调和语调上，一般把语调分为平调、升调、降调和曲调。简单的话可以用平调读，表示判断；用升调读，表示疑问；用降调读，表示感叹；用曲调读，表示反语讽刺。

语气的强弱主要体现在声音的大小、重音和轻声等方面，重音是强调重点的有效手段。为了突出表述重点，往往会运用重音和反复讲解的方法。在教学中，声音不宜过大和过小，而语气过平、缺少变化的语言缺乏吸引力和穿透力。语速的变化既可以传情达意，还可以表达语气和感情色彩。简单的话快速说出时通常带有命令的语气，慢速说出时则带有央求的语气。如果加以停顿，还可以清晰地体现出语言的逻辑性和教学内容的内在联系。通过教学语言的多种变化来激发学习者的学习兴趣，促使学习者长时间集中注意力。

4. 形象性原则

语言必须通过联想和想象，才能在人的大脑中形成具体的形象。课件中的教学语言不但要简洁、有条理，还要善于把抽象的概念具体化，将深奥的道理通俗化，使枯燥的知识趣味化，以加强学习者对理论知识的理解和记忆。在解说时，不能只注重语音发声，而忽视语言表达背后的情感依托。只有将自己融入画面中，根据情境让角色形象化、具体化，才能触及心灵，引起共鸣。

三、语言的应用形式

语言是教学中最直接、最主要的表现手段。若能恰如其分地使用教学语言，就会达到意想不到的教学效果。语言在课件中有以下几种常见的应用形式。

1. 配合教学

教学内容以视频方式呈现时，画面中教师的教学语言通常有三种类型。第一种是口头语言，也是主要的应用形式，通常用于知识点和定义的讲解。第二种是书面语言，教师不出镜，针对课件内容，以书面语言进行讲解。第三种则是体态语言（包括眼神和手势），教师可以充分利用体态语言，让学习者感受自己的一举一动，从而加深对知识点的理解和掌握。通常在口头语言的基础上，用体态语言表达思想感情。

2. 配合文本

在课件页面中，语言与文本的配合方式主要有以下三种。

① 解说课件页面上的全部文字。使用第三人称解说课件页面上的全部文字，通过视觉和听觉的重复刺激强化教学信息的传递。

② 解说课件页面上的重点文字。通过解说词的形式讲解大段文字的教学内容中的要点或重点，有助于学习者理解教学内容，言简意赅。这是一般课件设计中经常采用的解说方式。

③ 对关键字词进行展开性的详细说明。课件页面中只出现关键词或提示语句时，可以用语言进行详细说明，将教学内容的要点或难点讲解清楚。

采用第三人称语言时，通常声音塑造的是画面内容的解说者形象，客观真实地表述学习内容。在情境化学习中，第一人称语言塑造的画外形象还可作为学习的指导者、合作者，提供实时的语音提示、帮助与协作。比较而言，第一人称语音会使学习者产生强烈的亲近感和认同感，有利于学习动机的培养。

3. 配合交互热区

在课件中，通常会在图形的关键部位设置热区。当把鼠标指针移到该热区（或单击）时，画面上便出现相应的说明文字，同时配有相应的语音解说和音效，目的在于增强交互设计的人性化。

4. 配合操作

这种形式是指用解说词配合实际的操作或练习，声画同步地讲解操作步骤与细节，例如计算机组装、实验操作等。通常，此类解说被包含在视频媒体中。

四、语言的运用规范

语言是知识信息的载体，是人与人之间交流思想情感的主要工具，也是教师传递知识、影响学习者的主要手段。课件语言除了具备一般语言的特点外，还应遵循规范化原则。只有用规范的语言才能把要表达的内容讲清楚、明白、透彻，只有规范的语言才具有一定的美感，才有可能使语言的魅力上升到更高的层次。在教学中使用规范的语言，对学生智力的发展、思维方式的培养、知识的掌握都会产生较大的影响。课件语言应符合下列规范。

1. 解说词要为看和听服务

解说词不能只是简单地解释和说明画面，它应该是画面内容的扩充、延伸、概括与升华。一是解说词要具体，即直观可见的画面语言要有相应的具体解说；二是解说词要形象，形象化是解说词写作中的重要要求，也是学习者更好地理解和接受学习内容的重要途径；三是解说词要贴切，不要过多运用概念化的语言，而应在表达上巧妙合理地体现画面未展现的内容。

2. 语调高低适中

语调要与教学对象和画面内容相适应。对于不同的教学内容，语调都有不同的要求，尤其是对于文学作品还要有朗诵的基础。语言应当清晰流畅，根据表述的内容，抑扬顿挫，自然变化。强弱起伏变化过于平缓的语言，会使学习者的听觉麻痹，甚至进入"休眠"状态；变化过大的语言，其声音包络线呈大振幅的波浪状变化，在听觉感知上会产生抖动和漂移，这种感觉不利于学习者的情绪稳定。频率过高的语言有很强的穿透力和尖锐感，会严重干扰学习者的认知；频率过低的语言低沉而烦闷，会使学习者的意志消沉，情绪低落。

3. 语速快慢适中

语言发声应采用适中的语速，速度控制在每秒钟3～4个字。一般情况下，人耳的辨析率是每分钟 240～250 个字。超过这个语速时，学习者辨析起来就会有一定的困难。考虑到多媒体教学活动的实际需要，对于初次呈现的教学内容，课件语言的语速不应高于每秒 3 个字。过高的语速会使听觉注意变得困难，使学习者产生认知的强迫感；而过低的语速则会导致迟滞感和厌烦感。

4. 使用标准普通话

课件语言应当使用标准普通话。由于条件限制，有些教师在制作课件时亲自讲解教学内容，可能包含方言发声成分。辨析方言内容需要消耗一般学习者的听觉认知资源，降低听觉认知效率。条件具备的话，建议交替使用男女声解说，避免单一解说的单调性，以维持学习者的注意力。

5. 使用简短语句

课件语言应使用简短的口语化句型，避免使用长句式而产生认知困难。你需要将原始的长句式书面语言分解为更容易理解的口语化短句。例如，"古人类学是研究化石猿猴和现代猿猴与人类的亲缘关系、劳动在从猿到人的转变中的作用、人类发展过程中体质特征的变化和规律等有关人类起源和发展问题的一个分支学科"是一个长句子，我们可以将其转换为短句子，如"古人类学是人类学的一个分支学科，它研究人类起源和发展问题，如化石猿猴和现代猿猴与人类的亲缘关系、劳动在从猿到人的转变中的作用、人类发展过程中体质特征的变化和规律等"。

第四节　多媒体课件中的音效处理与运用规范

音效的最大作用就是帮助学习者尽快融入教学内容之中，并在情绪上产生共鸣。例如，拍摄一段教学观摩视频，需要很多呈现教学技能的画面，如果没有相应音效的映衬，再好的动作技能也无法使拍摄的视频效果摆脱平庸，对学习者没有足够的吸引力。在音效的使用上，最关键之处在于我们对于声音的感触，只有通过音效与模拟动作的完美结合才能体现出真实效果。这个时候，视频当中的感觉就会被提升，就会被渲染。在课件中，音效是如何获取的？音效声的运用又有哪些原则与规范呢？

一、音效素材的获取

对于一般教师而言，并不需要通过自己录制来获得音效，可以从互联网上获得丰富的音效资源。需要注意的是，为了满足在课件中插入声音文件的需要，应当下载 WAVE 或 MP3 格式的声音文件来使用，其他格式的文件无法被插入到 PPT 之中。

二、音效的基本运用原则

音效作为一种重要的艺术表现手段，其承载了信息传递价值，不仅直接影响教学信息的质量，同时也将丰富的情感表达蕴含其中。前文讲过，音效的最大作用是辅助体验，可以使学习者融入学习内容中，并在情绪上产生共鸣。所以，音效不再是画面的陪衬，而是教学内涵的最佳补充。在课件中，音效的运用原则包括选择性原则、融合性原则和必要性原则。

1. 选择性原则

音效的选择是指利用人为的手段来拓展真实空间，以达到叙事表意的互补效果。在使用音效时，首先要求录制人员了解教学内容，具有较强的空间感，掌握丰富的声音表现手段，这样才能准确、生动地表现教学内容中的人物或环境等。

选用音效的关键之处在于我们对于声音的感触。合理地选择音效，可以有效地激发学习者的情感，对学习者产生较强的感官刺激。对于一个普通的画面，如果在其中加入了一些特别的音效，那么教学氛围就会被渲染。所以，要正确地选择音效，使声音与画面协调同步，才能产生较好的视觉与听觉效果。

除此之外，在同期录音拍摄时，如果不加选择地录制自然环境中的声音，就有可能将不需要的环境噪声也记录下来。为了防止录音环境不理想，可以使用指向性话筒或在录音室中录制音效，也可以下载相关音效进行后期配音。

2. 融合性原则

添加音效可以增加画面的真实感，起到渲染氛围和刻画人物形象的作用。设置音效的音量时，还应遵循近景声大、远景声小和近景实、远景虚的客观规律，区分全景和近景。除了通过音效的高低和快慢营造距离的远近和空间的大小，还可以通过节奏与力度上的变化来表达人的情绪。音效与画面的有效融合可以增强教学内容的表现力，使声音和画面能够充分发挥各自的艺术功能，二者相辅相成。

3. 必要性原则

虽然音效在课件教学中不是必要的构成要素，但如果运用得当，可以提升教学内容的表现效果。在课件中音效的运用不是随意的，而应遵循必要性原则。教学课件与影视类节目有所不同，其中应用较多的是 UI 音效和环境音效。UI 音效通常是指操作界面的各种音效。环境音效分为场景音效和天气音效两种。场景音效主要是指角色与物件交互时的音效，如打碎玻璃和打开门时的音效。天气音效主要用于营造场景的氛围，如下雨、刮风、天晴等。

音效的运用要依据课件表现内容的需要来确定，应当选用与课件内容和页面风格相关的音效。运用恰当的界面音效，能给予学习者听觉方面的提示，用声音进行引导，从而减少复杂系统造成的操作方面的迷惑。对于操作界面的各种音效（如按钮和菜单的操作以及页面的切换），不能为了获得一种花哨的呈现效果而在听觉上干扰或分散学习者的注意力，这样的音效没有使用的必要。

三、音效的基本运用要领

课件中的音效要具有艺术的真实性，发声效果要与画面内容协调。

1. 配合视频、动画内容

在多媒体课件中，用视频、图像和动画媒体展示教学内容时，为了增强艺术效果，需要同步播放相应的音效，以塑造、烘托场景氛围。比如，讲解相机快门的工作原理时，可以用相机快门的音效配合动画中快门机构的闭合动作，模拟实物展示，给人以真实的感受。再如，表现心脏病患者的病情加重时，可运用放大的心脏跳动音效来突出表现病情的严重性。

2. 配合操作内容，突出操作重点

在操作与练习过程中，为了强调重点与难点，往往需要放大客观世界中的某些音效，以保证教学效果最佳。

3. 配合交互，提供声音反馈

画面中的热区常设置有一些按钮或菜单，当用鼠标单击它们时，一方面可以通过形态、色彩、影调的局部变化，产生按钮或菜单弹动的视觉效果；另一方面，还可以从音效素材库中选择一种模拟按钮被按下或菜单被打开的声音予以配合。

四、音效的运用规范

课件中的音效时长一般较短，刺激强烈，具有较高的真实性或主观情绪性，很小的音量就可以被学习者注意到。在实践中，音效的内容、音调与响度需要为认知服务，不可为了追求片面效果而滥用。音效在课件中的运用要符合下列规范。

① 音效的使用要依据课件表现内容的需要来确定。不是所有的画面都需要音效，如在讲解汽油机的工作原理时，汽油机运行时的机械声响就不必出现，因为此时出现音效将干扰学习者对解说词的辨析。

② 不随意使用无关的音效。在课件设计中，应当选用与课件内容和页面风格相关的音效。比如，某些课件设计者为了获得一种花哨的呈现效果，使用 PowerPoint 软件内置的急刹车声和摔碎玻璃声来配合文字的呈现，音效与课件内容毫无关系，会干扰学习者的学习进程。这样的音效就没有任何使用的必要。

③ 配合交互操作的音效要简短。课件中配合交互操作的音效时长以不超过 5 秒为宜，过长的音效将会影响课件的执行效率。在具有较多交互设计的课件中，学习者通过按键或热区进行交互操作，致使画面的呈现时间和重复呈现次数具有很大的随意性，若课件中的音效过长，则音效呈现时的完整性难以保证。

④ 页面切换不可频繁地使用音效，以免产生认知干扰。某些课件中每个页面的切换都有刺耳的音效，当在页面间反复跳转时，学习者的烦躁情绪会越来越明显。因此，需要考虑页面跳转时的顺畅性，包括声音的连贯性和响度的一致性。

⑤ 要控制好音效的响度，防止音效的响度过大而干扰学习者的认知。一般而言，课件中语言和音乐的呈现时间较长，音效的呈现时间较短。很短的音效在瞬间播放后又归于寂静，听觉感受在单位时间内的变化幅度较大，对学习者有较强的刺激作用，因此音效的响度不宜过大，响度较小的音效就可以引起学习者的注意。

⑥ 安排好多个音效之间的呈现关系。当课件页面中有多个音效时，要安排好它们出现时的先后顺序，并在时间上加以有效控制，尤其要避免多个音效之间的重叠呈现。比如，用鼠标单击一个按钮时，上一个按钮的音效应立即结束，以防止音效之间的相互干扰。

第五节　多媒体课件中的音乐处理与运用规范

在课件中适度地使用音乐，可以使学习者感到轻松愉快，有效地消除大脑因学习而产生的疲劳，保持人脑清醒，提高学习效率。同时，音乐的掩蔽效应能够排除与学习任务无关的其他信息干扰，有利于学习者集中注意力。适宜的音乐还能启发思维，扩展想象力。在课件中，音乐素材是如何获取和编辑的？音乐的运用又有哪些原则与规范呢？

一、音乐素材的获取

可以通过多种方式获得数字音乐素材，如可从 CD、VCD、DVD 等中进行提取。

1. CD 音频的提取

CD、VCD、DVD 中含有大量数字音频资源，其内容丰富，而且音质优良，因而成为数字音频素材的重要来源。我们在工作中经常需要将 CD、VCD、DVD 中的某段声音提取出来，保存为相关格式的音频文件，而完成这项工作需要借助相应的音频工具软件。

Windows Media Player 是 Windows 操作系统自带的媒体播放软件，它可以用来查找和播放计算机上的数字媒体文件，播放 CD、DVD 以及 Internet 上的数字媒体内容。此外，还可以使用 Windows Media Player 将 CD 中的曲目翻录（或复制）到计算机中，翻录（或复制）的曲目就成为计算机中的数字音频文件了。

① 运行 Windows 操作系统程序组中的 Windows Media Player 程序。

② 将 CD 放入驱动器中，单击 Windows Media Player 的"翻录"按钮，界面中将显示 CD 上的曲目列表，如图 3-8 所示。

图 3-8　CD 上的曲目列表

③ 单击"翻录"按钮下的更多选项命令，在"选项"面板上设定翻录音乐的保存位置，选择翻录格式，设定音频质量，如图 3-9 所示。

④ 勾选欲翻录的曲目，单击"开始翻录"按钮，软件将把所选曲目翻录为指定格式的音频文件并进行保存。

2. VCD、DVD 音频的提取

提取 VCD、DVD 音频素材的工具软件有多种，AVI MPEG WMV RM to MP3 Converter 便是其中之一。该软件是一个音频转换工具，可将 AVI、MPEG、RM/RMVB、WMV/ASF、MOV 格式的视频文件中的声音转换为 MP3、WAV、WMA、OGG 等音频格式。

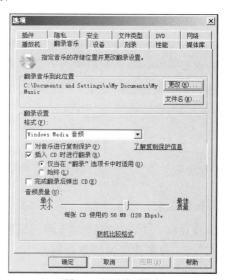

图 3-9　翻录选项设定

提取 VCD、DVD 音频素材的操作方法如下。

① 运行 AVI MPEG WMV RM to MP3 Converter 软件。

② 单击软件界面上的"打开"按钮，选择 VCD、DVD 中的视频文件。VCD 中视频文件的后缀为*.dat，DVD 中视频文件的后缀为*.vod。视频文件将出现在软件播放窗口中并自动播放。

③ 将播放滑块定位到所提取素材片段的开始位置，单击"起始时间"按钮，设定提取开始点；将播放滑块定位到所提取素材片段的结束位置，单击"结束时间"按钮，设定提取结束点。

④ 在右侧的设置区域内设置音频提取格式为 MP3，如图 3-10 所示。

⑤ 单击软件界面上方的"设置"按钮，在"设置"面板上单击"常规"标签，在"输出目录"组中选择"自定义"后，设置音频文件的保存路径，单击"确定"按钮，如图 3-11 所示。

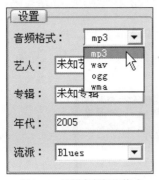

图 3-10　设置音频提取格式

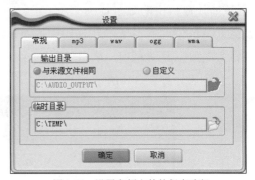

图 3-11　设置音频文件的保存路径

⑥ 单击软件界面上方的"转换"按钮，开始提取音频文件，音频文件将以 MP3 格式保存在指定目录下。课件中的 MP3 文件的比特率以 56～256kbit/s 为宜。在确保音质的情况下，应尽量减小音频文件的大小。语音类 MP3 文件可选用 56kbit/s 的比特率，音乐、音效类 MP3 文件可选用 128kbit/s 的比特率。

3. 互联网音乐的搜索与下载

对于视听类课件而言，音乐是重要的声音媒体形态，它与画面结合能够极大地提高学生的认知效率。我们可以通过互联网版权音乐网站（如曲多多等）获取相应的数字音乐内容。在这类版权音乐网站上，我们可通过关键字搜索曲库，试听相关音乐，并获得授权下载相应的数字音乐文件。

二、音乐文件的编辑

音乐文件的编辑同样可以利用音频编辑软件（如 Audition）来完成，常见的操作有音乐片段的截取、音量调整、音色均衡等，具体操作方法参阅本章第三节中语言的编辑部分。这里重点讲一下音乐文件的开始、结束（首尾）以及转换部位的淡入淡出处理。

1. 音频首尾的淡变处理

在 Audition 软件的主视窗中，在音乐开始位置使用鼠标左键向右拖拽淡变图标（图 3-12

中圆圈标注的位置），音乐文件将按照包络线产生渐强变化；在结尾部分，使用鼠标左键向左拖拽淡变图标，音乐文件将按照包络线产生渐弱变化。

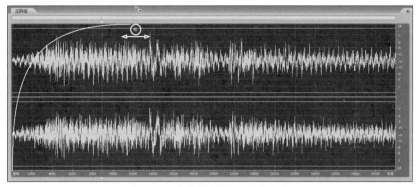

图 3-12 音乐开始位置的淡变处理

2. 多首音乐转换部位的淡变处理

① 单击工具栏上的"多轨"按钮，将 Audition 软件切换到多轨编辑模式，如图 3-13 所示。

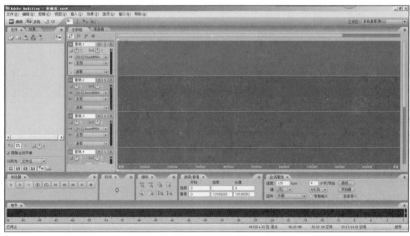

图 3-13 切换 Audition 为多轨编辑模式

② 使用"文件"菜单下的"导入"命令导入需要做淡变处理的两段音乐，如图 3-14 所示。

③ 使用鼠标左键将第一段音乐的图标拖拽到右侧的声音轨道上，如图 3-15 所示。

④ 使用鼠标左键将第二段音乐的图标拖拽到右侧的同一条声音轨道上，放置在第一段音乐之后，如图 3-16 所示。

⑤ 按下鼠标右键拖拽第二段音乐，将其与第一段音乐重叠，两段音乐间将自动进行淡变处理，重叠区域的长短表示音乐转换的急缓，如图 3-17 所示。

图 3-14 导入两段音乐文件

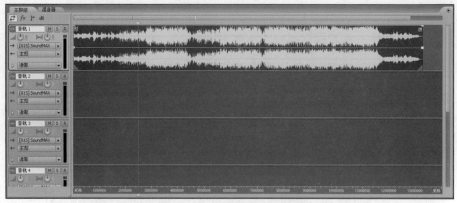

图 3-15　将第一段音乐放置在声音轨道上

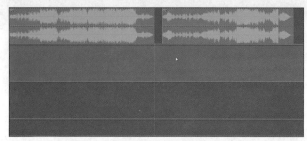

图 3-16　将两段音乐放置在同一条声音轨道上（前后排列）

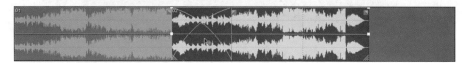

图 3-17　经过了淡变处理的两段音乐

⑥ 单击"编辑"菜单下"混缩到新文件"命令中的"会话中的主控输出（立体声）"，将上面做淡变处理的两段音乐混缩为一个音频文件，最后保存该文件，如图 3-18 所示。

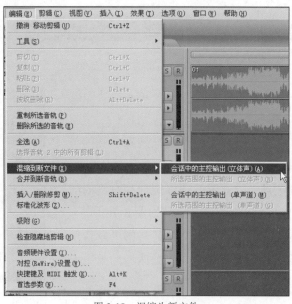

图 3-18　混缩为新文件

三、音乐的基本运用原则

音乐的基本运用原则是根据视听教育理论、教学目标，遵循音乐教学过程及教学活动的规律而制定的基本要求。音乐在课件教学中的运用应体现音乐教学的规律，突出视听教学的特点。音乐教学区别于其他教学，具有从感性入手、以情动人、以美感人的特殊性。为了取得良好的教学效果，课件音乐的基本运用原则包括体验性原则、情感性原则、辅助性原则和统一性原则。

1. 体验性原则

音乐是体验的艺术，音乐教学离不开学习者的亲身参与和体验。音乐教学主要是在教师的启发和指导下学习者主动参与体验音乐的过程。音乐学习的根本机制是学习者自身对音乐的感悟。所以，音乐教学要尊重学习者以自己体验的方式学习音乐，在音乐体验中形成独立见解。在课件中，教师的语言尽量少，不能总是试图诠释音乐。音乐课堂中的教学语言应以描述性语言为主，目的是创设审美情境，渲染艺术氛围，引导和诱发学习者积极参与音乐体验。

2. 情感性原则

音乐是情感艺术，它给人的情感移入比其他艺术更直接、更强烈，更能深入人们的情感世界。在课件音乐教学中，教师首先应以自己的情感去拨动学习者的情感，使之产生共鸣和情感动力。教师只有把真情实感倾注到音乐之中，才能感染学习者把自己的情感融入音乐之中，从而进入学习音乐的最佳状态。为了增强学习者对音乐内容的感知，还可以创设一定的意境让学习者受到美的感染，产生情感上的共鸣，在音乐审美过程中获得丰富的情感体验，并不断提高情感外化的表现能力。

3. 辅助性原则

在课件教学中，音乐和图像的融合是听觉和视觉的结合，二者互相渗透、互相影响，使学习者能更形象、更直观地理解音乐。课件中的背景音乐（音乐教学类课件除外）是作为辅助教学手段应用于教学的，既要为教学服务，与教学内容相吻合，还要与其他内容相协调，形成声画并茂、不可分割的主体。因此，背景音乐的内容与节奏要和教学内容相符，所选用的曲目要舒缓平和，不能过于激昂，否则就会喧宾夺主成为干扰信息。同时，还需要运用背景音乐创设情境，强调在听觉上为学习者营造高效的学习氛围，以此提升课件内容的教学效果，增强画面的真实性。不是所有的教学内容都适合运用背景音乐，如果为了追求音乐的形式而一味运用背景音乐，则会适得其反，对教学造成干扰。

4. 统一性原则

音乐是课件声音的一个重要组成部分，通过其特有的感染力可以唤起学习者的注意，调节学习者的情绪，为学习者营造愉悦的听觉环境，促使学习者的学习能力与综合素养得到发展。在课件教学中，有时会同时出现解说、音效和背景音乐。此时，哪些地方需要突出解说，哪些地方需要强调音效，哪些地方需要用背景音乐烘托气氛，必须进行整体考虑和统一处理。课件中的音乐除了有效促进学习者的认知外，还要与课件的思想内容、结构形式和艺术风格协调一致。

四、音乐的基本运用要领

在课件中，音乐既可以作为陪衬，用以烘托解说词和画面，也可以用于延伸解说词或文本内容的意境。除此之外，音乐还可以营造无法用语言文字表达的气氛。

音乐最有效的作用是烘托气氛和抒发感情，也可以用来描述和表现客观事物与教学内容。在课件中运用音乐来表现教学内容时，通常需要与文字和图像配合，并且通过学习者的联想来实现。

在课件中，知识点的概述往往是通过一个完整过程的一组画面来实现的。这时，也可以采用一首或几首主题音乐（内容相对完整的一段旋律）来陪衬该组画面。音乐是一门艺术，它的运用不仅要带给学习者悦耳动听的艺术感受，更重要的是让学习者深入领会其所表现的内容。

课件中的背景音乐通常采用器乐，虽然它不像声乐那样可以用概念明确的歌词辅助学习者理解其内容，但仍然可以塑造鲜明生动的音乐形象，表达一定的内容。音乐是由一些基本的音乐语言元素按照听觉艺术规律组成的，这些元素包括旋律、节奏、音色、力度、音区、和声、复调和调式等。

1. 用在片头和片尾

音乐用在片头时，一般是为了衬托课件的名称，我们可选择与课件内容统一的主题音乐，要有力度和新鲜感。音乐用在片尾时，一般是为了介绍课件的制作人员或制作单位。由于能预测片尾的播放时间，可以选择长度相当的音乐，其节奏要与画面变化的速度同步。

2. 用于呈现教学内容

每一章（节）的教学内容都应有与之适配的主题旋律，不同章（节）的基调应有所不同，同时各章（节）的旋律要彼此协调，形成统一的音乐曲式。

3. 用于文本说明和解说

在有文本说明和解说的画面中，可以用背景音乐进行配合，这时的音乐应起到延伸解说词或文本内容的意境的作用。

4. 用于演示图片

在演示图片的画面中，可以用背景音乐进行配合，这时的音乐应起到延伸图片意境的作用。

5. 用于交互

在具有交互功能的课件中，画面会时常跳转。为了保证背景音乐的完整性，不至于由于交互操作而使其"支离破碎"，可以缩短主题音乐的长度，采用循环播放方式，也可以增加"静音"按钮，有必要时将背景音乐关掉。

五、音乐的运用规范

与影视音乐强烈的情绪烘托作用不同，一般的课件音乐（这里主要指课件背景音乐）强调在听觉上为学习者营造高效的学习氛围，因此课件中的音乐不能按照影视制作的表现方法来选取，应当围绕有效促进认知的目的来选取。在教学演示型课件（音乐教学类课件除外）

中，教师一般用语言来讲解、阐释教学内容，学习者的听觉注意力一般集中于此，因而这类课件中一般不需要加入音乐，以防止干扰教师的语音讲解。在自主学习型课件中，可以适当加入音乐，通过音乐特有的感染力唤起学习者的注意，调节学习者的情绪，为学习者营造愉悦的听觉环境。

在课件中使用的音乐应符合以下规范。

1. 音乐曲目的选择要能有效地促进学习者的认知

课件以教学为目的，向学习者传递知识，所以课件中的音乐要为教学服务，我们要在教学分析的基础上选取与教学内容的"情绪"相吻合的音乐，使其形成一个不可分割的整体。

一般而言，响度适中、音调柔和、音色甜美、节奏舒缓的轻音乐适宜用作多媒体作品的背景音乐。不宜使用响度过大、节奏感过强的音乐（如舞曲、摇滚乐）以及人们非常熟悉的和情绪化的音乐。含有歌词的歌曲也应避免使用，以免引发听觉的有意注意，从而导致音乐对有用信息的屏蔽，影响学习效果。具体而言，应考虑音乐的节奏、音高和响度等因素。

心理学研究表明，每分钟 60～70 拍的音乐能诱发与增强学习者大脑中的 α 波，使大脑进入最活跃的学习状态，让记忆和创造性思维得到充分发展，从而大大提高学习效率。我们可以参考保加利亚心理学家乔治·罗扎诺夫推荐的一些巴洛克音乐曲目，有选择性地用它们作为多媒体作品的背景音乐。

一般而言，在课件中宜选用由音调适中的乐器演奏的乐曲，不宜用发声频率过高的唢呐等为课件的主体部分配乐，因为它们会使学习者烦躁。而低频成分过多的乐器（如大提琴）的音色沉闷、暗淡，同样不适用于课件配乐。

2. 课件音乐的音量应适中

在课件中，要处理好音乐与语言的响度关系。一般而言，音乐的音量要低于语言的音量。音乐的音量设定不当也将严重干扰学习者的认知。喧闹的音乐会使学习者的情绪烦躁，无法集中注意力于学习内容。在课件中，如果背景音乐的响度过大，则该音乐将掩蔽语言，使传递教学信息的语言难以被识别，学习者的认知受到干扰。对于大多数课件而言，教学信息主要通过语音和音效来传递（音乐类课件除外）。在这类课件的总体声音构成中，其各组成部分的响度顺序依次为语言、音效和音乐。按照这个标准混合声音，可以保证有用听觉信息的可辨认性。

3. 课件中设置独立的音乐控制开关

在课件中使用音乐时，需要在页面中设置独立的音乐控制开关。音乐控制开关要确保在任意页面中和任何时间都可调用，且控制灵活，以方便教师和学习者控制音乐的播放。其他媒体文件的显示、课件的继续运行不应受制于音乐文件，不应出现等候音乐播放完毕才可进行下一步操作的情形。

4. 课件音乐采用统一风格

在课件中采用的音乐风格需要统一，不可使用不同风格的多段音乐组合。实践中常见某些课件在不同的页面中使用内容、情绪完全不同的音乐，在不同页面之间跳转时，生硬的音乐切换会对学习者产生十分强烈的听觉干扰，从而影响学习情绪。

5. 注意音乐的首尾及转换部位的淡变处理

为了避免音乐的突然出现和消失产生听觉上的突兀感，课件中音乐的首尾部分应做渐强渐弱处理。对于从完整乐曲中截取的音乐片段而言，这一点尤为重要。多首乐曲的转换也要做平滑的淡变处理，避免出现生硬的切换效果。

在课件中使用声音媒体能够形象、生动、鲜明、准确地表达教学内容，传递教学信息，同时可以更好地表达细节、情绪、情感、节奏、韵律等。课件设计者应切实发挥声音媒体独特的表现力。在课件制作中，我们要根据教学内容表意的需要，选择语言、音乐、音效三种声音形态或组合使用，充分发挥它们各自不同的表现优势。运用声音媒体时，应当遵守其运用规范，重点注意语言、音效、音乐三种声音形态之间的整合。在同一页面内，语言、音效、音乐之间的响度、情绪、节奏等需要协调一致、有机结合、互为补充，如果它们彼此不能协调一致，那么声音媒体的各个组成元素就会产生干扰，降低学习者的学习效率。

第四章　图像媒体的运用与规范

科技进步使人类的认知进入读图时代，图像媒体在现代信息传播中发挥着不可替代的作用。在课件设计中，图像媒体是大量使用的媒体类型之一。具象化是图像媒体的最大特征，其生动、形象的特点能够提高教学信息的呈现与接受效率，增强教学内容的观赏性和趣味性。与视频、动画媒体比较而言，图像媒体的制作与使用经济、便捷，更有利于任课教师使用。掌握图像媒体的基本处理方法和在课件中的运用技巧，是每一位教师必备的现代教学技能。

第一节　多媒体课件中的图像媒体形态

图像特征是指一幅图像最基本的特征，也可以是人类视觉能够识别的自然特征。图像格式是指计算机中存储图像文件的方式，它们代表不同的图像信息。图形图像处理软件通常会提供多种图像文件格式，每一种格式都有它的特点和用途。

一、图像的基本特征

计算机处理的都是数字信息，图像需要转化为数字信息后才可以被计算机识别和处理。在多媒体课件中，运用数字图像处理技术，可以对不同形式的图像进行处理，创作出各种各样的效果。课件中常用的图像类型可以分为位图和矢量图两种。

1. 位图

位图也称点阵图，是由许多不同颜色的小方格组成的图像，其中每一个小方格称为一个像素。一张位图就好比一幅大的拼图，每个纯色的像素都是一个拼块，这些像素可以进行不同的排列以构成图像。由于位图文件在存储时必须记录画面中每一个像素的位置、色彩等信息，因此占用的空间较大，可以达到几兆甚至上百兆。位图的质量还与分辨率有关。对于相同尺寸的图像，分辨率越高，其质量越好。位图适用于展示色彩、影调层次丰富的画面，例如照片和图画等。它的缺点则是放大或缩小时会产生失真。

2. 矢量图

使用线段和曲线描述的图像称为矢量图，其中也包含色彩和位置信息。矢量图是根据几何特征绘制的，只能靠软件生成，图形元素包括点、直线、弧线等，它们在计算机中通过计算的方式来显示图形。矢量图常用于框架结构的图像处理，适用于展示直线以及其他可以用角度、坐标和距离来表示的几何图形。它的特点是文件占用的存储空间较小，放大或缩小后不会失真，颜色、清晰度以及各部分的相对位置关系也不会改变。

二、图像文件的格式

我们在制作课件时会用到多种格式的图像文件。有些图像会动，而有些图像是静止的；有些图像文件的数据量很大，有些则很小。这些都和图像文件的格式有关。常见的图像文件格式有 JPG、BMP、PNG、TIFF 和 GIF。

1. JPEG

JPEG 的英文全称为 Joint Photograhic Experts Group，该标准由国际标准化组织（ISO）制定。JPEG 是最常用的图像文件格式，通常用于相机拍摄的照片和网络图片等，也常作为图像处理的最终输出格式。

JPEG 格式利用一种失真式的图像压缩方式将图像压缩在很小的储存空间中，其压缩率通常为 10：1～40：1。经压缩后，图像质量会相应下降。通常可以 10：1～20：1 的压缩率进行压缩，此时图像质量不会明显降低。由于 JPEG 格式的压缩特性，我们在使用时要选择高质量的图像，以免影响课件的质量。

2. BMP

BMP 的英文全称为 Bitmap。它是 Windows 操作系统中的标准图像文件格式，因此在 Windows 环境中运行的图形图像处理软件都支持 BMP 格式。这种格式的特点是包含的图像信息比较丰富，图像文件比较大，几乎不进行压缩，更适合在单机上应用。

3. PNG

PNG 的英文全称为 Portable Network Graphics。它是一种网络图像格式，用于网页设计和平面设计。PNG 格式结合了 JPG 和 GIF 格式的优点，同时也增加了二者所不具备的一些特性。PNG 格式支持透明图像、压缩不失真和渐变图像的制作要求，它也是 Photoshop 输出的原始格式。例如，开始学习使用 Photoshop 时，要对一幅图片进行多次修改，可以将其导出为 PNG 格式，以方便随时修改。此时，不用担心损失像素和无法修改。PNG 格式的缺点是不支持动画。

4. TIFF

TIFF 的英文全称为 Tagged Image File Format。它是一种非失真的压缩格式，能保持原来图像的颜色及层次，但占用的存储空间很大，主要用来存储包括照片和艺术图在内的图像。

TIFF 格式是图形图像处理中常用的格式之一，支持很多色彩系统，而且独立于操作系统，因此得到了广泛应用。它的特点是复杂，存储的信息多。正因为存储的图像信息非常多，图像的质量也得以提高，故而这种格式非常有利于原稿的复制。

5. GIF

GIF 的英文全称为 Graphics Interchange Format，在 Internet 和其他在线服务系统上得到了广泛应用。GIF 是一种公用的图像文件格式标准，支持多图像文件和动画文件。在压缩过程中，图像的像素信息不会丢失，丢失的只是图像的色彩。GIF 格式最多只能储存 256 色，所以通常用来显示简单图形及字体。GIF 格式分为静态和动态两种。静态的 GIF 格式的图像和 JPG 格式的图像相同，而动态的 GIF 格式的图像则是将多幅图像保存为一幅图像，形成动画效果。

第二节　多媒体课件中图像媒体的分类

在课件中，依据制作方式的不同，可将图像媒体分为图片和图形两种类型，它们是课件中的可视化元素。

一、图片

图片是指利用相机、扫描仪等成像设备对实际物体、环境进行捕捉（拍摄或扫描）而得到的静止图像。图片具有细节丰富、自然逼真、形象直观的表现特点，主要作用是以形象、直观的方式将抽象的、难以理解的文本内容表现出来，帮助学生更好地理解文本的深层信息，起到解释说明的作用。另外，图片可以为文本增加额外的内容和信息，在帮助学生理解文本的基础上拓展视野。

图 4-1　细节丰富、自然逼真、形象直观的图片

在课件中，图片还可用于自然现象、实物外观、自然纹理的呈现，如图 4-1 所示。

二、图形

图形则是指使用各种手段（包括图像处理软件）制作的用静止的几何点、线、面反映事物的各类特征和变化规律的形象化表达形式。与图片比较而言，图形具有简约、概括、抽象、凝练等特点。利用图形可以将"数"与"形"相结合，将数量关系的精确刻画与几何图形的形象表示有机地结合起来，从而充分体现问题的条件与结论之间的内在联系，将问题化难为易、化繁为简，以此激发学习者的学习兴趣。

在课件中，图形还用于路线图、结构示意图、流程图和统计图等的呈现，如图 4-2 所示。

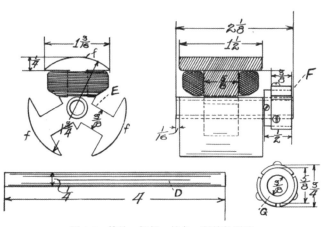

图 4-2　简约、概括、抽象、凝练的图形

第三节　多媒体课件中图像媒体的选择

优秀的多媒体课件除了要具有丰富的教学内容外，还需要具有吸引学习者的界面。合理地选择和搭配图像是构造美观界面的主要手段。图形反映的是物体的局部特征，是真实物体的模型化。图片则反映物体的整体特征，也是客观世界在人脑中形成的影像。合理选择图像在很大程度上也决定了课件的使用效果。

一、图片的选择

在课件设计中，当需要促进学习内容外表属性的形象化认知时，多使用图片。可以插入与文字信息描述一致的图片，进一步验证文字信息的真实性，让文字信息更有说服力，给学习者以真实感和现场感。首先，可以选择图片创设客观真实的教学情境，通过情境再现所展示物体的直观外貌和局部细节，呈现历史资料等。例如，如果需要对地球表面进行形象化演示，在外太空拍摄的地球照片是最好的选择。其次，也可以用生动形象的图片辅助文字信息更好地说明抽象的概念和过程。

图 4-3　细节丰富的图片

图 4-3 所示是含有大量细节（如明暗变化、轮廓色彩丰富）的图片。

二、图形的选择

在课件设计中，当需要达成对学习内容的抽象、概括性认知时，多使用图形。图形可以与动画、视频配合，强调知识点的细节与重点，可以通过示意图、结构图、统计图表等形式直观地反映事物的变化规律与特征。例如，讲解地球的构造时，分层绘制的地球结构图显然具有更强的表现力，图片无法达到这种分析、概括的效果，如图 4-4 所示。此外，图形还可以为个别化学习提供图形化的按钮导航。

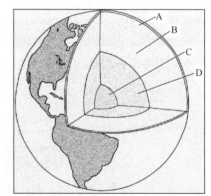

图 4-4　与图片比较而言，图形相对抽象、概括

三、图片和图形的搭配运用

可以根据上面的论述合理地选择图片与图形并加以运用。在课件制作中，图片与图形时常出现在同一课件页面中，二者互相配合、互为补充，发挥各自的表意优势，让学习者在学习内容的表象与本质之间建立有效的认知连接，取得更佳的学习效果。在如图 4-5 所示的课

件页面中，使用真实的图片呈现发生故障的电缆外观，同时使用抽象、概括的图形展示该故障的发生原理，二者相互对照，有助于学习者掌握故障的现象与本质。

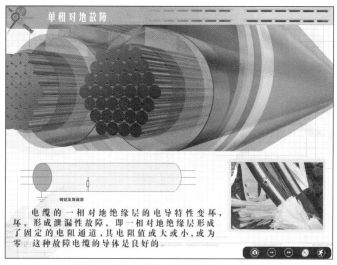

图 4-5　图形、图片同时出现在同一页面中

第四节　多媒体课件中图像媒体的处理和运用

图像媒体的制作一般需要经过两个过程：前期采集（包括现场拍摄、利用软件绘制和从互联网上下载等方式）与后期编辑。前期采集阶段完成图像素材的拍摄（收集），后期编辑按照课件制作要求对前期取得的图像素材进行裁剪、亮色调整等编辑处理，最终得到符合课件内容要求的图像。

关于图像的拍摄和下载方法，可参考各种数码摄影和计算机应用基础类书籍的相关内容，这里不再叙述，我们从图像素材的后期处理谈起。

一、图像素材的后期处理

通过下载、拍摄、扫描得到的数字图像素材往往需要经过后期处理，才能符合课件应用的技术与艺术规范。图像的处理可以使用各种图像处理软件来完成，如著名的专业图像处理软件 Photoshop 就能够对图像的诸多方面进行调整。对于一般教师而言，课件制作中常进行的数字图像处理也可以使用光影魔术手、美图看看、Google Picasa、FastStone image viewer、ACDsee 等来完成。此类软件简单易学，没有 Photoshop 应用基础的教师可在短时间内掌握其用法。其中 FastStone image viewer 可以方便地用于图像浏览与基本编辑，如图 4-6 所示。

使用 FastStone image viewer，能够快速浏览、管理大量图像，同时它还具有常见的图像编辑处理功能。在 FastStone image viewer 的"编辑"菜单中，可以找到课件制作中常用的"旋转""调整大小""调整色彩"等命令。单击相应的命令后，只需按照该软件的提示进行操作即可，如图 4-7 所示。

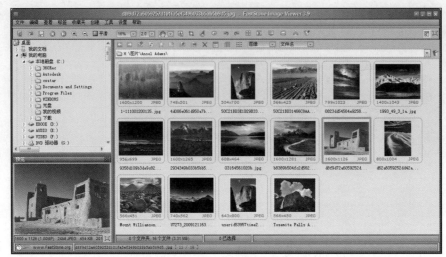

图 4-6　FastStone image viewer 的主界面

图 4-7　FastStone image viewer 的"编辑"菜单包含常用的图像编辑命令

二、图像的基本运用要领

课件中使用的图像媒体具有传递教学信息、表达情感及营造氛围等作用。在教学课件的设计中，要充分发挥图像媒体形象、直观的叙述表意作用，有效地促进教学。

1. 图文混排

使用实拍的照片、绘制的图形表格以及通过其他手段获得的图像，可以生动、直观地展示教学内容。在通常情况下，采用图文混排的版面构成形式，图像与文字媒体配合，增强课件的表现力，如图 4-8 所示。

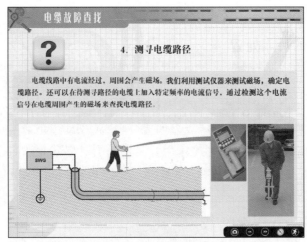

图 4-8　图文结合，增强课件的表现力

2. 图像用作课件页面背景

图像媒体用于课件页面的背景设计时，其作用不是直接表述教学内容，而是为页面上教学信息的传递营造一种情绪氛围。此时，虽然图像并不直接传递教学信息，但它通过唤起学习者的审美愉悦，进而促进学习者接收信息，最终改善学习效果。图 4-9 所示的背景使用了偏于艺术摄影风格的黄昏时分电力高塔剪影照片，在唯美的氛围中将课件前言的内容呈现给学习者。

3. 图像用于创建教学情境

可以使用图像提供时间、地点、人物、事件等信息，将学习者置于事先设计的教学情境之中，使其感同身受。比如，在向电力工人讲解电缆基础知识时，可将课件主页以情境化的三维桌面形式呈献给学习者，将相关学习内容放置在桌面上，真实生动，如图 4-10 所示。

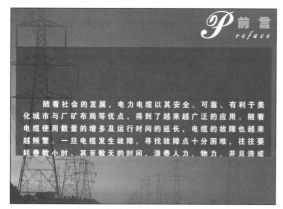

图 4-9　图像用作背景，唤起学习者的审美愉悦

图 4-10　图像用于创建教学情境

4. 使用静帧图像突出视频中的关键画面

在课件页面中，将操作视频中的关键步骤以静像方式呈现出来，用静止的时态来定格运动过程的瞬间状态，展示不易呈现的画面，起到突出重点、强化主题的作用。如图 4-11 所示，在低压脉冲法测试过程中，将测量视频的关键画面以图像的形式呈现在视频窗口下方，起到提示、突出、强调的作用。

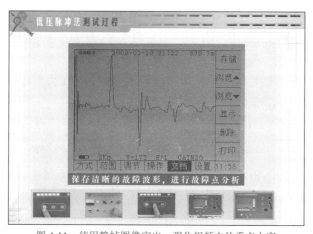

图 4-11　使用静帧图像突出、强化视频中的重点内容

5. 使用边界不规则的图像

在课件页面中，可以使用边界不规则的图像作为交互热区。这种设计改变了传统交互设计中主要依靠各类按钮的呆板方式，使交互变得生动有趣、引人入胜，有助于激发学习者的

学习兴趣。在图 4-10 中，使用桌面上的图书、笔记本作为边界不规则的热区。学习者单击界面中的图书、笔记本图像的任何区域，都能引发课件的交互反应，生动形象，富有吸引力。

6. 用于推演、强调重点内容

在课件页面中，对于需要突出重点和推演的教学内容，可以使用图像媒体，强调相关细节内容与演绎过程，如图 4-12 所示。

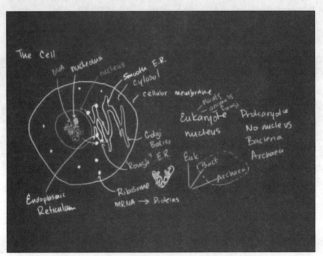

图 4-12　图像媒体用于推演、强调重点内容

第五节　多媒体课件中图像媒体的运用原则和规范

图像媒体具有诸多优点，合理地运用图像媒体传递教学信息，将极大地提升课件的视听表现力。但是在运用中如果不注意图像的运用规范，则很难达到预期的教学效果。在课件中，需要在以下方面遵守图像在课件中的基本运用原则和规范。

一、图像的规格标准

图像和文字是多媒体课件所要展示的中心内容，也是课件的主体。为了使多媒体课件更趋完美，了解图像的规格标准是非常重要的。

1. 分辨率

在一般的课件设计中，页面中单个图像（不包括背景图像）的面积一般为满屏面积的 1/4～1/2，对应的图像尺寸应在 640×480 像素以上，一般不大于 1024×768 像素。图像尺寸在这个范围内既能够保证清晰可辨的观看效果，又能使文件相对较小，从而保证课件运行流畅。使用数码相机、手机拍摄的照片，其尺寸一般远远大于课件页面。不能将这种较大尺寸的图像直接插入课件页面中，以免影响课件的运行效率。可以使用任意一款图像处理软件将其尺寸缩小后，再插入课件中。

对于用作课件页面背景的图像，按照课件运行窗口的尺寸进行设置即可，一般设置为 1024×768 像素。

2. 色彩模式

色彩模式是指计算机记录图像颜色的方式，常见的色彩模式有 RGB 模式、CMYK 模式、HSB 模式、Lab 色彩模式、位图模式、灰度模式、索引色彩模式、双色调模式等。课件中的图像为彩色图像时，使用 RGB 模式，不要使用 CMYK 模式；课件中的图像为黑白图像时，使用灰度模式。这样的设定既能保证图像重现的效果，又能有效控制图像媒体的数据量。色彩模式的修改可在 Photoshop 中"图像"菜单下的"模式"命令组里进行，如图 4-13 所示。

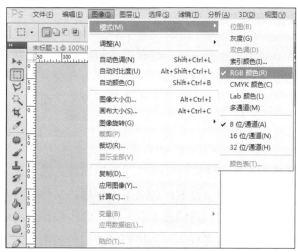

图 4-13　Photoshop 的色彩模式

3. 色彩深度

色彩深度表示在位图中储存 1 个像素的所有颜色信息所用的数据位数，单位为位/像素。常见的色彩深度有 8 位/像素、10 位/像素、16 位/像素等。色彩深度越大，图像的颜色数量越多，图像文件的数据量越大。如果没有特殊要求，课件图像的色彩深度一般设定为 8 位/像素（见图 4-14），不要使用大于 8 位/像素的色彩深度，因为过大的色彩深度将增加图像文件的数据量。

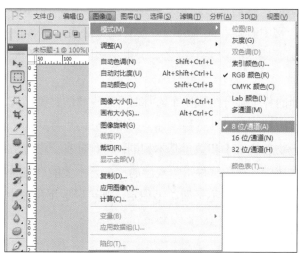

图 4-14　Photoshop 中的色彩深度设定

4. 图像文件的格式

多数课件制作软件都支持常见格式的图像文件的导入，其中包括 JPG、BMP、PNG、TIFF 等。我们应综合考虑图像文件的数据量和图像质量。为了保证图像媒体的清晰度和通用性，建议在课件制作中使用 JPEG 或 PNG 格式的图像文件。使用 JPEG 格式时，图像的压缩质量应选择"高质量"。对于需要在课件中做底色透明处理的图像（如形状不规则的按钮、图标等），可以使用 PNG 格式。

二、图像的基本运用原则

在课件中，图像是帮助文字分析教材、解释概念和现象的重要媒体元素。课件教学中并非只有文字可以表达思想和传递信息，图像可以通过更为直观、专业和美观的方式来呈现教学内容。图像存储原则、变化统一原则、疏密变化原则以及画面均衡原则是在课件中运用图像的四项基本原则。

1. 图像存储原则

课件中的存储格式通常是指图像文件的格式、数据的输入输出格式和数据的传送格式。图像文件的格式决定了应该在文件中存放何种类型的信息，文件如何与各种应用软件兼容，如何与其他文件交换数据。为了适应不同设备和应用需要，图像的存储格式可分为有损压缩和无损压缩两大类。不同的存储格式有不同的特点，占用的数据空间不同，清晰度也不同。由于图像的存储格式很多，在实际应用中可根据图像的用途来确定图像应存为何种格式。

2. 变化统一原则

在画面构图中最重要的法则就是变化与统一，即在统一中求变化，在变化中求统一。其他法则都应从属于这条法则。变化是寻找各部分之间的差异和区别，统一则是寻求它们之间的内在联系和共同点。变化与统一是形式美的法则，是对立统一规律在屏幕图像构成上的应用。二者完美结合，是课件图像构成的最根本的要求，也是艺术表现力的主要体现。

3. 疏密变化原则

画面由诸多元素组成，我们要恰到好处地把它们安排在课件页面中，讲究疏密变化。疏密变化是指疏中见密、密中有疏。如果画面中没有疏密对比，那么布局就没有变化，会失去韵律感。疏密变化是画面构图的重要手段之一，也是构图中的一条重要法则。

4. 画面均衡原则

在课件中，将画面的各个部分组成一个整体时，最重要的是画面应均衡。均衡是一项最基本的构图法则，主要目的是使画面具有稳定性。均衡可分为对称式均衡和非对称式均衡。对称式均衡是指左右两部分物象的大小和数量基本相同，对称分布。均衡是人们在长期生活中形成的一种心理要求和形式感觉，符合这种审美观念的造型艺术才能产生美感，否则让人看起来就不舒服。如果画面传达的意味就是不平衡、不稳定，则可以运用构图中的不均衡处理方式。

三、图像的拍摄规范

在课件设计中，图像媒体的拍摄规范有哪些呢？

1. 选择适宜的图像景别

景别用于衡量拍摄主体在画面中所占面积的大小。图像媒体的景别选择应满足学习者从不同视距、不同视角观看景物的心理需求，从而使他们对学习内容形成完整、清晰的认识。所以，应选择适宜的景别展现教学对象。常见的景别有远景、全景、中景、近景、特写以及两极化景别等。不同景别的图像具有不同的叙事、表意能力，我们在课件设计中应根据教学需要进行选择和搭配使用。

（1）远景

远景是空间范围最大的景别，强调主体与自然环境的关系，画面特点是开阔、壮观，具有较强的抒情功能，常用于表现宏观地理环境、自然风貌、广阔的空间和开阔的场面，如图 4-15 所示。对于远景画面，要从大处着手，注意整体气势，处理好山脉、河流、田野等的关系，以气势取胜。一般情况下，远景应确保图像中的水平线保持在水平位置。水平线倾斜的图像应当裁切摆正后再使用。

图 4-15　开阔、壮观的远景

（2）全景

全景用于表现人物全身或某一具体场景的全貌，如图 4-16 所示。与远景比较，全景有着较为明确的表现主体。在全景画面中，拍摄主体的全貌或形态会被完整地表现出来，同时保留较大范围的环境和活动空间，使学习者对画面所表现的事物、场景有一个系统的认识。全景图像能够呈现拍摄对象的整体外观，在四肢运动幅度较大的体育运动、舞蹈、戏曲表演等教学课件中有较多应用。

（3）中景

中景用于展现人物膝盖以上的部分、物体的大部分或场景的局部，可以完整地表现出人物间的情感交流和事物矛盾的焦点。中景以动作展示取胜，环境退至次要地位。对于人物而言，中景主要用于呈现上半身的动作（见图 4-17），在烹饪、雕塑等上半身动作活跃、明显的课件中的应用较多。

（4）近景

近景用于呈现人物胸部以上的部分或具有主要功能和作用的物体的局部，重点在于突出人物的神情和物体的质感。对于人物而言，近景画面中的面部表情是视觉重点，如图 4-18 所示。近景图像在演唱、主持、播音类课件中得到了广泛应用。

图 4-16　用全景展现舞蹈演员的全身动作

图 4-17　用中景展现人物的上肢动作

（5）特写

特写用于表现人物的头部或拍摄主体的细节。它使拍摄对象的某一局部充满画面，以精微的视点刻画细节，将细微之处放大，如图 4-19 所示。在机械、电子、医学、生物、化学等学科的课件中，特写有着广泛的应用。

图 4-18　用近景展现教师的神情

图 4-19　用微距大特写刻画拍摄对象的细节

在呈现教学信息时，全景和特写常配合使用，全景用于展示全貌，特写用于展示细节，如图 4-20 所示。

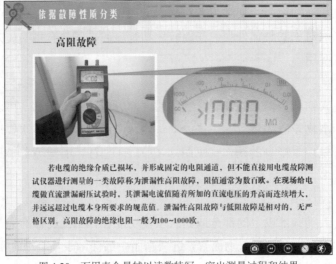
图 4-20　万用表全景辅以读数特写，突出测量过程和结果

（6）两极化景别

两极化景别是指特别大或特别小的景别，一般指超出人类视阈范围的大远景、微距大特写等，如太空摄影、航拍摄影、微距摄影、显微摄影等。这些景别拓展了学习者观察世界的视野，将肉眼不易或无法观察的景物呈现在课件页面上，给学习者留下深刻印象，如图4-21所示。

2. **选择镜头焦距**

镜头焦距是指光线穿过透镜会聚成的焦点到镜头后节点之间的距离。在同样的拍摄距离下，镜头焦距的长短决定了拍摄对象在影框中成像的大小。相机镜头焦距可分为长焦、标准和短焦三种类型。对于镜头不可拆换的相机而言，变焦拨杆的 T 端为长焦端，W 端为短焦端，如图4-22所示。

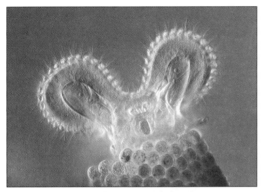

图 4-21　显微镜下的轮虫图像

图 4-22　数码相机的变焦拨杆

用不同焦距的镜头拍摄的照片有不同的成像特点。在拍摄教学主体时，应当根据教学内容的呈现需要，合理选择镜头焦距进行拍摄。

（1）标准镜头

标准镜头是指成像视野及空间透视关系接近人眼视觉感受的镜头。对于全画幅数码相机而言，标准镜头焦距为50mm。在这个焦距下，拍摄对象的立体感及彼此的空间位置关系被如实地呈现出来，拍摄对象不会产生明显的透视变形，适用于课件中真实景物的呈现，特别是对几何形状有严格要求的教学图像。在图4-23所示的使用标准镜头拍摄的石柱图片中，石柱间的平行关系被较好地还原出来。

图 4-23　用标准镜头拍摄的图片如实还原景物的空间透视关系

（2）长焦

长焦镜头的焦距大于标准镜头的焦距。用长焦镜头拍摄的图像沿着光轴方向的空间被压缩，纵深感较弱，适于展现较为扁平的拍摄对象的细节，如拍摄叶脉纹理的特写、大特写画面等，如图 4-24 所示。课件中出现的微距摄影图片也多是使用具备微距功能的长焦镜头拍摄的。

长焦镜头具有较浅的景深范围，拍摄时如果对焦不准确，极易导致拍摄画面模糊，因此使用长焦镜头拍摄时，一定要注意清晰聚焦。

（3）短焦

短焦镜头的焦距小于标准镜头的焦距。用短焦镜头拍摄的图像沿着光轴方向的空间被夸大，纵深感较强，适于展现透视感强的拍摄对象，如建筑的空间线条等。

焦距极短的镜头称为广角镜头，用广角镜头拍摄的画面存在明显的透视变形。拍摄课件图像时，应当选择正确的镜头焦距来表现拍摄对象。选用焦距过短的镜头加上近距离斜侧拍摄，将使影像产生明显的透视变形，这样的图像夸大了实际的空间透视，会干扰学习者的正确认知。图 4-25 是采用广角镜头拍摄的，画面变形效果使得镜头看起来比真实尺寸大。

图 4-24　用长焦镜头拍摄的叶脉细节

图 4-25　广角镜头透视畸变引发认知偏差

3. 利用景深突出拍摄主体

景深是指光学镜头聚焦于拍摄主体时，拍摄主体前后景物的清晰范围。景深的深浅与镜头焦距、光圈大小和拍摄距离有关：镜头焦距越大，景深越浅；光圈越大，景深越浅；拍摄距离越近，景深越浅。

拍摄图像时，使用长焦距镜头、大光圈，在距离拍摄主体较近的位置进行拍摄，比较容易获得较浅的景深。在浅景深图像中，主体清晰，前景、背景虚化，虚实对比明显，这样的画面有助于突出拍摄主体。如图 4-26 所示，在拍摄动物的鼻子时，利用浅景深将脸部的细节虚化，突出鼻子的结构细节。

使用短焦距镜头、小光圈进行拍摄，比较容易获得较深的景深。在深景深图像中，主体、陪体、前景、背景一样清晰，空间透视关系表现良好，有助于表现景物的远近关系、局部与整体的关系。比如，在拍摄铁轨时，利用广角镜头、小光圈，靠近铁轨进行拍摄，可获得清晰范围极大的图像，展现近处的铁轨构造与远方的空间延展，如图 4-27 所示。

图 4-26 利用浅景深突出细节特征

图 4-27 利用深景深表现景物的空间位置关系以及局部与整体的关系

4. 正确拍摄图像

多媒体画面中用于烘托气氛、营造意境的图像的拍摄角度的选择相对自由一些，而在拍摄示范演示类图像时，出于客观、真实的教学需要，对其拍摄角度则有特殊要求。拍摄角度包括方位和高度两个要素。方位分为正前方、正侧方、正后方、斜前方及斜后方，高度参数包括俯视、平视与仰视。方位和高度的不同组合会产生不同的画面效果，我们应根据教学需要妥善选择。

（1）选择合适的拍摄方位

① 在正前方、正后方或正侧方拍摄时，可以展现无明显纵深的拍摄主体。在上述拍摄方位下，拍摄主体一般不会产生互相遮挡、透视变形等现象，我们能够得到清晰明了的平面布局图像。比如，在拍摄图 4-28 所示的设备面板时，正前方的拍摄视角可以将设备面板上接插件的位置、文字内容等清晰、准确地呈现给学习者。

② 在斜侧方拍摄可以展现纵伸变化明显、空间立体感强的景物，一般能呈现较为明显的透视关系和光影变化，展示较为明显的空间特征。这个方位的图像有助于学习者把握拍摄主体的空间形态和结构关系，如图 4-29 所示。

（2）选择合适的拍摄高度

依据相机与拍摄主体的高度关系，可将拍摄视角分为俯视、仰视和平视。拍摄教学图像时，应根据具体需要加以选择。

① 以俯视视角进行拍摄。俯拍是从较高的视角自上而下进行拍摄。在这个拍摄角度下，拍摄主体呈现出较为明显的平面效果，这样的图像有助于学习者把握全局，了解拍摄主体

的各个构成元素间的结构关系。比如，拍摄花样游泳教学图像时，俯视视角可以清晰地展现运动员之间的结构关系，如图 4-30 所示。

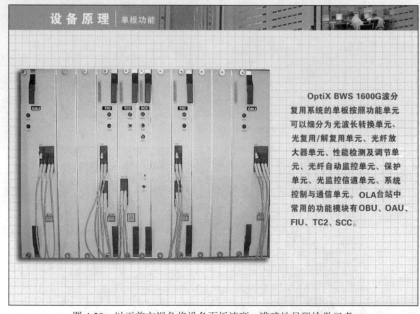

图 4-28   以正前方视角将设备面板清晰、准确地呈现给学习者

图 4-29   以斜侧方视角展现拍摄主体的
空间形态和结构关系

图 4-30   俯拍图像具有较强的装饰效果

② 以平视视角进行拍摄。平视视角与拍摄主体的高度相同。在这个拍摄角度下，拍摄主体能够被平实、客观地展现出来。这种视觉符合学习者的正常感受，不会因透视而使学习者产生认知偏差，因此适合学习者长时间观看。在课件中，平视视角被大量使用，以展现物体细节和操作过程。如图 4-31 所示，仪表面板的细节在平视视角下得以清晰呈现。

③ 以仰视视角进行拍摄。仰拍是从较低的视点自下而上进行拍摄。在这个拍摄角度下，主体被突出，主体之后的物体被排除在画面之外，天空或天花板成为背景，呈现出较为明显的透视会聚感，有助于调动学习者的主观审美情感，如图 4-32 所示。

出于认知方便、清晰的考虑，多媒体画面所表现的内容一般多使用无明显透视变形的正前方视角、正侧方视角、顶视角度来拍摄画面主体；斜侧方视角一般仅用于主体全貌的展示，以免由于透视原因而产生虚假信息，如图 4-32 所示。

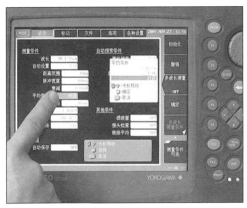

图 4-31　以平视视角拍摄仪表面板　　　　　　图 4-32　以仰视视角展现高大的建筑

四、构图规范

构图是指在一定的空间中对所要表现的形象进行选择、组织和安排，通过对全部造型要素之间的相互关系的调整和处理，使之达到突出主体的目的，成为和谐的艺术整体。在构图中，要协调好主体与陪体、前景与背景、整体与局部的关系，达到层次分明、重点突出、均衡稳定的画面效果。图像中的各个元素应互相补充与呼应，结构均衡，具有视觉形式美感。

1. 突出主体

主体是画面中用于传递教学信息的主要对象，是画面内容和结构的中心。主体的形象应相对完整。主体一般应位于画面的趣味中心（黄金分割点，一般在画面宽、高三等分线的交叉点）。如无特殊需要，主体一般应避开画面的几何中心（画面的垂直中线和水平中线的交叉点），以获得形式上的美感。在图 4-33 中，酒杯作为主体被放置在黄金分割点上。

在课件中，为了突出主体的细节，可以使用图形标注、箭头指示、亮暗对比等手段将画面的局部突出出来，如图 4-34 所示。

图 4-33　酒杯作为主体被放置在黄金分割点上（见彩图 1）　　　图 4-34　突出主体的细节

2. 用陪体丰富画面

陪体是画面中处于次要位置、用于辅助说明主体特征和内涵的对象。由于陪体的存在，画面的视觉语言会准确生动很多。当主体不在画面的几何中心时，陪体在画面中的不同位置还会起到平衡构图的作用。

陪体在画面中的安排以不削弱主体的表现为原则，在位置、面积、光线、色彩、虚实处理上让位于主体，切不可喧宾夺主。陪体的拍摄以侧面为主，不必追求形象完整。在图 4-33 中，葡萄作为酒杯的陪体处于边缘位置，起到与酒杯呼应、构成情节、活跃画面的作用。

3. 用背景烘托主体

背景是在主体后面衬托主体的景物，它强调主体所处的环境，对突出主体形象、丰富主题内涵有着重要作用。背景要选择带有典型时间、空间特征的景物，展现主体所处的环境。背景处理要简洁明了，衬托主体，避免出现零散杂乱的物体而干扰对主体的认知。背景在影调和色彩上要与主体形成鲜明对比，使主体具有空间感、立体感和清晰的轮廓线条。如图 4-35 所示，在拍摄切线操作时，使用与切线工具亮度差异较大的浅色背景，与主体形成鲜明的对比，获得清晰醒目的画面效果。

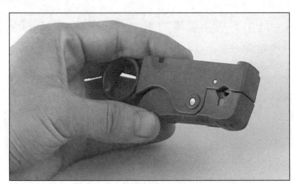

图 4-35　用简洁明了的背景突出主体的特征

4. 用前景点缀画面

前景位于主体之前，是画面上的点缀元素，起到活跃画面、烘托主体的作用。一般情况下，前景应位于图像的边缘，占用较小的面积，在亮度、色彩、清晰度上与主体形成一定的差异，如图 4-36 所示。

图 4-36　右下方的草地作为前景点缀画面，烘托作为主体的河流

5. 用空白产生意境

图像中大面积的单一色调背景区域称为布局中的空白。一般情况下，空白并不是画面表

现的主体，但对主体的表现有着重要的烘托作用。空白使得画面构成简洁，更能突出主体，同时还能够生发意境，如图 4-37 所示。对于文学、艺术类课件，画面中的空白有较多的应用。空白面积大于主体面积时，画面较为通透、空灵、飘逸；空白面积小于主体面积时，画面重在写实。通常，在画面中应避免空白面积等于主体面积。

在图像边框内，在拍摄主体的视线方向或运动方向上应留有空间，这也是空白的另一种体现，目的在于使画面产生均衡感和通透性。如图 4-38 所示，游泳运动员手臂前方保留了一些空间，使得画面获得了较好的通透性。

图 4-37　画面中的空白有助于生发意境

图 4-38　在人物视线方向上留出空间

6. 均衡与稳定

均衡是指图像内各要素所形成的一种相对平衡稳定的分布态势，是学习者观看图像的一种心理需求。不论采用对称式构图或非对称式构图，画面内各要素的布局应均衡、稳定。

对称式构图是指在画面正中垂线两侧或水平线上下，对等或大致对等地布置构图要素。这种构图布局平衡，结构规矩，具有平衡、稳定、左右或上下相互呼应的特点。绝对的对称式构图相对严肃、呆板，缺少变化，在艺术摄影中一般较少采用。在课件图像的拍摄中，对称式构图常用于表现对称的设备、建筑等，有较高的使用频率。比如，在展示天平时，采用对称式构图有助于学习者观察天平的平衡状态，如图 4-39 所示。

图 4-39　采用对称式构图拍摄天平

非对称式构图利用图像中不对称的拍摄对象之间相互呼应的布局关系产生均衡的视觉感受，主要通过调整参与构图的不同拍摄对象的面积、色彩、纹理、光线与阴影的比例及分布，让拍摄对象之间相互呼应，使图像左右两边的"重量"加重或减轻，从而达到均衡的视觉感受。非对称式均衡会给构图带来多样性的变化，使图像更为生动活泼。在构图时，可将较重的物体布置在距离图像中心较近的位置，较轻的物体布置在距离图像中心较远的位置，利用杠杆原理让二者相互呼应，使画面产生均衡效果，如图 4-40 所示。

图 4-40　利用非对称式构图产生均衡效果

五、光线运用规范

拍摄图像时，照明条件要保证图像清晰醒目，影调丰富，色彩还原准确，空间立体感强。

1. 照明光线的选择

拍摄时要妥善地选择照明光线，控制好画面内光线投射的阴影，避免复杂光影的干扰。

（1）使用散射光

拍摄教学图像时，一般应使用柔和均匀的光源（如日光灯）进行照明，尽量展现细腻均匀的光影结构。比如，在拍摄布满微小元器件的电路板时，使用柔和均匀的散射光进行照明，能够避免强烈光影的出现，使学习者看清楚密布的微小元器件，如图 4-41 所示。

图 4-41　柔和均匀的散射光有助于微小细节的展现

（2）避免使用聚光照明

在课件图像的拍摄中，一般不使用方向感强、光束生硬的聚光照明，以避免形成强烈的光影。硬朗的聚光照明会在画面中留下强烈的高光和浓重的黑色投影，影响学习者的认知。当然，强调特殊光影效果的情况（如舞台美术、摄影艺术等）除外。如图 4-42 所示，较强烈的聚光照明使得右图中的橘子丢失了细节，而散射光能够将橘子的细节表现出来。

（a）散射光照明效果　　　　　　　　　　（b）聚光照明效果

图 4-42　散射光照明与聚光照明效果对比（见彩图 2）

2. 依据主体特征合理选择照明光位

依据光源与拍摄主体的空间位置关系，可将照明光线分为顺光、侧光和逆光三大类。拍摄教学图像时，应根据教学对象的呈现需要加以选择。

（1）顺光

顺光也称平光，在这种情况下拍摄的图像明暗均匀、反差适中，中间层次比较丰富，但空间感和质感较弱。这种光线适用于拍摄表现平面结构的图像。在拍摄图像资料、国画、书法作品时，采用正面散射光进行照明，能够制造均匀的画面效果，如图 4-43 所示。在拍摄中，要注意避免图像中高光反射点的出现。

图 4-43　采用顺光照明拍摄书法作品

（2）侧光

侧光是指从主体的前侧方、后侧方或正侧方投射的光线。侧光照明会形成明显的阴影，拍摄对象的表面会出现高光、漫反射、丰富的影调，具有较强的空间表现力，能够突出拍摄对象的质感。侧光照明适用于拍摄具有立体结构的物体。一般选择主体左上方或右上方 45° 位置的侧光源作为主光光位，将物体的空间结构和表面质感呈献给学习者。采用侧光照明时，应避免画面中出现浓重的阴影，一般可通过对阴影区施加额外的辅助光照明来减轻阴影。如图 4-44 所示，在拍摄油画作品的局部细节时，来自左侧方的光线将笔触展现得立体感十足。

（3）逆光

逆光是指从拍摄对象的后方（一般为后上方）投射光线。逆光照明会照亮拍摄对象的轮廓，在画面中形成边缘亮线，从而将拍摄对象从暗色背景中衬托出来。在黑白图像中，逆光照明的作用尤为明显。在课件中，逆光照明主要用于强调拍摄对象的轮廓特征、透明质感。比如，在拍摄显微镜下的洋葱表皮细胞图像时，来自洋葱表皮后方的光线能够有力地刻画表皮细胞的透明形态和结构特征，如图4-45所示。逆光照明会在拍摄主体的正面形成浓重的阴影，我们可以通过在正面投射辅助光来减轻正面阴影。

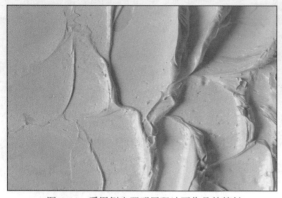

图4-44　采用侧光照明展现油画作品的笔触

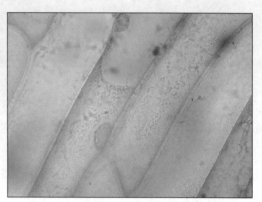

图4-45　采用逆光照明呈现洋葱表皮细胞的
透明形态和结构特征

3. 使用白色光源

在大多数情况下，应使用色温为6500K的白色光源，不使用有颜色的光源进行拍摄，以免使画面偏色，影响学习者的色彩认知。

六、图像影调规范

影调是指图像的明暗层次和明暗关系。课件图像的影调应当是明暗反差适中、层次丰富，这样才能赋予课件鲜明、生动的视觉感染力。在课件设计中，图像媒体的影调规范有哪些呢？

1. 图像的明暗反差

图像的明暗反差应符合内容的表现需求，图像中光与影之间的关系可以用反差来表现。

（1）高反差图像

如果物体表面光亮的一侧与其阴影之间的对比较强，则称为高反差，表明物体被照射的一侧相对较亮，而其阴影部分则较暗。高反差图像主要强调明暗交界处的形态对比和光影的结构特征，如图4-46所示。剪影是一种极致的高反差，常用于强调拍摄主体的轮廓特征。

图4-46　高反差图像

（2）低反差图像

如果物体表面光亮的一侧与其阴影之间的对比较弱，则称为低反差，表明物体被照射的一侧与其阴影部分的明暗反差不大。低反差图像主要强调画面整体朦胧的诗意氛围（见图4-47），但同时也容易给学习者造成消沉的视觉感受，因此低反差图像在课件中较少使用。

图 4-47　低反差图像

2. 图像的影调层次

（1）高调图像

高调图像中的白色与灰色占绝对优势，黑色成分较少。高调图像一般突出亮部的细节，给学习者的感觉是轻快、明朗、清新、淡雅、纯洁，如图4-48所示。高调图像具有较强的主观表意作用和情绪感染力，因而更适用于文学、艺术等学科的课件。

（2）低调图像

低调图像中的黑色占绝对优势，而亮色成分较少，重在突出暗部的细节，给学习者的感觉是沉重、浑厚、强硬、神秘，具有较强的感情色彩。低调图像也具有较强的主观表意作用和情绪感染力，如图4-49所示。

图 4-48　高调图像　　　　　　　　　　　　　图 4-49　低调图像

（3）正常调图像

在正常调图像中，黑、白、灰层次分明，具有丰富的细节，有利于展示物体结构、仪器操作和实验现象中的细节，是大多数课件中经常使用的影调类型，如图 4-50 所示。

上述几种影调的图像在不同类型的教学课件中都有应用，我们应根据教学内容的不同进行灵活选择。对于大多数课件来说，教学图像一般采用高反差或中等反差、高调或正常调图像，以营造简洁、轻快、明朗、愉悦的观看感受，如图 4-51 所示。在常规情况下，一般不采用低调图像（文学、艺术类课件除外）。图像影调的调整可以利用图像处理软件中的亮度、对比度、曲线、色阶等调整命令来完成。

图 4-50　正常调图像

图 4-51　画面影调应以高调、正常调为主，简洁明快（见彩图 3）

七、图像色彩规范

色彩是形成课件界面的外部风貌、构成形式美的重要元素，是促进学习者接受教学内容的最重要的一个方面。在课件设计中，如何体现色彩的表意和渲染气氛的作用？如何处理好色调和色彩的配置？图像媒体的色彩规范又有哪些呢？

1. 色调

色调是指画面整体的色彩倾向。根据图像中红、橙、黄、绿、蓝、靛、紫各种色彩所占的比例，可将色调分为暖色调、冷色调和正常色调三种类型。

（1）暖色调

在暖色调图像中，红色、橙色、黄色占据主导地位，给人以温暖、温馨、昂扬、奋进的主观感受，具有较强的人文色彩。暖色调图像在文学、艺术类课件中有较多应用，各种赏析类课件也多使用暖色调来渲染气氛。如图 4-52 所示，暖色调的食物显得更加诱人。

图 4-52　暖色调图像（见彩图 4）

（2）冷色调

在冷色调图像中，绿色、蓝色、紫色占据主导地位，给人以清爽、整洁、理性、冷静的主观感受。冷色调图像具有较强的科技感，在理工实验类课件中有较多应用，如图 4-53 所示。

图 4-53　冷色调图像（见彩图 5）

（3）正常色调

正常色调图像没有明显的色彩倾向，白平衡还原准确，适用于大多数课件，如图 4-54 所示。

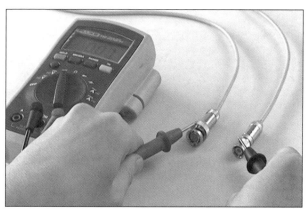

图 4-54　正常色调的图像（见彩图 6）

上述几种色调的图像在不同类型的教学课件中都有应用，我们应根据教学内容进行灵活选择。对于大多数课件来说，教学图像一般采用正常色调，以营造简洁、轻快、明朗、愉悦的观看感受。在常规情况下，应避免使用严重偏色的图像（艺术类课件除外）。图像色调的调整可以利用图像处理软件中的色彩平衡命令来完成。

2. 色彩搭配

图像色彩的选用应服从教学信息传递的大局，色彩搭配应和谐统一、赏心悦目。

（1）图像颜色的设定

图像颜色的设定应遵循色彩对比和色彩调和的原则。色彩对比是为了使主体在背景上更加突出、鲜明。一般背景的色彩明度应比主体的色彩明度低些，如图 4-55 所示。

图 4-55　利用色彩对比使主体更加突出、鲜明（见彩图 7）

（2）色彩的协调

色彩的协调是指各种颜色保持有变化的和谐统一，可以使用相近的颜色获得调和的色彩美感，最终的色彩搭配应在和谐统一的基础上使色彩富于变化。使用类似调和方法时，要注意使主体与背景的色彩亮度和饱和度拉开差距，如图 4-56 所示。

（3）图像背景颜色的选用

可以使用白色、灰色或黑色作为教学图像的背景，以突出拍摄主体。白色、灰色和黑色与任意色彩的前景进行搭配都很适合，能够取得和谐统一的画面色彩感受，如图 4-57 所示。

图 4-56　利用类似调和方法营造和谐的视觉感受

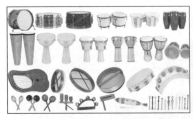

图 4-57　使用白色、灰色、黑色背景突出主体

（4）图像内部色彩的应用

图像内部的色彩数量应适中，一般控制在三种以内，避免色彩杂乱，对比过于生硬和强烈。建议使用相邻色来处理主体与背景之间的关系，以营造简洁、清爽、和谐的视觉感受。

违反上述规律时，图像中杂乱的颜色会产生强烈的认知干扰。例如，使用类似调和方法时，如果各部分的明度过于接近，图像中的主体与背景会混为一体，难以辨认。

八、图像布局规范

页面布局是指组织安排画面中各个部分间的相互关系，以便形成内容与形式统一的完美画面。怎样考虑画面元素的大小、多少和位置？怎样才能够既突出主体又显得生动、有冲击力？在课件设计中，图像媒体的布局规范有哪些呢？

1. 页面中只有一幅图像

页面中只有一幅图像而没有正文时，图像应当居中摆放，面积一般不小于页面的 1/2。图像的水平中线位于页面的水平中线附近，图像的垂直中线与页面的垂直中线对齐，图像周边保留适当的空白以形成通透的视觉感受，如图 4-58 所示。

图 4-58　单幅图像的页面布局

2. 图像与正文混合排版

图像与正文混合排版时，依据图像的不同宽高比例，采取不同的页面布局方式。

（1）横幅图像

当图像为较宽的横幅图像时，一般将文字的水平中线放置在页面上方的三分线处，文字的垂直中线与页面的垂直中线对齐；将图像放置在页面下方，图像的水平中线位于页面下方的三分线上，图像的垂直中线与页面的垂直中线对齐；图像的左右两侧尽量与文字的左右两侧对齐，如图 4-59 所示。

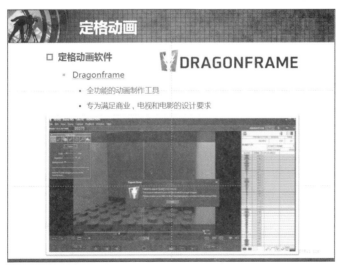

图 4-59　横幅图像的页面布局

（2）竖幅图像

当图像为竖幅图像时，一般将文字的垂直中线放置在页面左侧的三分线附近，文字的水平中线与页面的水平中线对齐；将图像布置在页面右侧，图像的垂直中线位于页面右侧的三分线附近，图像的水平中线与页面的水平中线对齐；图像的上下两端尽量与文字的上下两端对齐，如图 4-60 所示。

图 4-60　竖幅图像的页面布局

（3）方形图像

当图像为方形时，一般将图像放置在页面右侧，占据页面面积的 2/3，图像的垂直中线位于页面右侧的三分线附近，图像的水平中线与页面的水平中线对齐；将文字放置在页面左侧，占据页面面积的 1/3，文字的水平中线与页面的水平中线对齐；文字的上下两端尽量与图像的上下两端对齐，如图 4-61 所示。

图 4-61　方形图像的页面布局

3. 页面中存在多幅图像

页面中存在多幅图像时，应遵循下述布局原则：图像为偶数时，按照图像数量等分中央区域即可；图像为奇数时，采取上轻下重的布局方法，即上排图像少，下排图像多，形成视觉上稳定的三角形布局。多幅图像共存时，注意图像的上下两端、左右两侧、水平中线、垂直中线的对齐关系，形成整齐有序的画面布局，如图 4-62 所示。

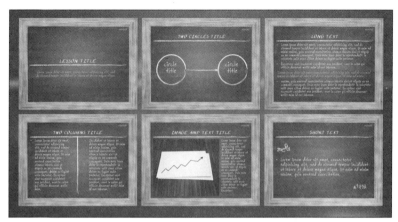

图 4-62　多幅图像共存时的页面布局

页面上出现的图像应与教学内容密切相关。页面上的装饰性图像、纹理应与课程内容协调。就装饰性图像、纹理的教学作用而言，它们是一种画面冗余信息。因此，要避免在页面上放置过多的图标、装饰性花纹等，过于明显的图标、纹理会成为认知的干扰因素。

第五章　视频媒体的运用与规范

课件中的视频是指通过摄像机拍摄或屏幕录制得到原始素材后，再经过后期编辑制作获得的运动影像。视频媒体主要运用运动影像符号，辅以解说、音响，形象、生动、直观、准确地传递教学内容。

第一节　多媒体课件中视频文件的格式

视频是多媒体课件的重要组成部分，是人们容易接受的信息媒体。在多媒体课件中使用视频，可以使课件内容更加丰富，从而帮助学习者理解教学内容，有效提高学习者的自主学习能力。

播放图像时，若每秒播放 24 幅以上的画面，根据视觉暂留原理，人眼就无法辨别单幅的静态画面，而会看到平滑连续的视觉效果。这样连续的画面叫作视频。视频技术最早是为电视系统而开发的。随着多媒体技术与网络技术的不断发展，视频技术可以同时兼顾电视标准和计算机标准，并且可以通过流媒体的形式在网络上传播。

视频文件格式实质上是指视频编码方式，而视频编码的主要功能是在保证一定的清晰度的前提下，采用特定的编码技术，改变一些不太重要的像素值，从而减小视频文件的数据量。在课件中，视频文件格式分为影像格式和流媒体格式两大类。

一、影像格式

在教学中应用较多的是网络视频，这些都是影像文件。影像文件不仅包含大量图像信息，还包含大量音频信息。常用的影像文件格式有 AVI、MOV 和 MPEG 等。

1. AVI

AVI 的英文全称是 Audio Video Interactive，这种文件格式把视频和音频混合编码在一起进行储存。AVI 格式使用方便，图像质量好，压缩标准可任意选择，可以在 Windows 操作系统中运行。

2. MOV

MOV 即 QuickTime 影片格式，它是苹果公司开发的一种音频、视频文件格式。QuickTime 提供了两种标准图像和数字视频格式，也支持静态的 PIC 和 JPEG 图像格式。

3. MPEG

MPEG 的英文全称是 Moving Picture Experts Group，是国际标准组织（ISO）认可的一种媒体封装形式，包括 MPEG-1、MPEG-2 和 MPEG-4 等多种视频格式。MPEG-4 视频格式即 MP4 格式，是一种比较流行的视频格式，通常在各种浏览器上都能正常播放。

二、流媒体格式

1. RMVB

RMVB 格式的前身为 RM 格式，它的英文全称是 Real Media Variable Bitrate。这是 Real Networks 公司所制定的一种音频、视频压缩规范，为适应不同的网络传输速率，可以采用不同的压缩率，从而实现在低速率的网络上进行影像数据的实时传送和播放。

2. ASF

ASF 的英文全称是 Advanced Streaming Format。这是微软公司开发的一种流媒体文件格式，适合在本地和网络上进行播放。

第二节 多媒体课件中视频媒体的分类

目前，课件中广泛使用的视频媒体可以分为两类：真人实景录制视频和计算机屏幕录制视频。

一、真人实景录制视频

真人实景录制视频是指利用摄像机对客观世界中的人、景、物进行连续拍摄和记录，然后经过后期编辑而获得的连续运动影像。此类视频以真实的记录风格展现真人实物的操作示范过程、物体的连续运动过程等，形声兼备，生动形象，如图 5-1 所示。

图 5-1 真人实景录制视频

二、计算机屏幕录制视频

近年来，计算机软件类课程教学越来越多地使用计算机屏幕录制视频来演示需要反复示范的软件操作内容，如图 5-2 所示。这种通过计算机屏幕录制软件记录下来的屏幕操作影像包含了鼠标运动、软件响应以及操作者的语音讲解等内容，已成为视频媒体的一种重要表现形式，在信息技术类课程教学中具有很高的实用价值。

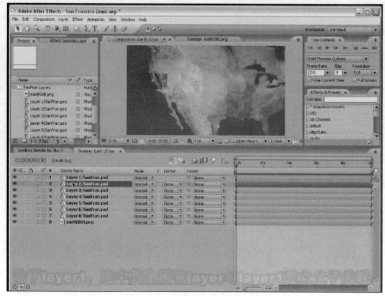

图 5-2　计算机屏幕录制视频

第三节　多媒体课件中视频媒体的选择

心理学家阿恩海姆认为运动是视觉最容易注意到的现象。因为表现运动和运动地表现是视频媒体的重要特征，所以视频媒体最容易唤起学习者的视觉认知注意。认清视频媒体与图像媒体、动画媒体在信息呈现上的不同特点，根据教学需要合理选择表现内容，才能充分发挥视频媒体的优势。

一、视频媒体与图像媒体的比较

与静态图像比较，视频的最大优势在于其动态的信息呈现方式。不论是拍摄主体的运动还是摄像机的运动，视频都能以生动、直观的方式展示连续变化的过程，具有时间和空间的高度自由性、动态展示的形象性等特征。这是静态图像不具备的特征。

视听双通道信息呈现方式使视频在单位时间内具有更大的信息传播量。合理地使用视频，能够提高课件的信息传递效率，有利于改善教学效果。

二、视频媒体与动画媒体的比较

与动画相比，视频具有更为强烈的现场感和真实感，在客观真实地重现现实世界方面具有无可比拟的优势。在课件中，当需要在较短的时间内以较为真实的记录风格展现真人实物的操作示范过程、物体的连续运动过程等时，视频是不二选择。

三、视频媒体表现力的发挥

视频媒体以影像符号为主去呈现教学内容，声音解说、字幕说明起辅助作用。过于抽象化、理论化的概念、定义等很难通过形象的视觉画面来表现其科学性，这样的内容不宜制作成视频运用到课件中来。

视频媒体的优势在于画面的运动。视频画面的运动主要通过拍摄主体的运动、镜头的运动和镜头剪接来获得。展现完全静止的图像时，视频媒体的优势就无法体现。例如，长时间用全景固定镜头展现一幅书法作品或一座建筑就缺乏视觉的生动性。又如，在课堂搬家型的教学视频中，摄像机镜头的景别、角度始终没有变化，固定地拍摄教师的讲课过程，画面中除了教师嘴部的动作外，其余部分都处于静止状态。长时间观看这种缺乏动感的画面，学习者会昏昏欲睡。

第四节　多媒体课件中视频媒体的处理和使用

视频媒体的制作一般需要经过两个过程：前期拍摄（录制）与后期编辑。前期拍摄（录制）阶段完成视频素材的拍摄与录制，后期编辑阶段按照事先的构思对前期获取的素材进行选择、修剪、组接，添加声音和字幕，最终得到体现创作者的创作意图的视频媒体。

一、视频的拍摄与录制

视频拍摄与静态图像拍摄有着很大的区别。对于课件中使用的视频，可以使用普通相机或手机进行拍摄。如果考虑到拍摄的专业性和清晰度，需要使用专业相机或摄像机进行拍摄。视频拍摄对于设备的稳定性的要求较高，需要借助三脚架进行拍摄。

1. 使用摄像机拍摄视频

在课件中使用的真人实物演示类视频文件一般较小，与电视台广播级别的节目视频比较而言，对影像质量并没有过高的要求，因而视频素材的拍摄可以利用各种民用级别的数字摄像机（见图 5-3）来完成。关于视频的拍摄技巧，可参阅相关图书资料，这里不再赘述。现在的数字摄像机一般以闪存卡作为记录介质，后期编辑时视频文件可以直接被复制到计算机硬盘中。

图 5-3　数字摄像机

2. 使用单反数码相机拍摄视频

近年来，原本用于拍摄静态照片的单反数码相机都增加了动态视频拍摄功能，这些相机一般都能拍摄 1920×1080 像素的高清数字视频。凭借庞大的可拆换镜头群，单反视频影像在视觉表现力上有着非专业级摄像机不可比拟的优势，正在成为低成本小制作动态影像拍摄的重要方式。教学视频的拍摄完全可以采用此种方式，如图 5-4 所示。

3. 使用手机拍摄视频

除了使用摄像机拍摄视频外，利用手机拍摄视频也是一种低成本的拍摄方法。在移动通信时代，手机成为现代社会人人随身携带的数字设备。教师可以随时随地地将教学过程拍摄下来，后期加入其他视听元素。拍摄教学视频时，需要选择成像质量好的手机。此外，由于手机自身较轻，手持拍摄时极易晃动，影响画面的稳定性，因此利用手机拍摄视频时，要将手机固定在支架上，尽量避免手机晃动，如图 5-5 所示。

图 5-4　使用具有高清视频拍摄功能的单反数码相机拍摄视频　　　　图 5-5　利用手机拍摄教学视频

4. 使用录屏软件录制视频

计算机屏幕操作类视频的录制不需要特殊的硬件设备，只需在计算机中安装屏幕录制软件。屏幕录制软件很多，如 Camtasia Studio、BB FlashBack、Captivate、ViewletCam、Wink等。其中，Wink 是一款免费的屏幕录制和演示文档制作软件，如图 5-6 所示。它如同一部超级录像机，能录制下计算机屏幕上的任何动作并创建具备按钮和菜单等特效的演示文档，可直接生成 FlashPlayer 兼容的 SWF 格式的视频。这种视频能够被直接插入 PPT 课件中使用。

5. 使用 PPT 软件输出视频

在微课制作中，经常需要将 PPT 文件导出为视频。以前我们需要专门的 PPT 视频转换软件来完成这项工作，现在这个操作变得简便易行了。2010 以上版本的 PowerPoint 软件已经具备了直接导出视频文件的功能，可以将整个 PPT 文件输出为动态的、连续的 WMV 格式的视频文件，十分方便快捷，如图 5-7 所示。

图 5-6　Wink 软件的录制界面

使用 PPT 软件输出视频文件的具体步骤如下。

① 打开"文件"菜单。

② 单击"保存并发送"命令。

③ 单击"创建视频"子命令。

④ 选择文件的保存品质，可根据需要进行选择。

⑤ 单击"创建视频"按钮，输出视频文件。

图 5-7　使用 PPT 软件输出视频文件

二、视频媒体的下载

FLV 是当前互联网上最为通用的流媒体文件格式，它的优点在于形成的文件极小。FLV 格式的视频文件的下载无法在网页中直接完成，需要借助特殊的工具软件。维棠 FLV 视频下载软件便是专门用于此类下载的工具软件。安装该软件后，鼠标右键菜单中会出现"用维棠下载视频"命令，如图 5-8 所示。

下载网页中的 FLV 格式的视频文件时，可在页面的空白处右击，在弹出的快捷菜单中选择"用维棠下载视频"命令，然后在弹出的"添加新的下载任务"面板上设定文件的存储路径，单击"确定"按钮，即可开始下载 FLV 格式的视频文件，如图 5-9 所示。

图 5-8　鼠标右键菜单中增加的命令 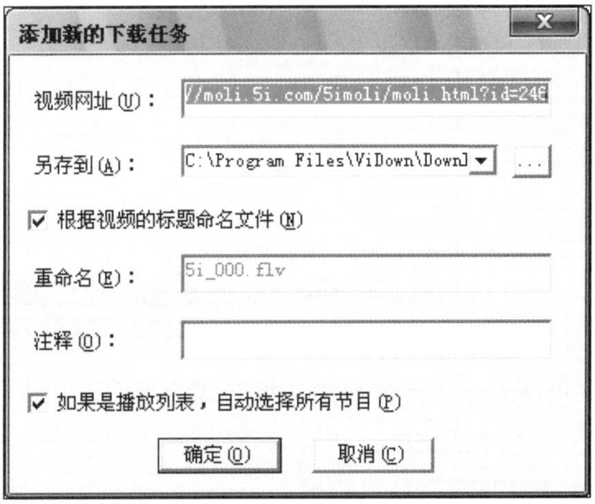　　　　图 5-9　"添加新的下载任务"面板

三、视频文件的格式转换

视频中既有声音又有图像，具有较强的表现力。人们认为视频媒体难以把握的主要原因在于视频文件的格式众多，我们经常碰到的问题是在这台计算机上能够播放的视频文件在另外一台计算机上就播放不了了。所以，在多媒体课件的制作过程中，视频媒体的加工处理是保证课件质量、反映课件水平的关键。

1. 为何需要转换格式

PowerPoint 软件支持常见的 WMV、MP4、AVI 等视频文件格式，这些格式的视频文件可以被直接插入课件页面中。其他格式的视频文件不可以被直接插入 PPT 页面当中，这时就需要转换视频文件的格式（一般转换为 WMV 格式）。

2. 利用格式工厂转换视频文件格式

视频文件格式转换软件有多种，格式工厂便是其中之一，如图 5-10 所示。它可以完成大多数视频、音频、图像文件格式的转换，包括 MP4、3GP、MPEG、AVI、WMV、FLV、SWF 等视频格式，MP3、WMA、AMR、OGG、AAC、WAV 等音频格式，以及 JPEG、BMP、PNG、TIF、ICO、GIF、TGA 等图像格式。此外，该软件还可以抓取 DVD 中的视频和 CD 中的音频。

图 5-10　格式工厂的视频文件格式转换界面

利用格式工厂转换视频文件格式的操作方法如下。

① 运行格式工厂。

② 单击屏幕左侧"视频"组内的转换项目，选择"-> MP4"，如图 5-11 所示。

③ 在弹出的"所有转到 WMV"面板上，单击"添加文件"按钮，可以添加欲转换的视

频文件；单击"截取片段"按钮，可以对视频文件的时间范围进行设定；单击"高质量和大小"按钮，可以设定转换质量，如图 5-12 所示。

图 5-11　格式工厂的视频转换选项

图 5-12　添加欲转换的视频文件

④ 单击"确定"按钮，返回软件的主界面。在主界面的工具栏上单击"开始"按钮，开始视频文件的格式转换。

四、视频素材的编辑

1. 后期编辑的目的

视频素材经编辑后才能在课件中使用，这是因为在前期拍摄阶段，我们一般按照分镜头脚本分别拍摄每个镜头的素材，每段素材都是独立存在的，并且在拍摄过程中还会出现各种各样的失误。前期拍摄的视频素材只有经过后期剪辑处理，去粗取精，突出重点，才能够保证教学信息呈现的流畅性。此外，特效处理、镜头之间的过渡效果、字幕的添加、配音等也需要在后期编辑中来完成。

2. 视频素材的编辑步骤

早期的视频编辑工作需要昂贵的专业设备才能完成，对于普通教师而言不易实现，而如今借助一般的计算机软硬件就可以轻松完成视频素材的数字化编辑。对于一般教师来说，数字视频的简单编辑可以利用 Windows 操作系统自带的 Windows Movie Maker 软件来完成。

利用 Windows Movie Maker 编辑视频素材的基本步骤如下。

① 导入视频素材。单击"电影任务"窗格中的"导入视频"命令，选择视频文件，将其导入"收藏"窗格中，如图 5-13 所示。

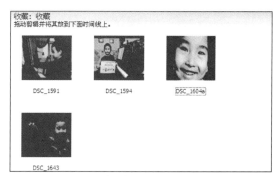

图 5-13　将素材导入"收藏"窗格中

② 将素材添加到时间轴上。使用鼠标左键将"收藏"窗格中的视频、图片素材拖拽至时间轴窗口中，如图 5-14 所示。

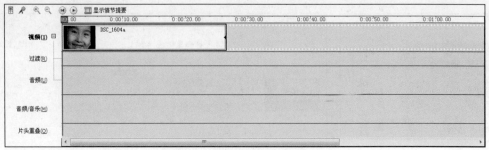

图 5-14　将素材拖拽至时间轴窗口中

③ 在时间轴上编辑视频素材。在时间轴上选中视频素材进行剪辑时，窗口中将出现剪裁手柄。拖动剪裁手柄来设置视频片段的起始剪裁点和终止剪裁点，通过这种办法将拍摄错误的片段去除，如图 5-15 所示。

④ 编辑其他素材。在时间轴上加入其他视频片段后，左右拖拽素材片段，可以改变镜头的先后次序。

⑤ 添加镜头过渡效果。需要制作相邻镜头之间的过渡效果时，只要将视频过渡窗格中的过渡效果拖到时间轴上并将其放在视频轨上的两段视频之间即可，如图 5-16 所示。

图 5-15　拖动剪裁手柄来设置视频片段的起始剪裁点和终止剪裁点

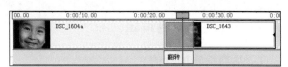

图 5-16　添加镜头过渡效果

⑥ 添加字幕。单击电影任务中的"制作片头或片尾"，在弹出的"要将片头添加到何处？"面板中，可以选择在影片开头、中间或结尾添加字幕。在随后出现的"输入片头文本"面板中输入片头文本，最后单击"完成，为电影添加片头"，就可完成片头字幕的添加，如图 5-17 所示。片中、片尾字幕的添加方法与片头字幕的添加方法一样。

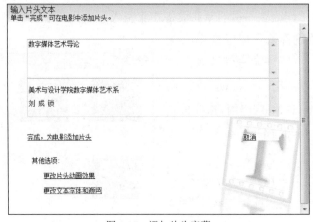

图 5-17　添加片头字幕

⑦ 输出视频文件。视频素材编辑完毕后，打开"文件"菜单，执行"保存电影文件"命令，窗口中将显示"保存电影向导"。依据软件的提示依次操作，将编辑好的视频以 WMV 或 AVI 格式保存到硬盘中，如图 5-18 所示。

图 5-18 保存视频文件

五、视频的基本运用要领

视频在多媒体课件中的运用有助于展示画外空间，刺激学习者的视、听觉神经，引起学习者的注意。在教学课件设计中，要充分发挥视频媒体形象、直观的表意作用，有效促进教学。

1. 视频运用在开篇

视频运用在课件的开篇时，短小精悍且具有视听冲击力的片头可以唤起学习者的注意，为后续课程内容的学习做好情绪准备。此时，需要避免运用无关的视频或过长的视频，以免干扰学习者的认知并影响课件的运行效率。

2. 视频运用在教学情境的创设中

视频运用在教学情境的创设中时，可以在短时间内提供时间、地点、人物、事件等信息，将学习者置于虚拟的教学情境之中，使其感同身受。比如，在训练酒店大堂经理处理突发事件的应对能力时，将客人因接待问题而投诉的情境以视频方式呈现给学习者，比由教师口述要生动许多。

3. 视频运用在讨论活动中

在讨论性的教学活动中，可以使用视频媒体在短时间内高密度、大容量地介绍话题背景，为讨论提供翔实的资料。比如，在历史学科的教学中，通过视频介绍清朝中期的政治、经济、文化背景等。

4. 视频运用在教学演示中

可以使用视频来演示示范时间长、操作难度大、需要多次重复、操作成本高、操作过程存在危险、不易观察的内容，部分替代教师现场示范，提高教学效率。例如，军事教学中的爆炸场景可采用视频来演示，如图 5-19 所示。

图 5-19　使用视频呈现爆炸场景

5. 使用延时摄影视频

使用延时摄影视频，可以在短时间内呈现进程的缓慢变化。每隔一定的时间间隔拍摄一幅图像，最后将拍摄的一组图像组接起来，从而获得变化的影像，将原本缓慢的进程以较快的速度呈现出来，产生新奇、令人震撼的视觉效果。比如，在拍摄日落场景时，每隔 10 秒拍摄一幅照片。拍摄 20 分钟后，将获得 120 幅照片，然后使用视频编辑软件将这些照片串接起来，在每秒 25 帧的播放速度下，就可得到太阳很快落下的时长为 4.8 秒的视频，如图 5-20 所示。

6. 使用高速摄影

高速摄影是指在拍摄视频时提高拍摄速度，观看时仍按照正常速度播放，从而得到慢动作视频效果。高速摄影通常用来展现转瞬即逝、肉眼无法分辨的快速运动过程，如弹药爆炸、器物破裂、子弹飞行等，如图 5-21 所示。

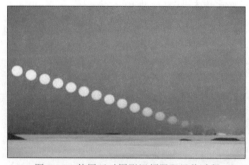

图 5-20　使用延时摄影视频展现日落过程

图 5-21　使用高速摄影拍摄的子弹穿过番茄的瞬间

7. 视频运用在三分屏课件中

在三分屏课件中，教师的授课视频与 PPT 演示内容、课程大纲一起构成课程的完整内容。视频部分主要用于呈现教师授课时的半身影像，这种面向学习者（镜头）的视频授课方式意在增强三分屏课件授课过程的人性化，如图 5-22 所示。

8. 视频运用在微课中

在翻转课堂教学模式中，视频媒体的作用更为突出。教师将使用手机等拍摄的授课活动影像与由 PPT 转换的课件视频组合在一起，这种授课视频可以在较短的时间内以形声兼备的方式高效传递教学信息，学习者可以根据需要自定步调，重复、逐帧、定格学习教学内容，进而满足个别化学习的差异化需求。

图 5-22　三分屏课件中的视频媒体

第五节　多媒体课件中视频媒体的运用原则和规范

视频媒体具有前面论述的诸多优点，合理地运用视频媒体将极大地提升课件的视听表现力，但运用中如果不注意视频媒体的运用原则和规范，则不会取得预期的教学效果。

一、视频的基本运用原则

好的视频影像离不开合适的教学设计、巧妙的拍摄手法和合理的画面构图，通过将画面元素按照审美规律布置在画面中，使画面更具感染力。

1. 主题突出，合乎逻辑

主题一般是指我们想要解决的问题，最好用疑问句，吸引有同样疑问的人关注。主题需要在文字标题和视频封面这两个位置进行展示。

首先，视频的开头非常重要，必须在最短的时间内吸引学习者，这样学习者才会进行学习。有叙事情节的内容有利于加深学习者对视频的印象。好的开头一般都采用第一人称或者第二人称，这样更容易把学习者带进叙事内容中，让学习者感觉故事中的人物就是自己，从而产生共鸣。在观点表达型的视频中，最重要的是人说出的话，所以在声音设置方面，人的声音要作为主要声音，而背景音乐起调节气氛的辅助作用，整体上音量要低于人声，但是在关键节点可高过人声。

其次，清晰的逻辑框架对视频来说才有价值。将视频内容逻辑化、列表化、步骤化，让学习者容易学习与理解。能够让人反复观看的视频才是优秀的，学习者更关心的是通过学习可以解决什么问题。

2. 注重规律，保持顺畅

在视频的后期编辑中，将镜头中主体的运动方向称为运动轴线，将多个主体间的连接线称为关系轴线。为了保证物体在视频画面中具有相对稳定的位置和统一的运动方向，拍摄视频时要在轴线的一侧设置摄像机机位或安排运动路线，这就是处理景物关系和镜头运动时必须遵守的轴线原则。保持轴线统一，才会使画面的空间感保持统一、顺畅和连贯，不然就会让学习者的认知产生混乱。

在素材编辑中，如果镜头中同一主体或不同主体的动作是连贯的，则可以按动作接动作的方式进行编辑，以达到过渡顺畅、简洁的目的。我们称之为"动接动"。如果两个镜头中主体的运动是不连贯的，或者它们中间有停顿，那么在连接这两个镜头时，必须在前一个镜头中的主体做完一个完整动作停下来后，再接上一个从静止开始运动的镜头，这样才能保持画面的顺畅。我们称之为"静接静"。最后，编辑素材时要按景别变化循序渐进地进行。人们通常先看整体再看局部，这样才会感到自然。

3. 突出主体，匀速稳定

良好的构图是拍好视频的基础，首先要确定构图方法。九宫格构图是视频拍摄中一种比较重要的构图方法，也称为"井"字构图法，即用纵横各两条分割线对画面进行分割。另外，还可以通过多种构图方法增加视觉上的美感，使学习者对教学内容产生更大的兴趣。

其次是对画面中的内容进行取舍，突出主体。主体在画面要占一定的比例才能引人注目。例如，可以把主体放在画面中靠前的地方，增大主体在画面中所占的占比，用颜色突出主体（选择与主体颜色反差较大的背景来衬托主体），还可以利用光线的明暗关系来突出主体。除了构图之外，还可以通过镜头的推、拉、摇、移，让画面动起来。镜头在运动过程中要保持稳定，速度均匀，以便学习者观看。

二、视频文件规范

1. 视频的分辨率适中

在一般的课件设计中，真人实景操作类视频通常以小窗口播放的形式存在，播放窗口的尺寸一般为满屏面积的 1/4～1/2，对应的图像分辨率一般为 640×480 像素。在课件中不宜使用分辨率过高的视频，以免影响课件的传输和播放效果。

计算机屏幕录制类视频的数据量相对较小，由于需要向学习者呈现屏幕文本细节，因此该类视频的录制分辨率一般应为 800×600 像素以上，以保证清晰可辨的观看效果。

2. 视频文件的格式合乎要求

制作课件时，PowerPoint 支持常见格式的视频文件的导入，其中包括 SWF、ASF、AVI、MPEG、WMV。如果计算机中安装了 Apple QuickTime 播放器，则可以在 PowerPoint 中播放 MP4、MOV 和 QT 格式的视频文件。综合考虑视频文件的数据量和图像质量，为了保证课件中的视频清晰、流畅，采用 MP4、WMV 两种格式较为适宜。

3. 视频长度适中

课件中的单个视频不宜过长，一般在 5 分钟左右最好，因为在这段时间内，学习者可以保持较高的注意力。较长的视频可按照知识点分解为若干较短的片段，再分别插入课件页面中。某段视频的播放时间过长，会降低学习者的注意力，进而影响学习效率。

三、视频的拍摄规范

多媒体课件的设计与制作要能够调动学习者的积极性，在教学内容和学习者之间建立起良好的情绪沟通渠道。同时，课件视频的拍摄要规范。

1. 突出主体

力求通过构图、色彩、光线、影调突出主体、简化环境，减少背景与前景中无关物体的干扰，使得教学信息得以有效传递。这方面的规范与图像媒体拍摄部分的相关规范类似，此处不再赘述。

2. 聚焦准确

视频画面中的焦点应准确地锁定在拍摄主体上，从而获得清晰准确的图像效果。使用具有自动对焦功能（AF）的摄像机拍摄视频时，在自动对焦模式下，若前景中有物体在运动，焦点就会前后漂移，影响拍摄主体的清晰稳定呈现。出现这种情况时，我们应切换到手动对焦模式（MF），将焦点锁定在拍摄主体上，避免镜头内物体的运动引起焦点前后漂移。

3. 画面稳定

对于以呈现教学信息为目的的教学视频而言，影像的晃动会严重影响学习者的认知，给学习者造成动荡不安的心理感受。一般情况下，不论是拍摄固定镜头还是拍摄运动镜头，都要使用三脚架固定摄像机（见图5-23），避免采用手持方式进行拍摄，力求画面稳定。

4. 镜头运动符合教学需要

现代科技拓宽了摄像机的拍摄视点，创作者有更多的自由以各种运动方式进行拍摄，如使用变焦镜头、摇臂、斯坦尼康稳定器等进行运动拍摄。适时采用摄像机运动方式进行拍摄能够增强

图 5-23　使用三脚架固定摄像机

视频的表现力，使镜头画面变得生动。常见的镜头运动方式有推、拉、摇、移等。

推镜头是指镜头逐渐靠近拍摄主体。在此过程中，拍摄主体逐渐变大，周围环境逐渐变小，镜头从整体逼近局部。当需要展现拍摄主体的细节时，可使用推镜头，如图 5-24 所示。

图 5-24　镜头逐渐靠近拍摄主体，展现细节

拉镜头是指镜头逐渐远离拍摄主体。在此过程中，拍摄主体逐渐变小，周围环境逐渐变大，镜头从局部转向整体。当需要展示主体所处的环境、强调主体与环境的关系时，可使用拉镜头。

摇镜头是指机身不做空间位置移动，只做垂直或水平转动，主要模拟人眼的垂直或水平

扫视动作。当需要在垂直或水平方向上展现连续景物时，可使用摇镜头。比如，在拍摄超宽幅面的国画作品时，静止镜头无法呈现国画作品的全貌，而使用摇镜头能够很好地进行呈现。

移镜头是指摄像机在移动过程中拍摄静止或运动的物体，主要模拟人在空间中移动时的视点，具有良好的空间表现和透视变化效果。当需要呈现空间中连续转换的视点时，可以使用移镜头进行拍摄。比如，展现建筑的跨度时，使用移镜头进行拍摄有较好的效果。

要重视摄像机运动带来的认知干扰问题。对于以呈现教学信息为主的多媒体视频媒体而言，过多的没有表现依据的镜头运动将使学习者的注意力被镜头画面的外在运动形式所吸引，影响其对镜头内容的判读。

对于运动镜头的拍摄，应当把握"稳定""准确""匀速"三大原则。在大多数情况下，需要使用三脚架固定摄像机，在拍摄过程中确保摄像机不晃动。在拍摄运动镜头的起幅、落幅时，构图要准确，不要犹豫、重复，避免出现"拉风箱""刷墙"式的反复运动镜头。在运动镜头的拍摄过程中，注意摄像机运动速度的均匀性，避免出现忽快忽慢、走走停停的现象。一个完整的镜头运动过程应当是由起幅的静态匀加速至中间的匀速状态，维持一段时间后，再匀减速至落幅的静止状态。同时，为了便于后期编辑选择剪辑点，运动镜头在起幅、落幅处应停留 3 秒以上。

5. 使用特写、大特写突出教学重点

视频拍摄时的景别划分与图像拍摄时的景别划分一样，远景、全景、中景、近景、特写等景别的表意作用也大致相同，具体可参见上一章内容，这里不再赘述。视频用于呈现教学资料，一般无需过多的景别，用全景和特写就可以解决大多数问题。下面重点谈一下视频媒体中应用较多的特写与大特写。

课件中的视频一般均用小窗口播放，它在教学页面中的呈现尺寸有限，这决定了我们不宜大量使用全景来展现教学内容。如果课件视频中使用的全景过多，学习者将无法辨认其中的细节内容。而特写、大特写可以精微视点刻画主体的细节，相对而言能够发挥更好的内容补充、细节展示作用，因而在课件视频中，我们应多插入特写、大特写镜头进行局部细节展示，突出和强化重点。

6. 相邻镜头的景别差异要大

拍摄同一主体的前后两个相邻的镜头时，景别的差异要大，如图 5-25 所示。差异越大，镜头组接后的感观越顺畅。对于同一主体，若相邻镜头的景别差异小或没有差异，镜头组接后容易产生视觉跳动，其中最为忌讳的是相邻镜头的景别一致。当相邻镜头的景别变化不大时，应采用不同的拍摄角度，以保证视觉顺畅。

图 5-25　视频中相邻镜头的景别差异要大

7. 同期声清晰

同期声是指在录制视频画面的同时录下的现场的各种声音。当需要录制同期声时，应保证录音清晰，避免各种噪声的出现。在使用单反数码相机拍摄视频时，机身自带的话筒会将机身在操作时产生的噪声记录下来，影响录音效果。这时应使用外接话筒进行录音（见图 5-26），以提高同期声的录制质量。使用外接话筒录音时，还应控制好同期声的录音电平。录音电平过低，声音信号的信噪比就

图 5-26　配备外接话筒的单反数码相机

低，声音的质量差；录音电平过高，则有可能导致声音失真。同期声的录制电平一般应控制在 -12dBFS 左右。

四、视频的剪辑规范

很多教师在制作多媒体课件时感到最难以完成的是视频、音频的采集和编辑。如何灵活运用视频画面的组接方法，使用手边的各类视频素材，通过简单的剪辑，提高多媒体课件的教学效果呢？

1. 视频剪辑应合乎学习者的生活经验

学习者在观看教学视频时，就是通过解读一个个镜头，再结合自己的生活经验去理解视频的内容。因此，镜头之间的组接不是随意的。前一个镜头是后一个镜头的基础，由前一个镜头来触发后一个镜头，前后镜头的组接必须符合人们的生活经验和思维习惯，这是学习者看懂视频的前提。如果镜头的组接不合乎人们的生活经验和思维习惯，学习者就不能准确地理解镜头所表达的含义。

2. 注重镜头组接的视觉流畅性

课件视频中相邻镜头的组接应确保视觉流畅，不应出现视觉跳动。

影响视觉流畅的因素很多，主要有形态因素（包括主体的空间位置、外观形状等）、运动因素（包括画面内主体的运动、摄像机的运动等）以及影调、色彩、景别等其他因素。对于形态因素，在前后两个镜头相接时，若画面中主体的形态相同或相似，则易保证视觉流畅。对于运动因素，要使运动方向和动势能够顺畅衔接。对于其他因素，也要符合人们的视觉心理，这样才能保持视觉流畅。

为了确保视觉流畅，剪辑镜头时，建议采用"静接静"和"动接动"的组接方式。

"静接静"是指固定镜头之间的连接，包含主体静止的固定镜头连接和主体运动的固定镜头连接两种类型。在组接时，要注意依据视频内容和造型因素，寻找编辑点。内容因素会使静止物体之间有一种逻辑关系，这是组接的基础。对于造型因素，要注意画面内主体造型的相似性以及构图位置的一致性，这样可使组接流畅。教师授课的中景固定镜头可以和近景固定镜头流畅地组接在一起。

"动接动"是指摄像机处于运动状态时的镜头组接。在连接这类镜头时，要注意运动的方

向和速度尽量保持一致。如果是连接一组连贯的镜头，应去掉起幅和落幅，使主体始终处在统一的运动过程中。对于综合性运动镜头，要注意把握主体的运动趋势和位置等，选择合适的编辑点。如图 5-27 所示，向右侧摇摄的全景镜头和远景镜头组接在一起，视觉上很流畅。

图 5-27　两个速度与方向一致的运动镜头组接在一起

3. 视频的剪辑率适中

剪辑率是指单位时间里组接的镜头个数，剪辑率过高和过低的视频都会对认知产生干扰。在高剪辑率的视频中，每个镜头的呈现时间较短，学习者在很短的时间内来不及识别镜头画面内容；在低剪辑率的视频中，镜头的呈现时间过长，会使学习者产生厌烦情绪，也不利于学习活动的进行。一般而言，全景镜头的呈现时间应在 5 秒以上，特写镜头的呈现时间应在 2 秒以上。

在教学视频的制作中，应根据内容采用蒙太奇或长镜头技法。在表现连贯的示范动作和展示连续的空间时，宜采用长镜头技法和较低的剪辑率，以增强时空的真实感。而在省略时间、形成节奏、营造氛围时，可采用各种蒙太奇镜头组接方式和较高的剪辑率，以增强画面的感染力。

4. 视频剪辑要保持影像的空间位置和方向的一致性

依照经典的剪辑理论，相邻两个镜头的拍摄机位应该统一设置在轴线的一侧，这样可以保证主体在镜头画面中的空间位置和运动方向保持一致，避免视觉跳动。现在越来越多的视频剪辑出于突出节奏、烘托气氛的需要，已经打破了这条轴线原则，使镜头画面具有较大的视觉冲击力。但在以传递教学信息为目的的多媒体视频中，多数情况下，创作者需要遵循这条轴线原则。越轴组接视频画面时，学习者便会感知到主体在镜头画面中的位置、运动方向的不一致性，产生认知困惑。比如，在拍摄田径教学视频时，如果同一个运动员在相邻镜头画面中的奔跑方向不一致，学习者便会感到茫然。如图 5-28 所示，拍摄人物沿着轴线的运动时，1、2、3 机位的镜头可以组接在一起，4、5、6 机位的镜头可以组接在一起。

图 5-28　选择在轴线同一侧的镜头进行组接

5. 有效地使用视频特效

数字技术为视频编辑过程中的特效处理带来了便捷，我们可以随心所欲地调整单个镜头的色彩、明暗，处理画面的特殊效果。适时、合理地使用视频特效，能够增强教学视频的表现力。比如，在架子鼓教学（见图 5-29）中，在鼓手的演奏画面中插入对应乐谱的变色动画和脚部低音大鼓的特写镜头，能让学习者在同一幅画面内同时观察三者的变化。这种实时、多通道的信息传递方式的效率和画面表现力是单一画面无法比拟的。

图 5-29　使用画中画特效，在同一幅画面内同时关注多个视角

在实际运用中，也要避免为了追求画面效果而随意使用与内容无关的视频特效，以免干扰学习者的认知。

6. 慎重使用镜头过渡技巧

镜头过渡技巧是指视频中相邻两个镜头间的转换方式，如叠化、划像、画中画等。在现代视频制作中，数字技术使镜头间的过渡方式变得丰富多彩，增加了镜头转换的可视性，但伴随而来的问题是如果过多地使用镜头过渡技巧，学习者的注意力便会被技巧本身的形式感所吸引，干扰其对教学内容的认知。在教学视频中，镜头组接应以无技巧的"切"为主，避免使用过于花哨的镜头过渡技巧。在特殊情况下，应根据需要选择合适的镜头过渡技巧。

7. 有效运用视频字幕

在活动的影像之上叠加说明、归纳、提示性字幕，能够帮助学习者有效地理解画面信息，提高学习效率，因而要重视视频中字幕的有效运用。

在视频中使用字幕时，需要协调文字的数量、大小、颜色等因素，每行文字的多少应当适中。据一般经验，一般每行文字宜为 12 个字左右，因为过多的文字将使学习者无法识读，如图 5-30 所示。

由于字幕通常叠加在活动画面之上，背景画面的亮度、颜色在时刻变化，所以在字幕设计中应充分考虑文字的亮度、颜色与背景的对比关系。文字的亮度、颜色应与背景画面有较大的反差，从而使文字的呈现更加鲜明、清晰。建议文字使用白色，同时以黑色描细边，必要时添加阴影效果，这样可保障字幕在亮、暗背景上都可以清晰辨认，如图 5-31 所示。

图 5-30　过多的文字将使学习者无法识读　　　　图 5-31　通过描边、加阴影保障字幕清晰可辨

五、视频的布局规范

运用多媒体课件可以对教学内容进行艺术化呈现，但要注意屏幕布局，以免影响教学信息的呈现和有效传递。

1. 页面中只有视频而没有文字

页面中只有视频而没有文字时，视频应当位于页面的中央，视频窗口面积一般不小于页面面积的 1/2，视频窗口的水平中线位于页面的水平中线附近，视频窗口的垂直中线与页面的垂直中线对齐，视频窗口周边保留适当的空白，如图 5-32 所示。为了将视频更好地融合在页面中，可以为视频添加创意边框效果，如电视机、显示器边框等。

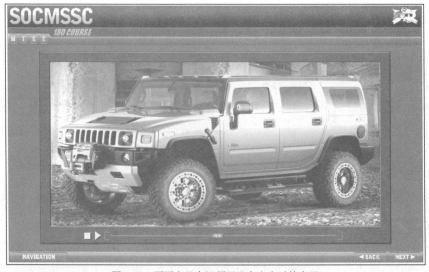

图 5-32　页面中只有视频而没有文字时的布局

2. 视频与文字混合排版

当页面中的文字为目录、概念、标题时，一般将文字放置在页面左侧，文字的水平中线与页面的水平中线对齐；视频位于页面右侧，视频窗口的垂直中线位于页面右侧的三分线处，

视频窗口的水平中线与页面的水平中线对齐；视频窗口的上下两端尽量与文字的上下两端对齐，如图 5-33 所示。

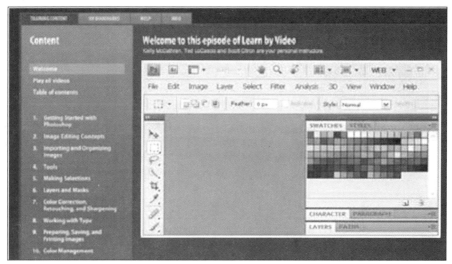

图 5-33　视频位于页面右侧时的布局

当页面中的文字为视频内容细节的注释、说明等时，一般将文字放置在页面右侧，文字的水平中线与页面的水平中线对齐；视频位于页面左侧，视频窗口的垂直中线位于页面左侧的三分线处，视频窗口的水平中线与页面的水平中线对齐；视频窗口的上下两端尽量与文字的上下两端对齐，如图 5-34 所示。

图 5-34　视频位于页面左侧时的布局

3. 同时运用两个视频窗口

在同一页面中一般不设置三个及以上的视频窗口，当两个视频窗口同时存在于一个页面中时，一般将二者的水平中线对齐，使二者的大小一致。另外，应分别设置它们各自的播放控制开关，以免同时播放、互相干扰，如图 5-35 所示。

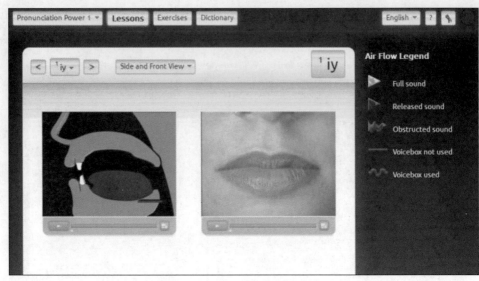

图 5-35　页面中同时存在两个视频窗口

4. 视频与图像混合排版

这时，视频一般处于视觉主导地位。首先确定视频窗口的摆放位置，通常应将其放置在页面左侧，然后将图像放置在页面右侧，使视频窗口与图像的上下端尽量对齐，如图 5-36 所示。

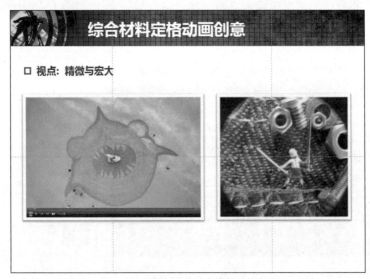

图 5-36　视频与图像混合排版时的布局

页面中的视频一般都设置有播放时的满屏显示切换开关，以满足学习者满屏观看视频的需求。视频具有信息量大和画面瞬间呈现的特点，没有满屏显示功能的视频会让学习者难以辨认其中的细节。

六、视频的调用规范

在多媒体课件制作中，要选用优质视频画面，少用运动图像。

1. 设置播放控制功能

在基于课件的教学活动中，教师和学习者经常需要对页面中的视频进行播放、暂停、快进、倒放、重放等多种操作，因此课件中的视频应具备上述基本功能，以方便使用。对于一些需要精细分析影像的教学活动（如分析跨栏运动），逐帧前进、逐帧后退等功能也是必需的，课件设计者应充分考虑并实现上述视频播放控制功能，如图 5-37 所示。

图 5-37 播放控制按钮

2. 设置视频调用路径

在课件中使用的视频文件应与课件的运行文件位于同一目录下。教师在不同的计算机上使用课件时，应将视频文件与课件的运行文件一起复制，不可只复制课件的运行文件，否则将遇到课件运行时无法调用视频文件的故障。如图 5-38 所示，在"《马》课件"目录下，"马奔跑视频.MP4"与"马.ppt"和"马叫音频.mp3"被放置在同一目录下。当在其他计算机上演示该课件时，一定要将"《马》课件"目录下的所有文件一起复制过来。

图 5-38 同一目录下的文件

第六章　动画媒体的运用与规范

　　动画是由若干帧彼此有内容联系的静态画面快速交替显示而形成的。当观者的视网膜受到相邻画面的刺激后，会引起大脑皮层相应区域的兴奋。在足够短的时间间隔内，这两次兴奋相互融合，因而得到运动影像的视觉感受。也就是说，动画的产生借助了人的视觉心理因素，它是人工创造的运动影像。

第一节　多媒体课件中动画媒体的形态

　　在课件中，动画弥补了实物画面在揭示事物的本质特性等方面的不足，可以把看不见、摸不着、讲不清的抽象概念和科学理论形象化。课件中的动画是采用非实景连续拍摄手段人工制作的连续运动影像，也是一种动态的视觉艺术。下面我们看一下课件中动画的基本特征和构成形式。

一、动画的基本特征

　　动画的基本原理与电影、电视一样，主要依靠人眼的视觉暂留效应。当人的眼睛看到一幅画面后，如果下一幅画面在 1/24 秒内又出现了，我们就会产生上一幅画面与下一幅画面之间的动态过渡效果的心理感受，从而形成连续的动态影像幻觉。

　　动画中的每一幅画面称为"帧"。在一定时间内连续快速播放若干帧，就成了人眼中所看到的动画。在同样的时间内，播放的帧数越多，画面看起来就越流畅。传统的二维动画采用的是平面动画技术，即一秒内的 24 帧需要逐一绘出。一集 10 分钟的动画长达 600 秒，需要 14400 帧。

　　动画与原画是不同的概念，原画设计中每一个镜头的角色都是设计者用画笔塑造的。动画中的中间画是针对两张原画的中间过程而言的。也就是说，原画是由设计者根据自己的水平创作出来的，中间画是计算机根据原画来添加的，用于呈现由第一张原画过渡到第二张原画的一些中间状态。动画的流畅与生动主要取决于中间画。

二、动画的构成形式

　　动画的技术特性是指采用逐格制作工艺和逐格拍摄技术还原自然形态。具体方法是：通过对事物的运动过程和形态进行分解，然后设计出运动过程中不同瞬间的动作，再通过逐张描绘、顺序编码、时间计算、逐格拍摄或绘制，从而得到具有丰富想象力和表现力的动画。

　　利用 Flash 制作的课件动画具有很强的互动性和吸引力，可以帮助学习者进行自主学习。在课件动画制作中，设定关键帧是最重要的一步。动画中的所有动作都有一个起点和一个终点，这两个关键的动作极点称作关键帧。在起始关键帧和终止关键帧之间的帧称作过渡帧，能够体现动画变化的过程。在一个关键帧里面，什么对象也没有添加的帧称为空白关键帧。确定好关键帧以后，二维动画的基本框架就设定好了。

第二节　多媒体课件中动画媒体的分类与选择

动画媒体主要运用人工制作的运动影像符号，辅以解说、音响和音乐，多维度、双通道传送教学内容，具有时间和空间的高度自由性、展示的形象性、信息呈现的高密度性和表意的主观性等特点。主观、形象、生动、直观、准确地表现运动和运动地表现也是动画媒体的重要特征，动画特别适用于抽象原理的讲解和用常规手段无法表现的动态过程的演示等。比如，血管内部血栓形成时的情境无法用视频手段来表现，这时可用动画来表现，如图 6-1 所示。

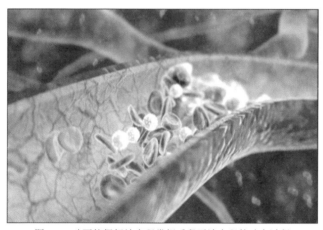

图 6-1　动画能很好地表现常规手段无法表现的动态过程

动画能够以生动直观的方式展示连续变化的过程。与视频比较而言，动画在表现直观变化过程的基础上，更加具有抽象、概括能力。课件设计人员应根据教学目标，在动画设计中去除无关内容，突出重点，直逼事物本质。此外，动画独有的夸张、变形、幽默等特点，使得它对学习者更具亲和力，更易于唤起学习者的视觉认知注意，激发学习者的学习兴趣。

基于以上优点，动画在课件设计中发挥着不可替代的作用，课件中使用动画的数量与水平也是衡量课件质量的重要指标。适时、合理地使用动画，能够提高课件的信息传递效率，广大教师应给予足够的重视。

一、动画的分类

课件中使用的动画，从空间的视觉效果和制作技术来看，可以分为两类，即二维动画和三维动画；从播放效果上看，还可以分为顺序动画（连续动作）和交互式动画（反复动作）。二维动画是利用二维动画制作软件在二维空间内通过描线、上色、关键帧动画制作而生成的运动影像。线条简洁、色彩明快、装饰效果突出、概括性强是二维动画的核心特征，如图 6-2 所示。

三维动画是通过在虚拟的三维空间内建模，添加摄像机、灯光、材质，制作关键帧动画而生成的运动影像。形象逼真、质感突出、空间感强是三维动画的核心特征，如图 6-3 所示。

图 6-2　二维动画

图 6-3　三维动画

依据动画的造型特征，可将动画分为写实动画和抽象动画。写实动画通过选取逼真的造型和材质以及空间处理，尽量模拟真实世界中的物体及其运动状态。比如，在讲解齿轮的传动原理时，可以使用三维技术创建逼真的齿轮模型，添加真实的金属材质，制作符合传动规律的关键帧动画（见图 6-4），促进学习者的认知。

图 6-4　齿轮传动的写实动画

抽象动画则在真实生活的基础上，对物体的外形及运动进行高度提炼和概括，通过简洁的线条、色彩及空间变化来展示运动过程。比如，在讲解丝绸之路时，可以使用不断延展的线条将空间跨度极大的路线动态地呈现在学习者的面前（见图 6-5），促进学习者对整体路线的了解。

图 6-5　丝绸之路的抽象动画

二、动画的选择

在课件制作中，应当根据教学内容呈现的需要，正确地选择、使用二维动画与三维动画。二维动画和三维动画具有各自不同的叙事表意特点。一般而言，二维动画的影像线条和色块简洁，视觉感观较为平面化，不具备较强的空间纵深感。二维动画对二维空间内的运动具有较强的表现力，更适用于原理示意分析，如图 6-6 所示。此外，手绘的二维动画能更好地塑造个性化的造型，采用二维动画技术设计的角色与场景也经常用在夸张、诙谐、幽默的情境当中，如图 6-7 所示。

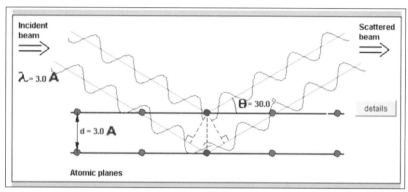

图 6-6　用于原理示意分析的二维动画

由于制作技术不同，三维动画具备更强的真实感和立体感，在纵深感的表现上具有独特的优势，因此更适用于需要多视角全方位观察的物体构造的展示以及需要明确空间关系的机械运行原理的介绍等，如图 6-8 所示。

图 6-7　夸张、诙谐、幽默的情境动画

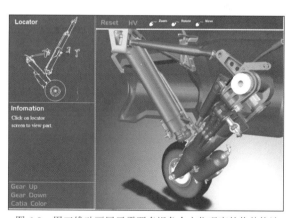

图 6-8　用三维动画展示需要多视角全方位观察的物体构造

对于二维动画和三维动画的选择，需要综合考虑内容表现的需要与制作的经济性两个方面。当二维动画和三维动画均可满足教学要求时，应当优先考虑选用二维动画，因为相对而言，二维动画的制作较为经济、高效。课件制作中存在一种错误认识，即认为三维动画优于二维动画。这种错误认识导致的结果是不从课件教学内容表述的需要出发，片面追求动画制作的技术难度，耗时费力，而教学效果平平。应当明确的是，课件的形式一定是为教学内容服务的，并且要考虑动画制作的经济性。

第三节　多媒体课件中动画媒体的制作与运用

随着动画技术在互联网上的广泛应用，以 Flash 为主的二维矢量动画由于具有易于传输和交互性强等优点而被越来越多地应用在课件中。你了解课件动画的制作方法和基本的运用要领吗？

一、动画的制作

在计算机技术进入动画制作领域之前，动画主要通过专业人员手绘完成，耗时费力，而且一般人无法掌握其制作方法。随着计算机图形学的发展，利用计算机进行动画制作的硬件、软件日益普及，用计算机制作动画成为主流的动画制作方式，因此课件制作人员应掌握基本的计算机动画制作技术。

二维动画和三维动画的制作分别使用不同的软件，具有不同的制作过程。二维动画的制作一般使用 Flash 软件来完成，即在人工绘制的原画的基础上，利用 Flash 软件在二维空间中进行描线、上色、合成，制作出运动的画面，如图 6-9 所示。

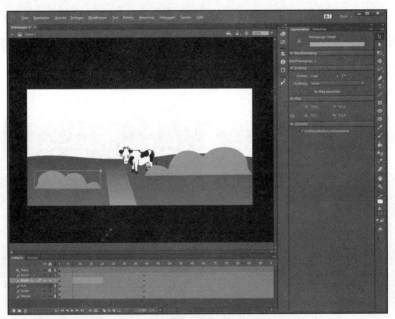

图 6-9　Flash 动画制作软件界面

PPT 软件也提供了移动、旋转、缩放、擦除等基本的二维动画制作手段，配合其图形绘制功能，即可制作简单的二维动画。

三维动画制作使用 Maya、3ds Max 等软件，在虚拟的三维空间内建模，添加摄像机、灯光、材质，制作关键帧动画，如图 6-10 所示。二维动画和三维动画的制作过程较为复杂，具体方法参见 Flash 动画制作和 3ds Max 动画制作等书籍，这里不再介绍。

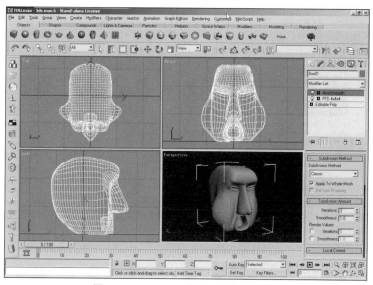

图 6-10　3ds Max 三维动画制作软件界面

二、动画资源的搜索与下载

与图像、视频、声音比较而言，动画媒体的制作较为复杂，非专业人员在短期内较难掌握。教师可以从互联网上搜索和下载已有的动画资源载，这是教师在课件设计中应重点掌握的技能。

1. 二维动画的搜索与下载

互联网上存在大量的二维动画资源。在 Flash 技术流行时，二维动画以 SWF 文件格式为主。伴随着 Fash 技术的落幕，如今的二维动画以 MP4 为主要保存格式。我们可以通过主流视频网站（如 Bilibili 等）搜索和下载相应的二维动画资源。

2. 三维动画的搜索与下载

三维动画资源多以 FLV 等格式存在于互联网上，我们可以在土豆网、优酷网等视频网站上找到大量 FLV 格式的三维动画资源。对于这些三维动画资源，可使用视频搜索引擎进行搜索。例如，搜库专业视频搜索引擎就提供了全网视频搜索功能。

① 打开搜库搜索引擎。

② 在搜索输入框中，依据搜索条件输入关键词（如"喷气式发动机 三维动画"），单击搜索按钮，如图 6-11 所示。

图 6-11　利用搜库搜索引擎搜索动画资源

③ 搜索引擎将相关网页以缩略图加基本描述信息的方式显示出来，如图 6-12 所示。

图 6-12　动画搜索结果

④　单击缩略图，可以在系统弹出的动画窗口中观看动画内容。

三维动画的下载一般无法在网页中直接完成，需要借助特殊的工具软件。维棠 FLV 视频下载软件便是专门用于此类下载的工具软件。安装该软件后，鼠标右键菜单中会出现"用维棠下载视频"命令，如图 6-13 所示。

下载网页中的 FLV 格式的视频时，可在页面的空白处单击鼠标右键，然后选择"用维棠下载视频"命令。在弹出的"添加新的下载任务"面板上，设定"另存到"文件路径后，单击"确定"按钮，即可开始下载 FLV 格式的视频文件，如图 6-14 所示。

图 6-13　安装维棠软件后，鼠标右键菜单中增加的命令

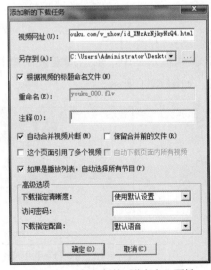

图 6-14　"添加新的下载任务"面板

三、动画的基本运用要领

在课件设计中，要充分发挥动画媒体形象、直观的表意作用，有效促进教学。概括地说，动画媒体在课件中有以下几种主要运用方式。

1. 用在课件的开篇

在课件的开篇位置，可以通过短小精悍且具有视听冲击力的片头动画唤起学习者的无意注意，进而将无意注意转化为有意注意，为后续课程内容的学习做好情绪准备。具体应用时，需要避免运用与课程内容无关的动画和过长的动画，以免干扰学习者的认知和影响课件的运行效率。

2. 用于教学情境的创立

在教学情境的创设中，使用动画在短时间内提供时间、地点、人物、事件等信息，将学习者置于事先设计好的教学情境之中。比如，在训练银行大堂经理处理突发事件的能力时，就可采用动画形式，如图 6-15 所示。

图 6-15　动画用于创设银行大堂教学情境

3. 用于塑造虚拟角色

在情境化教学课件中，可以利用动画塑造虚拟角色，再辅以个性化的语音和音效设计，为学习者的个别化学习提供指导者或合作者，增强课件的亲和力和趣味性。在图 6-16 所示的幼儿识字课件中，设计者使用孙悟空这一卡通角色充当幼儿学习的指导者和合作者，生动有趣，可激发幼儿的学习兴趣。

图 6-16　用虚拟动画角色激发幼儿的学习兴趣

4. 用于讨论教学

在讨论性的教学课件中，可以使用动画在短时间内高密度、大容量地介绍话题背景，为讨论提供翔实的资料。比如，在历史学科的教学中，通过动画介绍美国的建国过程，将相对分散、零乱的内容以生动有趣的方式呈现出来。

5. 用于运动变化的呈现

利用动画独特的抽象、概括及主观表意功能，可将教学中的重点与难点可视化、生动化，进而提高教学效率。例如，对于麻花钻的工作过程，使用视频和图像都难以表述清晰，而使用三维动画可以多角度动态显示其工作过程，给人留下深刻的印象，如图6-17所示。

在课件页面中，各类媒体的进入和退出方式应适度运用动画效果（如渐变、擦出、放大退出等），这样能够增强课件页面呈现与转换时的动感和趣味性，激发学习者的学习兴趣，调节学习情绪。

将适当的动画效果应用在课件的交互设计中，为交互按钮、交互热区增加新颖、美观的动感变化设计，将使交互操作更加人性化和艺术化，进而增强课件的趣味性。比如，在幼儿音乐学习课件中，界面中的按

图6-17　利用三维动画多角度动态
显示麻花钻的工作过程

钮在鼠标指针经过时欢快地跳动，在鼠标左键单击时冒出音符，生动有趣。这些细微的动画效果会影响孩子的学习情绪。

第四节　多媒体课件中动画媒体的运用原则和规范

动画媒体具有前述的诸多优点，合理地运用动画媒体传递教学信息，将极大地提升课件的视听表现力，增强课件的趣味性。为了取得良好的教学效果，动画媒体的运用还需要遵循一定的技术与艺术规范。在实践中，更需要注意以下基本原则和运用规范。

一、动画的基本运用原则

在课件动画设计中，既要有自己的特点和个性，还要遵循 Flash 动画的共性与基本运用原则，将 Flash 动画的各种元素融合到教学内容当中。教学性原则、认知性原则和情境性原则是在课件中运用动画时的三项基本原则。

1. 教学性原则

在课件中加入动画元素，使教学内容更加生动有趣，不仅能够吸引学习者的注意力，而且能极大地激发学习者的学习兴趣。虽然动画可以形象地表达事物的运动过程，但在使用动画时要遵循教学性原则，最重要的是看动画在教学中的效果。不可以仅仅为了添加动态效果而使用动画，如果动画与教学内容不匹配，则会适得其反。除此之外，不要随意为 PPT 中的图片、形状、文字等添加动画效果，必要时可在 PPT 中添加简单的页面切换动画，以免分散学习者的注意力。

2. 认知性原则

在皮亚杰的认知发展阶段理论中，不同年龄段的学习者的认知能力有所不同。小学生处

于具体运算阶段，他们的形象思维能力在逐渐提高，但抽象思维能力仍较为有限。中学生进入形式运算阶段，逐渐形成抽象思维能力，具有处理假设性问题的可能性。高中生的认知能力迅速提高，抽象思维能力、独立思考和处理问题的能力显著提高。所以，在使用动画时要遵循认知性原则，根据不同年龄段的学习者的特点设计动画内容。

中小学生的学习特点是以学习间接经验为主，具有一定程度的被动性和强制性，更多的是在教师的指导下进行学习。因此，我们设计的动画在教学内容和形式上要引起学生的注意和兴趣。首先，要具有特色，提供学生感兴趣的知识，结合学生的兴趣开展教学。有新意是激发学生兴趣的第一步。其次，未知的知识更能激起学生的求知欲，我们可以通过动画演示促进学生的学习。

大学生具有较强的抽象思维能力和自主学习能力，因此演示型动画不能只是引起他们的注意和兴趣，还要调动他们自主学习的积极性。在设计课件时，可以设计动画交互功能，使学生与计算机有交流的过程，这样才能激发他们的学习兴趣，调动学习的积极性。

3. 情境性原则

动画在教学中的重要作用是创设情境和促进思考，因此我们要充分调动学习者的各种感官参与到教学中。学习兴趣是学习者在学习活动中出现的一种自觉、能动的心理状态，是学习者主动学习、积极思考、探索知识的内在力。运用动画创设情境，可以激发学习者的积极性，使他们产生一种渴望学习的冲动。

例如，在讲述某些理论或者原理的时候，学习者往往难以理解。如果引入动画，将一些动态过程或通常情况下无法观察到的现象形象、生动、直观地显示出来，学习者就能迅速理解，而且印象深刻。

二、动画文件规范

1. 分辨率适中

在一般的课件设计中，教学页面中的动画通常以窗口播放的形式存在，动画窗口的尺寸一般为满屏面积的 1/4～1/2（见图 6-18），对应的分辨率一般为 640×480 像素。在课件中不宜使用分辨率过高的动画，以免影响课件的播放效果。对于网络平台课件，更应该严格控制动画的分辨率。

2. 帧频正确

动画是由一系列连续的图像按照一定的时间间隔依次呈现而形成的运动影像。帧频就是每秒显示的图像数量，帧频越高，动画越流畅连贯，但消耗的计算机资源也就越多。如果动画的帧频低于 8 帧/秒，画面将产生较为明显的跳动感，难以获得流畅的运动影像。综合考虑，一般课件中使用的动画的帧频应为 12～25 帧/秒。

3. 文件格式合乎要求

制作 PPT 课件时，PowerPoint 支持常见格式的动画文件的导入，如 SWF、ASF、AVI、MPEG、WMV。如果操作系统中安装了 Apple QuickTime 播放器，则可以在 PPT 中插入 MP4、MOV 和 QT 格式的动画。综合考虑动画文件的数据量和图像质量，为了保证课件中动画播放的清晰、流畅，在课件制作中一般使用 SWF 格式的二维动画文件和 MP4 格式的三维动画文件。

图 6-18　动画窗口的尺寸一般为满屏面积的 1/4～1/2

三、动画的制作规范

Flash 是目前制作动画时常用的工具软件之一，许多课件中都有 Flash 动画。把动画作品运用到教学中，会给学习者耳目一新的感觉，更能激发学习者的兴趣。

1. 使用正确的插值曲线生成关键帧动画

课件动画是利用计算机软件和硬件系统来完成的，绝大多数计算机动画都可以采用关键帧动画技术来实现。在关键帧动画技术中，创作者只需设定动画中几个关键帧的参数，动画制作软件即可通过插值运算生成关键帧之间的中间动画。中间动画是动画制作软件依据内置的速度曲线经运算后产生的，通过设定不同的速度曲线可以实现匀速、加速、减速等运动。在动画媒体的一个完整镜头中，较为适宜的主体运动过程是由静止缓慢加速，维持一段时间的匀速运动后，再缓慢减速到静止。这种速度变化方式有利于学习者识别主体的运动状态。当速度曲线的设置不正常时，过快的运动会使学习者产生焦躁情绪，过慢的运动会产生乏味感，忽快忽慢的运动会产生认知抖动感，突然开始或结束的运动则会产生突兀感，这些感觉都将干扰学习者的认知。

2. 单个动画的时长应适中

在课件页面中，单个动画的时长不宜过长，一般应在 2 分钟以内，因为在这个时间范围内，学习者可以保持较高的注意力。对于较长的动画，可根据教学内容将其分解为若干较短的片段，再分别插入课件页面中。如果单个动画过长，将会降低学习者的注意力，进而影响学习效率。

3. 慎重选择动画表现的内容

并不是所有的运动过程都适合用动画来表现，动画更适合表现和讲述现实生活中无法拍摄或不易拍摄的运动过程以及抽象的原理。例如，人体血管的阻塞过程适宜用动画来表现，而武术动作就不宜用动画来表现。动画是人工制作的运动影像，与视频运动影像比较，它的真实感稍弱，"计算机味道"较重。在表现现实世界中人或物体的运动（尤其是学习者熟悉的人或物体的运动）时，动画影像中的现实虚假性会引起学习者的无意注意，干扰认知。例如，在一个讲解跨栏跑动作的教学课件中，创作者使用三维技术制作跨栏动画，但运动员动作细节的呈现、动作的流畅性都不及实拍真实、自然，如图 6-19 所示。这样的动画将引发无意注意，干扰学习。

图 6-19　动画影像的现实虚假性会引起学习者的无意注意

4. 应使用合适的景别展现教学对象

用动画呈现教学内容时，一般无需过多的景别，通常运用全景、特写和大特写就可以解决大多数问题。与视频媒体中景别的运用类似，特写和大特写通常用于展现物体局部的细微结构与动作，能够发挥动画媒体的独特作用。比如，在静脉留置针教学中，三维动画通过大特写将静脉留置针在皮下血管内的错误操作的细节呈现给学习者，而这种图像是无法通过常规手段用肉眼观察到的，如图 6-20 所示。

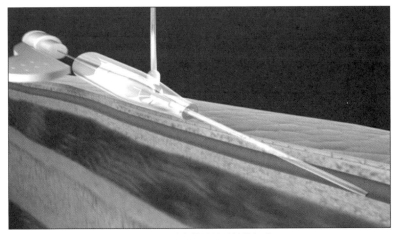

图 6-20　用大特写展示操作细节

四、动画的调用规范

动画能把看不见、摸不着、讲不清的抽象概念和科学理论加以形象化，弥补实物画面在揭示事物本质方面的不足。在制作课件时，教师喜欢把动画加入其中，以丰富教学素材。那么，课件动画的调用规范有哪些呢？

1. 设置便于操作的播放控制功能

在教学课件中，教师和学习者经常需要对页面中的动画进行播放、暂停、搜索、重放等操作，课件中的动画应具备上述交互功能。对于一些需要精细分析运动过程的教学活动（如分析动画角色的运动规律），逐帧前进、逐帧后退功能是必需的，如图 6-21 所示。课件设计者应充分考虑用户的功能需求，实现上述动画播放控制功能。

图 6-21　设置便于操作的播放控制功能

2. 不在课件页面中使用与教学内容无关的动画

　　动画具有生动有趣、形式活泼的特点。有些教师为了增加课件的趣味性，在页面上添加了一些与课程内容无关的动画，如闪动的校徽、旋转的地球、搞怪的卡通人物等。这些与教学内容无关的元素虽然丰富了页面的视觉构成，但是在很大程度上分散了学习者的注意力，干扰了认知。对于低幼学习者而言，这种视觉干扰尤为明显，我们应避免这样使用动画。

　　除了以上介绍的动画媒体应用规范外，动画媒体在构图、色彩、影调及在页面中的调用等方面应遵循的规范与视频媒体类似，这里不再赘述。

第二部分

微课程的设计与制作

第七章　微课程的教学特点

随着信息与通信技术的快速发展，微课程将成为课堂学习的一种重要补充和拓展资源。对教师而言，微课程将革新传统的教学方式，突破传统的以教为主的教学模式。对于学生而言，微课程能更好地满足他们对不同学科知识点的个性化学习要求，按需选择学习内容。随着手持移动数码产品和无线网络的普及，基于微课程的移动学习、远程学习、在线学习将会越来越普及，微课程已成为一种新型的教学模式和学习方式，更是一种可以让学生进行探究性学习的平台。

第一节　认识微课程

微课程作为新型教育资源，对学习方式和教学模式产生了变革，不仅在新的网络技术环境下，对教师的信息化教学设计能力、资源开发能力提出了更高的要求，对教师"教"的资源和学生"学"的资源进行了有效补充，也是学生自主学习和教师专业发展的重要途径。微课程不仅给我们带来了一种全新的教学资源组织形式，而且为我们展示了一种全新的教学理念、教学思想和教学方法。

一、微课、微课程与慕课的特点

1. 微课的特点

微课是以教学视频或音频为主要呈现方式，围绕单一知识点记录教师在课堂内外的教学过程中进行针对性讲解的教学活动。

微课还是"课"，主要特点体现在"微"上，只围绕一个知识点进行讲解，具有知识点小和授课时间短的特点。微课以"在线学习"和"移动学习"为主要学习方式，不但要包含教学视频（音频）和教学设计，还包括教学演示课件，以及课后进行微练习的教学资源。整个微课通常只为解决一个核心问题，重点突出、短小精悍，是一种跨越地域限制、利用现代通信终端（如手机、平板电脑等）进行远程学习的方式。微课可以使用手机、数码相机、DV等摄像设备进行拍摄和录制，也可以使用录屏软件进行录制。

2. 微课程的特点

微课程是以在线学习或移动学习为目的，将原有课程按照学生的学习规律，分解成为一系列包括目标、任务、方法、资源、作业、互动等在内且具有完整的教学设计环节（包含课程设计、开发、实施、评价等）的课程体系。

微课只是呈现单独的知识点，最终还要成为系列化的学习课程，即根据教学大纲将微课构建成为"微课程"。为了达到学习目标，还要围绕每个知识点设计微练习，进行微评价，方便学习者自主选择学习途径，以达到自主学习和个性化学习的目的。

3. 慕课的特点

慕课是 MOOC（Massive Open Online Course）的音译，意为"大规模开放型在线课程"。慕课是近年来在全球范围内涌现出来的一种新型的在线课程学习模式，它的迅速普及引起了教育界的广泛关注。

MOOC 中的字母"M"代表 massive（大规模），主要指大量的学习者参与课程学习，也可以指大规模的课程活动范围。第二个字母"O"代表 open（开放），是说学习者来自全球各地，而且课程的信息来源、评价过程和学习环境都是开放的。第三个字母"O"代表 online（在线），意味着它提供了一系列符合移动智能背景的学习材料，可随时随地满足学习者的学习需求。第四个字母"C"代表 course（课程）。慕课是"互联网+教育"的产物，已在世界各地开展起来，并且受到广泛欢迎。

二、微课程与微课的区别

国外早已有了微课程这个概念，它最早是由美国新墨西哥州圣胡安学院的高级教学设计师、在线服务经理戴维·彭罗斯于 2008 年秋首创的。戴维·彭罗斯把微课程称为知识脉冲（Knowledge Burst）。他在陈述当中指出了三个关键要素：一是时间长度为 60 秒，二是开发目的是用于在线学习或移动学习，三是其内在结构具有方法论指导。他当时的主要思想是小课程（即时间短的课程）可以让学生们的注意力高度集中。

从 20 世纪 80 年代开始，人们将教师在课堂上的讲课录像碎片化，称之为碎片式电视教材。到 2008 年以后，随着网络课程、翻转课堂和可汗学院等新概念的广泛传播，国内的教学机构开始注意和研究微课程。2010 年，李玉平老师研究了课堂小现象、小问题、小策略等，他以 PPT 数字化的方法将有关内容呈现在屏幕上，称其为微课程。随后，胡铁生老师将过去的教育资源库中的影像资料碎片化，提出了微课的概念。它以教学视频为主要呈现方式，是教师在教学过程中针对知识点或环节所运用和生成的各种教学资源的有机结合体。

由此可见，微课是微课程教学的一个重要组成部分，二者在内容与结构上有很大的区别。它们的共同点在于微课与微课程都是为学生提供帮助的学习支架，而不同点体现在以下三个方面。

1. 教学内容的完整性不同

微课不是一节视频课的压缩，讲授内容是单一、完整的知识点。微课程则是由一系列相互关联的微课和教学资源构成的一门系统、完整的课程，需要有多个知识点来组成序列化的课程，并与学生的学习活动结合起来，即将若干节相互关联的微课连接起来就形成了一门完整的微课程。

2. 师生互动与教学管理不同

微课以微视频（音频）为核心教学资源，辅以微教案等其他类型的教学资源。这种学习方式基于移动通信技术来实现"在线学习"和"移动学习"，缺少师生的互动环节，也缺少教学实施与管理等教学活动。

微课程以微课为基本单元，除包括一系列微课之外，还要通过信息技术平台的支撑来开展教学活动。除了师生互动外，还要进行教学考核、评价等一整套教学管理活动。其中，课程的进程和实时监控是微课程必不可少的组成部分。

3. 应用场景不同

微课主要用于课前预习、课上讲授和课后复习巩固。微课程不仅可以用于课堂教学，还可以用于自主学习。

三、微课程与传统课程的区别

按照外部形态及学生认识活动的特点，传统的教学方法通常分为以语言传递信息为主的方法、以直接感知为主的方法和以实际训练为主的方法等。以语言传递信息为主的方法是以教师运用口头语言向学生传授知识、技能以及学生独立阅读书面语言为主的教学方法。这种教学方法与人类的教育教学活动一起产生，先以口头语言作为主要媒介，文字产生以后又增加了书面语言作为媒介，至今仍然是教学活动中的主要方法。以直接感知为主的方法是指教师通过演示实物或直观教具和组织教学性参观等，使学生利用各种感官直接感知客观事物或现象而获得知识，形成技能和发展能力。以实际训练为主的方法是指在教师的指导下，学生通过练习、实验和实习等活动，学习、巩固和完善知识与技能。这种方法以学生的实践活动为基本特征。

传统的教学方法把一门课程中的教学内容按先后次序制成序列化的教材，使学生的学习按一定的程序规范地展开。这种方法在设计具体的教学程序时因学科不同而有较大的差异。首先，在长达50分钟的课堂教学中，要将教学内容由大化小、由浅入深地向学生展示并提出问题。教学的重点都是围绕某一个知识点展开的，让学生主动地寻求答案，或教师通过媒体给出解释和答案。

由于我国的教学以班级授课为主，教师最常用的是讲述法，学生多被动地听讲，很少有机会参与课堂讨论。传统的教学方法只着重于教师如何去教，片面强调教师的传授作用，忽视了学生在教学这一特殊认识过程中的主体作用，使他们只能被动地接受、储存知识，从而束缚了他们的主动性和积极性的发挥。

教学方法理应包括教的方法和学的方法。教学是由教师和学生共同参与的双边活动，教师"教"的效果在很大程度上依学生"学"的适应性与主观能动性的发挥程度而定。因此，当我们说一种好的教学方法时，指的是这种方法能有效地调动学生学习的主观能动性，适应学生的学习心理特征，而教学效果的真正获得则取决于后者。这就告诉我们，所谓教学方法并非只是单一的教师教的方法，学生学的方法是更为重要的另一半，即教学方法是教法与学法的统一。

微课程运用建构主义学习方法，以在线学习或移动学习为目的，是一种由视频文件组成的、以讲授单独的知识点（包括概念、知识、问题）为主体的新型课程组成单元。初期的微课程只是一种微视频课件，重在解决传统教材由简单文本向多媒体资源转变的问题。

随后在慕课的影响下，微课程不断发展，通过使用多媒体技术，教学内容更加精简，教学目标更加明确，可以在短时间内传递教学活动中的某个知识点。微课程的意义在于它不是把所有的教学内容放在一节课的 50 分钟内进行呈现，而是利用 10～15 分钟的时间就一个知识点有针对性地进行讲解，把教学中的重点、难点等向学生展现。在教学中，所讲授的内容呈点状、碎片化，能更好地满足个性化的学习需求，提高学生的学习兴趣。这是以直接传递教学信息为主要特征的第一代微课程。

随着以学为主的教学模式的建立，微课程的含义开始延伸，它不再仅限于对知识点的讲授，增加了问答、演示、练习和反馈等教学环节，开始覆盖学生学习的全过程，包含教学目标、内容、资源、活动和评价等必要的课程要素，并以整合课堂教学或在线教育应用为基础。一个重要的变化就是教学内容的组织方式产生了相应的变化。微课程不仅仅作为一种新的媒体、工具和资源而存在，而且是一种新型的课程组成单元。以直接传递教学信息为主要特征的第一代微课程正逐步向以鼓励学生通过参与各种主动探究活动自主建构知识为主要特征的第二代微课程转变。微课程与传统课程的区别如表 7-1 所示。

表 7-1　　　　　　　　　　　　　微课程与传统课程的区别

主要区别 ＼ 课程类型	微　课　程	传　统　课　程
知识结构	碎片式应用型	完整学术型
学习理念	建构主义	行为主义
教师角色	知识的启发者	知识的传授者
学生角色	以学生为中心	被动灌输
学习目标	应用知识	掌握知识
学习时间	灵活可变	固定不变
参与程度	积极主动	消极被动
个别化程度	高	低
学习策略	自主探索	讲授加练习
自由度	高	低
灵活性	个别化课程	固定课程表
学习教材	联系实际	脱离实际
学习形式	移动式自主学习	课堂学习
学习评价	因人而异	统一标准
能力培养	较好	不够

四、微课程的教学模式——翻转课堂

翻转课堂是从英语"Flipped Classroom"和"Inverted Classroom"翻译过来的术语，一般被称为"翻转课堂式教学模式"。所谓翻转课堂就是在信息化环境中，教师提供以教学视频为主要形式的学习资源，学生在上课前完成对教学视频等学习资源的观看和学习，师生在课堂上一起完成作业答疑、协作探究和互动交流等活动。

翻转课堂起源于 2007 年美国科罗拉多州落基山林地公园高中,教师们常常被一个问题所困扰:有些学生由于各种原因,时常错过正常的学校活动,而且学生将过多的时间花费在往返学校的路上,这样导致很多学生由于缺课而跟不上学习进度。

为了解决上述问题,该校的两位化学老师乔纳森·伯尔曼和亚伦·萨姆斯把结合实时讲解和 PPT 演示的视频上传到网络上,以此帮助课堂缺席的学生补课。随后,两位教师逐渐以学生在家看视频听讲解为基础,节省出课堂时间来为在完成作业或做实验过程中有困难的学生提供帮助。两位教师的实践引起越来越多的人的关注,逐渐有更多的教师开始利用在线视频在课外教授学生,回到课堂上时则进行协作学习和概念掌握的练习。

在传统教学过程中,教学形式通常包括知识传授和知识内化两个阶段。知识传授通过教师的"课中"讲授来完成,知识内化则通过学生"课后"的作业、练习或实践来完成。传统课堂是先教后学,教学结构分为课堂内与课堂外,课堂内完成知识传递,课堂外完成知识消化。

与传统的课堂教学模式不同,翻转课堂设计的核心思想是将传统教学活动中知识传授和知识内化这两个环节颠倒与翻转。在翻转课堂式教学模式下,知识传授是将学生所要学习的知识点制作成微课程,让学生通过网络在课前完成,也就是由学生在课下自主完成知识的获取,教师在课上不再讲授这些知识。知识内化是指师生在课中讨论、总结学生不能自行解决的问题,教师进行引导、启发和评价等。

翻转课堂的目的在于以下几点。

第一,改变传统的教学理念。结果是不仅创新了教学方式,而且翻转了传统的教学结构和教学模式,真正建立起"以学生为中心"的教学方式。在这种模式下,学生学习的主动性和积极性得到了提高,教师成为了学生学习的组织者、帮助者和指导者。

第二,转变学生的学习方式。翻转课堂改变了传统的教学流程,学生在课前自主学习,课堂上教师因材施教或开展活动,帮助学生掌握和运用在课前学到的新知识与技能。学生学习授课教师提供的微课程等材料,完全在自身的控制和管理过程中完成学习任务并进行自我测试。这种学习方式的改变对提升学生的自学能力和创新思维有很大的帮助。

第三,重构已有的教学结构。教学结构是在一定的教育思想、教学理论、学习理论的指导下,在某种环境中展开的,教师、学生、教材和教学媒体这 4 个要素相互联系、相互作用而形成一种反映教学活动进程的稳定结构形式。目前,常见的教学结构形式主要有以教师为中心和以学生为中心两种。翻转课堂改变了上述的教学结构形式,由"先教而后学"转向了"先学而后教",由"注重学习结果"转向了"注重学习过程"。教学结构在翻转课堂的不同环节具有不同的特点,翻转课堂也是对教学结构形式的又一次重构。

第四,提升学生的协作意识。实施翻转课堂,无论是在课前还是在课上,学生在学习过程中遇到问题时,可随时与其他学生或教师进行交流,增加了学生与他人进行沟通的机会,提升和增强了学生的交流能力与协作意识。

随着网络和多媒体技术的快速发展,翻转课堂式教学模式的实施变得可行与现实。学生不再单纯依赖教师的讲授来获取知识,可以通过互联网来获得新的、最前沿的科学文化知识。

微课程不仅仅作为配合教师上课的教学资源存在，而且要与翻转课堂这种新型的教学模式相结合，从根本上改变教师组织课堂教学的方式。如果教师的教学方法没有改变，微课程还停留在"积件"应用的思路上，就会遇到网络精品课程与视频公开课等教学资源利用率低的困境。随着课堂教学方式由知识传授逐步向知识探究转变，翻转课堂的创新应用就成了当前教育教学改革的焦点。微课程只有围绕教学方法这个核心要素来整合教学应用，才能真正促进翻转课堂式教学模式的应用和发展。

第二节　微课程与慕课的教学应用

微课程与慕课作为一种新型教育教学模式，丰富了教学手段，扩展了学习途径，提升了教学效果，已经越来越受到国内外高等教育界的重视。微课程和慕课在教学中是如何应用的呢？

一、微课程的教学应用

微课程是一种新型的课程组成单元，其主要载体是短小精悍的微视频，也可以是其他媒体形式的内容，如文本、音频和动画等。微课程将传统课堂上先教后学的教学模式转变为先学后教的模式，将对知识的认识放在课前，将知识的内化安排到课上，改变了课堂教学结构，形成了翻转课堂式教学模式。微课程的应用不仅提高了学生自主学习的能力，更重要的是对学生的创新思维和创新能力的培养与提高起到了积极作用。

1. 视频为主，短小精悍

教学视频是微课程的核心内容。根据学生的认知特点和学习规律，微课程的时长一般为10~15分钟，最长不宜超过15分钟。微课程主要基于教学设计思想，就一个或几个知识点有针对性地进行讲解，或者反映课堂上的某个教学环节、教学主题。

2. 主题突出，内容精练

微课程选取的教学内容一般要求主题突出、相对完整。它以教学视频片段为主来呈现知识点。这些知识点可以是教材解读、题型精讲，也可以是方法传授、经验介绍等技能方面的内容。所讲授的内容呈点状、碎片化。相对于传统上一节课要讲解许多教学内容，微课程的内容更加精简。

3. 资源多样，情境再现

微课程资源具有视频教学案例的特征。课堂教学时使用到的多媒体课件、教师的教学反思、学生的反馈意见等相关教学资源，构成了真实的微教学资源环境。学生在这种真实的、具体的、典型案例化的情境中易于完成高阶思维能力的学习，从而迅速提高学业水平。它不仅成为教师和学生的重要教育资源，而且构成了学校教育教学模式改革的基础。

4. 基于网络，移动学习

微课程采用流媒体形式，通过信息技术平台的支撑，围绕某个知识点或教学环节开展简短而又完整的教学活动，适合采用在线播放的流媒体格式，如RM、WMV、FLV等。学生可以流畅地在线观摩课例，查看教案、课件等辅助资源，也可以灵活方便地将其下载到终端设备（如笔记本电脑、手机）上，开展基于移动设备的移动学习。

5. 个性化课程，自主学习

为使学生的自主学习获得最佳效果，微课程可提供个性化的课程资源。它的使用形式是自主学习，授课目的是获得最佳效果，基础是精心的信息化教学设计，内容是某个知识点或教学环节，本质是完整的教学活动。

二、慕课的教学应用

慕课借助科技发展之力，最大限度地突破了高校围墙的限制，使得世界各地的学生能够最大限度地获得优质课程资源。和早期的视频公开课不同，慕课不仅仅是几段简单的课程录像，而且具有明确的教学目标以及详细的教学进度安排，为学生布置作业并打分，提供教师和学生互动的空间，具有完整的课程结构。具体来说，慕课由课程视频、课程测验和互动社区组成。

① 课程视频。慕课主要由微课组成。为了保证学生线上学习的关注度，每节课通常是一个时长为 2 小时左右、事先录制好的视频文件，包含若干个微课模块。每个微课模块包括8～15分钟的讲座视频，视频中会穿插或嵌入一些提问，并且课后会进行测验和考试，帮助学生集中注意力。学生只有按教师的要求完成作答之后，才能进入下一个微课模块进行学习。微课模块设计的初衷是让学生自主决定学习进度，在与学习材料的互动中掌握知识要点。

② 课程测验。慕课的课程测验采用在线方式，将习题嵌入学习模块当中或者末尾。习题可以是单选题、多选题等。在线练习题采用的是程序自动评估打分，有些提供正确答案，有些要求完成测试之后才能继续学习。在线练习题可以使学生积极参与到学习当中，鼓励学生"回忆"知识，测查他们的理解程度。机器评分给予学生及时的反馈，不仅可以使学生迅速了解学习效果，也可以帮助学生在数次练习之后掌握某一知识点。

③ 互动社区。慕课一般都设有讨论区，选择同一门课程的学生通过讨论区互相帮助，授课教师会通过网络平台积极参与学生的讨论。除了学生与教师的互动之外，慕课还可以提供学生之间的互动通道，形成学习社群。

慕课这种教学模式的主要特征如下。

第一，学习的时空界限被打破。慕课依托互联网技术，营造了一个真实的学习空间，打破了时间和空间的限制。

第二，教学规模大。同一门课程的在线学习人数可以高达几千人乃至上万人，大大突破了传统课堂上几十人或上百人一起学习的限制。

第三，开放性。在慕课教学平台上学习时，无须通过入学考试等资格验证，任何人都可以根据自己的兴趣选择相关课程。慕课可以扩大受众范围，实现在线双向互动，以提升能力为导向，促进教学改革，提高教学质量，同时也催生了以微课程为单位的慕课学习环境。例如，中国大学 MOOC（慕课）是国内优质的中文慕课学习平台，拥有千余门课程，每一个学习者都可以在这里学习著名高校的课程，与名师零距离交流。

对于高等教育的发展而言，慕课的出现引发了教学理念和教学方法的重大变革。尽管人们对慕课的教学形式和教学效果还存在各种认知差异，但不得不承认慕课已经开始触动传统高等教育的根基。在新的教育背景下，要建设好我国高等教育的慕课体系，一个重要的基础就是加强高校微课程的研究和建设。如果从"课"的角度去审视，慕课其实就是同一课程体系下的一系列微课程的组合。在慕课和微课程的关系上，围绕各学科及其知识体系的重点和难点，利用短小精悍的微课教授方法，形成系统且逻辑严密的微课程体系，既是慕课开发的基础，也呈现出向慕课趋同的特征。

目前，教育技术与教学的深度融合是我国教育教学改革的重点和难点，将微课程融入学科教学中，是实现深度融合的又一方法。只有微课程与教学方法有机整合，才能促进传统的教与学方式产生深刻变革。只有对微课程教学内容的组织形式进行创新，对微课程的教学环节和教学模式进行分析，才能进一步推进微课程与教学方法的有效整合与应用，才能充分发挥其应有的教学功能。

三、微课程"大学体育：游泳"在教学中的运用

北京工业大学体育教学部李晓甜副教授承担学校本科生的"大学体育：游泳公共基础"的教学任务，2016 年设计制作了"大学体育：游泳"微课程并通过线上线下进行混合式教学，2019 年通过中国大学 MOOC（慕课）平台面向国内大学生进行教学。2019 年至 2020 年，哈尔滨工业大学、广西师范大学、北京工业大学、北京体育大学、江苏科技大学、江西师范大学等 15 所高校的学生进行了学习，选课人数超过了两万人。除此之外，国内和世界各地的游泳爱好者也可以登录中国大学 MOOC（慕课）平台自主学习该微课程。

第三节　微课程的组成形式

微课作为课程教学的重要介入手段，以互联网和移动互联网为依托，突破了传统课程的教学模式，对课程教学的内容结构、时效性、流程和师生互动方式等进行了优化与重构，产生了新的"教与学"方式。

一、微课程的学习过程

微课程的核心内容是教学视频，同时还包含与教学主题相关的教学设计、多媒体课件、教学反思、练习测试、学生反馈、教师点评等辅助性教学资源和功能。

微课单元是一个完整的知识点，若干个知识点构成了不同的微课单元并组成了微课的章节体系，此时微课的章节体系还需要与学习单元、教师的教学活动、学生的学习活动和网络平台结合起来，由此构成一门完整的微课程。

因此，微课程有别于传统的单一资源型教学课例和教学课件。这类资源通常以教师为中心，帮助教师把讲课的内容呈现在屏幕上。微课程则以学生为中心，指导学生进行自主学习，是一种新型教学资源。微课程的关键是教学目标、教学策略和教学评价。

在教学内容组织的基础上，相应的教学环节的选择就成了微课整合教学应用的前提。所

谓教学环节，就是指教学过程所涉及的各个阶段和程序。由一定的教学环节组成的教学活动就构成了特定的教学模式。微课程的教学包括课前、课上和课后三个主要环节，以及评价和诊断两个辅助环节。

通常情况下，学生的学习过程由两个阶段组成。第一阶段是信息传递，通过教师和学生、学生与学生之间的互动来完成。在课前预习阶段，最简单有效的方式就是将课上教师需要传递的核心概念制作成微课，创设生动的数字化教学环境。微课以"微视频＋交互式练习＋即时反馈"为学习单位，教师不仅应提供视频，还需要进行在线辅导。第二阶段是吸收内化，在课堂上通过互动来完成。在课上通过翻转课堂这种教学模式，将讨论和交流作为主要环节，教师的答疑解惑是翻转课堂的重要组成部分，学生之间的相互交流更有助于学生对知识的吸收内化。通过微练习、微测验、微评价与微反馈，可形成对学生学习过程的有效控制。

课后，教师将课上没有讨论的问题和其他学习内容放到网络学习平台上，让学生进一步开展自主探究学习或交流互动学习。

评价和诊断两个辅助教学环节可以借助网络提供反馈信息，通过自动评价和反馈机制，帮助学生发现自己的优势和不足，使个别化学习得到顺利实施，使学生的学习能力和学习水平得到更大的提高。

二、微课程的类型

按照教学方法，微课程可分为课堂讲授型、百家讲坛型、主持采访型、讨论协作型、教学实验型和其他类型。

1. 课堂讲授型

以描绘情境、叙述事实、解释概念、论证原理为主，或以学科知识点及重点、难点的讲授为主。这种授课形式通常适用于各类学科教学内容的讲授。

2. 百家讲坛型

这种类型与课堂讲授型有相同之处，所不同的是采用了讲故事这种大众化叙述方式，将教学内容设计成小故事，通过故事里的一些悬疑，激发学生进一步学习的愿望。"故事化"手法特别适用于文学、艺术、管理等学科的讲授，有些理工科内容也可以采用这种方法。

3. 主持采访型

节目主持人在拍摄现场进行口头采访，起到引导和讲述的作用。主持人可以根据自己的主观思维，通过指示性的语言引导采访对象按照自己的意图回答问题。这种类型适用于各类主题性的教学内容。

4. 讨论协作型

在教师的指导下，学生以小组形式围绕某一中心问题发表各自的意见和看法，共同研讨，相互启发，集思广益。

5. 教学实验型

针对教学实验进行设计、操作与演示，即在教师的指导下，使用一定的设备和材料，通过控制条件的操作，引起实验对象的某些变化，从观察这些现象的变化中获取新知识或验证知识。

6. 其他类型

不属于上述类型的均可归为此类型。

三、微课程的屏幕呈现形式

微课程的屏幕呈现方式可分为真人普通实录型、录屏软件录制型、真人与录屏混合型和高清多机录制型等多种。

1. 真人普通实录型

使用具有摄录功能的设备（如 DV 摄像机、数码相机、手机等），可以实时录制教师的真实授课过程。在整个录制过程中，均以教师为主画面，PPT 课件作为辅助画面，也可以根据教学需要，对主画面和辅助画面进行主与次的转换。例如，在利用 PPT 课件讲解教学内容时，PPT 课件画面由辅助画面变为主画面出现。

2. 录屏软件录制型

前文讲过，屏幕录制主要是指使用计算机屏幕录制软件，将在计算机上的操作过程完整地录制下来。此方法的优点在于在操作计算机的过程中，教师可利用耳麦同步录制自己的声音。录制软件有多种，目前比较常用的有 Camtasia Studio、Screen2swf、屏幕录像专家等。

（1）录屏软件录制+手写板+画图工具软件

通过电子黑板系统（包括手写板、画图工具软件），结合屏幕录制软件录制教学过程并配音。教师使用手写板或画图工具软件，一边讲解，一边在电子黑板上演示教学过程。在整个过程中，教师不出现在视频中，视频呈现的是教师在电子黑板上用手写板书或用画图工具软件进行演示的过程。这种方式也称可汗学院的制作方式。

（2）录屏软件+PPT 课件

通过屏幕录制软件录制教学过程并配音。教师利用 PPT 课件，一边演示一边讲解。在整个教学过程中，教师不出现在视频中，视频呈现的是 PPT 课件演示过程。

使用 iPad 里面的微课制作软件 Educreations、ExplainEverything 或 Showme，可以非常方便地进行微视频录制。iPad 的屏幕就是电子黑板，教师可以边讲解边写板书，电子黑板上的内容和教师的声音同时被记录下来。

3. 真人与录屏混合型

通过融合电子白板、PPT、Flash 动画、图像、视频等多种元素来使教学内容更加生动形象，可以同时使用屏幕录制软件、摄录机等进行实录拍摄。在整个过程中，可以将教师作为主画面，也可以使用屏幕录制软件进行录屏，将 PPT 课件作为主画面，根据教学需要切换画面。

4. 高清多机录制型

这种模式需要使用多台专业的高清摄像机和后期编辑制作设备，录制的画面及音频的质量较高，但是这个过程不是由教师个人完成的，需要学校的教育技术中心组成专业团队进行录制。前期全程录制教师真实授课的过程，后期进行编辑。

第四节　微课程的理论基础与教学模式

微课程是一种微化教学内容，以学生为主体，教师为主导，先学后教的教学结构。教师提供教学资源，学生自主选择学习内容，强调对学习内容的即时反馈和学习过程的交互性，在教师的帮助下实现个性化学习。

一、微课程的理论基础

学习理论是研究人类学习过程的心理机制的一门学问，是从心理学角度讨论人们如何进行学习的理论。学习和了解学习理论的目的是思考在新的教学环境下如何改进学习方法，提高教学质量，促进有效学习。目前，具有一定影响力的学习理论有行为主义学习理论、认知主义学习理论及建构主义学习理论等。微课程的理论基础主要是建构主义学习理论。

1. 建构主义学习理论

建构主义学习理论认为学习是学习者主动建构内部心理结构的过程，强调在较真实的情境性学习活动中，在原有的经验和认知结构的基础上，通过主动建构知识的意义来达到个人对新知识的理解。建构主义学习理论强调情境创设，提倡合作学习。

建构主义认为，知识不是通过教师传授得到的，而是学习者在一定的情境（即社会文化背景）下，通过其他人（包括教师和学习伙伴）的帮助，利用必要的学习资料，通过意义建构的方式获得的。

由于学习是在一定的情境（即社会文化背景）下通过其他人的帮助（即通过人际协作）实现的意义建构过程，因此建构主义学习理论认为情境、协作、会话和意义建构是学习环境中的四大要素。

（1）情境

学习情境必须有利于学习者对所学内容的意义建构。这就对教学设计提出了新的要求，也就是说在建构主义学习环境下，教学设计不仅要考虑教学目标分析，还要考虑有利于学习者建构意义的情境的创设问题，并把情境创设看作教学设计最重要的内容之一。

（2）协作

协作发生在学习过程的始终。协作对学习资料的搜集与分析、假设的提出与验证、学习成果的评价直至意义的最终建构均有重要作用。建构主义认为，每个学习者都有自己的经验世界，不同的学习者可以对某种问题形成不同的假设和推论，而学习者可以通过沟通、交流、争辩和讨论，合作完成一定的任务，共同解决问题，从而形成更深刻的理解。同时，学习者可以与教师、学科专家等进行充分的沟通。

（3）会话

会话是协作过程中不可缺少的环节。学习小组成员之间必须通过会话商讨如何完成学习计划。此外，协作学习过程也是会话过程。在此过程中，每个学习者的思维成果（智慧）为整个学习群体所共享，因此会话是达到意义建构的重要手段之一。

（4）意义建构

这是整个学习过程的最终目标。所要建构的意义是指事物的性质、规律以及事物之间的内在联系。在学习过程中帮助学习者建构意义，就是要帮助学习者对当前学习内容所反映的事物的性质、规律以及该事物与其他事物之间的内在联系达到比较深刻的理解。这种理解在大脑中的长期存储形式就是关于当前所学内容的认知结构。

2. 关于学习的方法

建构主义学习理论提倡的学习方法是教师指导下的以学生为中心的学习方法。学生是知识意义的主动建构者；教师是教学过程的组织者、帮助者、指导者和促进者；教材所提供的知识不再是教师唯一讲授的内容，而是学生主动建构意义的对象；媒体也不再是教师传授知识的手段，而是用来创设情境，进行协作学习和会话交流，即作为学生探索的认知工具。学生要成为意义的主动建构者，就要在学习过程中从以下几个方面发挥主体作用。

① 要用探索法、发现法去建构知识的意义。

② 在意义建构的过程中主动搜集并分析有关信息和资料，对所学习的问题提出各种假设并努力加以验证。

③ 要尽量把当前学习内容所反映的事物和自己已经知道的事物相联系，并对这种联系加以认真思考。

教师要成为学生建构意义的帮助者，就要在教学过程中从以下几个方面发挥指导作用。

① 激发学生的学习兴趣，帮助学生形成学习动机。

② 通过创设符合教学内容要求的情境和提供反映新旧知识之间的联系的线索，帮助学生建构当前所学知识的意义。

③ 为了使意义建构更有效，教师应在可能的条件下组织协作学习（开展讨论与交流），并对协作学习过程进行引导，使之朝有利于意义建构的方向发展。

二、微课程的教学模式

教学模式是指在一定的教育思想、教学理论和学习理论的指导下，在某种环境中展开的教学活动进程的稳定结构形式。教学活动进程的简称就是通常所说的教学过程。传统教学过程通常包含教师、学生和教材这三个要素，而在现代化教学中，除了上述的三个要素以外，还需要使用多种教学媒体，所以又增加了媒体这个要素。这四个要素在教学过程中相互联系、相互作用，形成一个有机的整体。由教学过程的四个要素所形成的稳定的结构形式就是教学模式。

微课程的理论基础主要是建构主义学习理论，着重探讨学生高阶思维能力的发展，而非侧重于学生对于知识的机械掌握。微课程的设计开发主要包括以下六种不同的教学模式。

1. 基于翻转课堂的教学模式

翻转课堂的核心思想是将传统教学活动中的知识传授和知识内化这两个环节颠倒过来。在翻转课堂式教学模式下，知识传授是指教师将所要学习的知识点制作成微课，学生通过网络在课前完成学习，也就是学生在课下自主完成知识的获取，教师在课上不再讲授这些知识。知识内化则是指在课上讨论、总结学生不能自行解决的问题，还包括教师引导、启发、评价等过程。

2. 基于问题学习的教学模式

基于问题的教学模式是指以问题为基础、以学生为中心进行教学。在这种教学模式下，学生在学习过程中大胆质疑，积极提出问题，然后进行查询，一直持续到发现正确的方法为止。学生在解决复杂问题的过程中获得知识。

3. 基于案例学习的教学模式

这种教学模式是一种以学生为中心、理论与实践相结合的互动式教学模式。教师在教学过程中以真实的社会生活情境或事件为载体，使学生通过典型案例认识某一事物的本质特征，为学生提供广阔的思维空间和与实战极其相近的实习氛围，培养学生独立思考、分析和解决问题的能力。

4. 基于情境学习的教学模式

这种教学模式要求建立在有感染力的真实事件或真实问题的基础上，所以也称为情境式教学模式。情境式教学模式是指教师以案例或情境为载体引导学生进行探究性学习，并试图通过真实实践中的活动和社会性互动促进学生学习。创设问题情境和制造悬念时以教师的活动为主，其他几个环节都可以由教师和学生共同参与。情境式教学是一种课堂交流活动型教学模式。

5. 基于讨论学习的教学模式

这种学习模式是指在教师的指导下，学生围绕某一主题或中心内容积极主动地发表观点、互相争论，从而掌握教学内容。讨论式学习模式可以激发学生的学习热情，培养创造性思维，增强学生之间的协作和交流，同时也能提升学生的思考能力、阅读能力和表达能力。

6. 基于个别化学习的教学模式

个别化教学是在课堂教学中为照顾学生的个体差异而采取的一种教学模式。确立学生的主体地位是个性化教育的前提。承认学生的主体性，在教学过程中就必须把学生当作活动的主体，并让其充分发挥主观能动性。在实际教学中，个别化教学的主要形式是分层教学。

分层教学包含三个方面的内容：一是分层要求，即把原来统一的教学内容变为不同层次的教学内容；二是分层练习，即把原来固定的班级统一练习变为多层练习；三是分层评价，即把原来统一的评价变为有梯度的多层评价。

第八章 微课的教学设计与结构规划

教学设计是 20 世纪 60 年代以来逐渐形成和发展起来的一门具有实践性的教育应用学科，它以现代教育理念为指导思想，运用系统论的观点和方法，分析教学中的问题和需求，从而找出最佳解决方案。在微课教学中，还需要对传统的文字教材进行规划设计，形成以相关知识点为主的内容结构。微课的教学设计需要以心理学、教育学以及其他相关学科的知识为指导。只有掌握了这些基础的理论与技术，才能更有效地组织微课教学。

第一节 教学设计的方法

教学设计是指根据课程教学内容标准的要求和教学对象的特点，对教学过程中的诸要素进行有序安排，制定合适的教学方案。教学设计的目的并不是如何使教师教得更好，而是如何使学生学得更好，也就是要提高学生的学习效率。

一、教学设计的内涵

1. 教学设计的目的

传统的教学方法过分依赖教师的经验、主观意识和特有素质，因而在某种程度上教师的讲授方法只是一种教学艺术，而能掌握这种艺术的教师毕竟有限。

教学设计综合了教学系统的各个要素，采用系统方法的设计过程并加以模式化，提供了一种实施教学系统方法的、具有可操作性的程序与技术。教师的教学实践能力的提高不再完全靠经验积累和老教师的传帮带，而可以通过教学培训来达到。

教学设计的最终目的是优化教学效果，具体来说就是提高教学效率和教学质量，使学生在单位时间内能够学到更多的知识，提高学生各方面的能力，使学生获得良好的发展。

2. 教学设计的研究对象

教学设计的研究对象是教学系统。教学系统中的各个要素，如课程计划、单元教学计划、课堂教学的过程和各种教学媒体等都可以看成教学设计的研究对象。可以说，整个教与学活动都是教学设计的研究对象。

3. 教学设计的研究方法

教学设计的研究方法是系统科学方法。系统科学方法是运用系统方法论的观点研究、处理各种复杂的系统问题而形成的方法。具体地说，教学设计是指将系统科学方法应用到教学实践之中而形成指导教学实践的一般方法。

在学习教学设计时，可以分为两个不同的层次：一是掌握教学设计的理论，了解教学系统的方法，改进教学观念；二是掌握教学设计的实际技能。这就要求我们一方面学习理论知识，另一方面进行一定的动手实践。

4. 教学设计的应用范围

教学设计又称为教学系统设计。教学设计的最终结果是经过验证的能够实现预期功能的各个层次的教学方案。它可以是一门课程的教学大纲，也可以是一个教学单元或一节课的教学计划（或教案），还可以是直接用于教学过程并能完成一定教学目标的教学资源（如文字教材、音像教材、多媒体课件、学习指导手册和微课等）。我们可以将这些看成不同层次的教学系统。

二、教学设计的概念

1. 教学的概念

教学是一种通过信息传播促进学生实现预期的特定学习目标的活动。教学作为一种交往过程具有一定的特征。首先，教学是教和学的统一。教主要是教师的行为，是一种外化过程；学主要是学生的行为，是一种内化过程。也正是由于这种差异，教师和学生的交往才有价值。要使学生能够尽快掌握知识和技能，就必须对学习活动进行精心的设计与安排，提供有利的学习条件。我们称这种有组织、有计划的教与学活动为教学。

2. 设计的概念

教学过程是教师行为、教学内容与学生行为相互作用的过程。正是由于教学过程的这个特点，才需要教师对教学过程的具体步骤和活动进行设计。所谓设计是指在解决某些问题、开发某些事物和实施某种方案之前进行系统化的计划的过程。

3. 教学设计的含义

教学设计是教育技术的核心内容，也是教育技术领域中较为重要的一个分支，它综合了多种学术理论，运用系统的分析方法解决教学中的问题，实现教学优化。

教学系统是一个由教师、学生、教学媒体和教学内容组成的动态系统。虽然教学系统较为复杂，但是我们可以通过系统、科学的分析找出规律和模式，也能够科学地进行教学设计。教学设计主要体现在以下几个方面。

① 对教与学的双边活动进行设计。教学设计主要研究教和学的基本规律，实现教学效果的最大化。

② 把学生的具体情况作为教学设计的出发点。传统教学一般以学生的平均水平作为假想的教学对象，忽视了学生的个体差异。现实中的学生在各个方面都具有自身的特点，学生的个体差异是明显存在的。

③ 教学设计是一个解决问题的过程，以帮助学生的学习为目的，把学生在学习中遇到的问题作为出发点。教学设计是寻找教学问题、研究解决问题的办法、最终解决教学问题的过程。

④ 重视评价整个设计过程及教学效果。在教学设计的每一个环节，都要不断地收集反馈信息，并根据这些信息对设计过程进行评价及必要的修改。

⑤ 使学生都处在教学设计的优势之中。在教学设计的过程中，应使每一个学生都能取得

满意的学习效果。

教学设计综合了教学过程中诸如教学目标、教学内容、教学对象、教学策略、教学媒体以及教学评价等基本要素，用系统的方法分析和研究教学需要，设计解决教学问题的方法和步骤，并对教学效果做出价值判断。

三、教学设计的任务

在进行教学设计时，通常会考虑以下几个问题。

① 为谁而教：分析教学对象。

② 为什么教：分析教学要达到的目标。

③ 教什么：分析教学内容。

④ 如何来教：采用什么样的方法、策略，选择什么样的媒体。

⑤ 教得如何：评价学生的学习效果。

这几个部分构成了一个有机的整体（见图 8-1），是教学设计要考虑的主要内容，也是教学设计的具体研究对象。

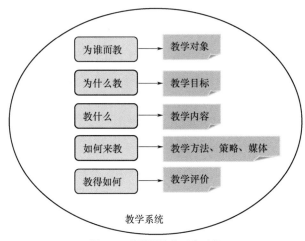

图 8-1 教学设计的研究对象

教学设计通常需要完成以下任务。

（1）确定教学目标

制定教学目标是教学设计的第一步，教学目标是教师完成教学任务所要达到的要求或标准，同时也起到指导教学实践的作用。在开始教学之前，教师往往需要考虑在教学之后学生应该掌握的内容，进一步确定学生应获得哪些知识或能力，教师本人是否完成了教学任务，学生是否完成了预期的学习任务，这样的学习任务是否适合学生，如何根据当前的教学效果制定下一步的教学目标。

（2）分析教学任务

教学目标只规定了一定的教学活动完成之后学生应获得的终点能力及其类型，而没有具体说明这些能力或行为倾向获得或形成的过程与条件。要使教学目标真正起到指导教学的作用，教师需要确定教学目标中包含的学习类型，分析完成目标任务所需要的步骤。同时，还要对教学目标中规定的需要学生获得的能力或倾向的构成及其层次关系进行分析，包括将目标技能分解成一系列子技能，确定子技能的性质及其之间的层次关系等。通过这种分析，可以确定完成这一目标所需的能力或子能力，以及这些能力或子能力之间的关系。

（3）确定起点能力

除了确定目标能力中的技能和完成目标任务的步骤外，教师还需明确在教学之前学生必须具备哪些知识或技能，还应明确对本次教学活动将有重要影响的学生的另外一些学习特征。

（4）确定行为目标

在完成教学任务分析和确定起点能力后，教师还要详细描述在教学任务完成之后学生应该能做什么或有怎样的表现。行为目标的描述内容包括学生将要学习的行为、行为发生的条件以及完成任务的标准。

（5）选择和设计教学策略

教学策略是指为完成特定的教学目标而采用的具体教学方法和方式。教师要考虑如何形成教学策略，如教学前或教学后的活动安排、内容的呈现、练习、反馈和测试等。

（6）选择教学媒体

在确定采用何种教学策略后，教师需要考虑采用哪些教学媒体开展教学活动。媒体与学生之间的相互作用，是教学设计中的一个要素。对于媒体的呈现形式，过去人们注意了视听心理规律的应用，使声画设计符合视听规律。在当今的教学设计中，通过更深层次的研究（即信息形态、信息传递技术和学生的相互作用），可将媒体的内容设计与学生内在的信息加工方式更好地结合起来，以提升媒体设计和使用的层次。

（7）进行教学评价

教学评价是对教学效果的好坏进行判断，是教学工作中不可缺少的基本环节。教学评价的形式可以是形成性评价，评价结果可为教师提供改进教学的信息。

（8）修改教学过程

在完成评价之后，教师通过各种测验，系统地收集数据并对数据进行客观、科学的分析，确定学生遇到的问题以及这些问题产生的原因，修改教学过程中的相关步骤，使教学效果得到进一步提高。

四、教学设计的基本要素

在教学设计中，分析教学对象、制定教学目标、选择教学方法和开展教学评价是最基本的四个要素。

（1）分析教学对象

了解教学对象的特征，即教学对象的初始能力和教学起点以及教学对象的一般特征和学习风格，为教学设计的一切活动提供依据。

（2）制定教学目标

在分析教学对象的基础上，对教学目标进行设计，即用可观察、可测定的术语精确描述学生需要掌握哪些知识和技能、形成怎样的态度和认识等。这是教学设计的一项基本要求，因为明确具体的教学目标有利于教学策略和教学媒体的选择，同时也为教学评价提供依据。

（3）选择教学方法

教学方法的选择包括教与学的形式、媒体、活动等方面的选择与设计。教学策略是实现教学目标的重要手段，是教学设计研究的重点。教学策略的设计主要包括：采用何种有效的教与学的形式，安排什么样的教师教的活动和学生学的活动，设计何种教的方法和学的方法，进行什么样的教学媒体设计及怎样进行设计，怎样利用现有的教学资源，设计什么样的教学环节和步骤，等等。

（4）开展教学评价

了解教学目标是否达到要求，是对教学效果的判断，同时也是修正教学系统设计的实际依据。

教学评价也是对教学设计的方案能否产生理想的教学效果、教学目标是否具体明确、教学策略是否合理、教学媒体是否有效等一些问题的回答。

上述四个基本要素相互联系、相互制约。完整的教学设计过程是在这四个基本要素的构架上建立起来的，并运用系统方法加以模式化。

五、以学生为中心的教学设计的内涵

随着建构主义学习理论的不断完善，人们对学习的本质提出了与行为主义学习理论全然不同的观点，加之信息化社会对未来的公民有更高的要求，开展素质教育培养学生的能力已成为普遍认同的公理，以教为主的教学设计已经不能满足教学需要，以学为主的教学设计成为实现新型教学模式的有效方法。

以学生为中心的教学设计与一般的教学设计相比有哪些特征呢？是否为了学生的学而进行的教学设计就是以学生为中心的教学设计呢？要想解释清楚这两个问题，首先要了解以学生为中心的含义。

以学生为中心的观念源于美国儿童心理学家和教育家杜威的以儿童为中心的观念。杜威极力反对在教学中采用以教师为中心的做法，反对在课堂教学中采用填鸭式、灌输式的教学方法，主张解放儿童的思维，提倡在"做中学"。以儿童为中心的思想进一步运用于中学和大学教育就成为今天所提倡的以学生为中心的思想了。

以教师为中心的教学最明显的特征就是忽视了学生的主体作用，通常采用面向集体的、满堂灌的讲授式教学方式。以学生为中心的教学既重视和体现学生的主体作用，同时又不忽视教师的指导作用，通常采用协作式教学、个别化教学以及小组讨论等形式，或将多种教学形式组合起来进行教学。除这些之外，判断一种教学方式是不是以学生为中心的另外一个明显特征是"谁是学生学习活动的控制者和管理者"。如果在教学活动中学生自己控制和管理学习活动，这种教学方式便是以学生为中心，反之则是以教师为中心。

在教学设计过程中，如果设计者在教学目标和教学策略的设计中充分重视和体现了学生的主体地位，那么这种教学设计便是以学生为中心的教学设计。

以学生为中心（建构主义）的教学设计需遵循的原则如下。

① 强调以学生为主体。要在学习过程中充分发挥学生的主动性，要体现学生的创新精神，要让学生有机会在不同的情况下运用他们所学的知识，要让学生能够根据自身行动的反馈信息来完成对客观事实的认识，形成解决实际问题的方案。

② 强调情境对意义建构的作用。通过同化与顺应达到对新知识的意义建构，使学生能够利用自己认知结构中的有关经验去同化当前正在学习的新知识，从而赋予新知识以某种意义。如果原有经验不能同化新知识，则要启动顺应过程，即对原来的认知结构进行改造和重组。

③ 强调协作学习对意义建构的作用。学生与周围环境的交互作用，对他们理解学习内容起着关键作用。学生在教师的组织和引导下进行讨论和交流，共同建立起学习群体并成为其中的一员。教师与学生之间、学生与学生之间通过互相激励、互相帮助，共同完成学习任务。

④ 强调对学习环境（而不是教学环境）的设计。学习环境是学生可以在其中进行自由探索和自由学习的场所。在此环境中，学生可以利用各种工具和信息资源来达到自己的学习目标。在这一过程中，学生能够得到教师的帮助和支持，学生之间也可以相互协作与支持。

⑤ 强调利用各种信息资源来支持"学"而非支持"教"。为了支持学生主动探索和完成意义建构，在学习过程中要为学生提供各种信息资源。

第二节　微课的整体教学设计

微课的整体教学设计过程可分为教学分析、教学设计、教学开发和教学评价四个阶段。

一、教学分析

在正式讲授微课之前，首先要认真分析将要面对的教学对象，考虑他们原来的知识和学习态度可能对教学产生的影响。在教学之前或教学过程中，要对教学对象的一般特征、学习准备等进行综合评价，以为后续各教学环节的设计和教学过程的开展提供依据。

分析教学对象的特征是教学设计起始阶段的重要任务（为谁而教的问题），了解学生的起始能力、目标技能、学习态度等有关信息对后续的教学设计环节以及教学的顺利开展具有重要的意义，有助于教师确定教学起点，制定合理的教学目标，安排适当的教学任务，提高教学效率，改善教学效果。

1. 分析教学对象的一般特征

教学对象的一般特征（智力发展和情感发展特征）是指不同年龄段的学习者所表现出来的与该年龄段相符的共同特征。在面对教学对象时，要充分考虑到这些一般特征，设计恰当的教学目标和教学内容，采用符合教学对象的年龄特征的教学方法。

2. 学习准备分析

学习准备指的是学习者在学习之前的起始能力、目标能力以及学习态度等现实情况。不同的学习者具有不同的学习态度、起始能力、知识基础和个性特征，这些会直接或间接地影响学习者的学习效果。

（1）起始能力分析

起始能力分析是指学生在接受新的学习任务之前，教师对学生原有的知识和技能、学习新知识必须具备的基础等进行分析。教师在评估学生的起始能力时还需要凭借对教学目标和教学内容的分析，预测学生的知识基础和预备能力。

（2）目标技能分析

目标技能分析是指了解学生对将要学习的内容已经知道了多少。对目标技能的预测有助于教师在确定教学内容时做到详略得当。

（3）学习态度分析

学生对待学习内容的态度通常也会对教学效果产生重要的影响。当学生对学习持积极主动的态度时，将迸发出强烈的求知欲和浓厚的学习兴趣，感知敏锐，观察细致，思维活跃，记忆效率高。

3. 确定教学目标

根据教学对象的一般特征和学习准备分析的结果，选择适合用微课呈现的学习内容，并针对不同的内容来确定合适的教学目标（为什么教的问题）。

在众多的教学目标分类理论中，最具代表性的理论是布卢姆的教学目标分类体系和加涅的学习结果分类目标系统。二人分别从教和学两方面提出了层级递进的教学目标（或学习结果）分类标准，如图 8-2 所示。

布卢姆教学目标	加涅学习结果
认知领域：知道、理解、应用、分析、综合、评价（↓）	言语信息 智力技能：辨别、概念、规则、高级规则（↓） 认知策略
情感领域	**态度**
动作技能领域	**动作技能**

图 8-2 布卢姆和加涅关于教学目标（或学习结果）分类标准的对比

（1）认知领域的教学目标

认知领域是学科教学中最重要的部分，它涉及知识的获得、分析、应用以及智力技能的提高等。布卢姆将认知领域的目标分为知道、理解、应用、分析、综合和评价 6 级，我们在设计教学目标时可根据具体内容的不同采用不同的术语。

认知目标分类的意义在于为教师确定教学目标、评价教学质量提供依据。我们在设计教学目标和进行教学评价时，不能只停留在传授或要求“知道”的水平上，应重视培养学生的智力技能。而对于学生智力技能的培养，不能只局限于理解水平，还应重视创新能力与判断能力的培养。

（2）情感领域的教学目标

情感是对外界刺激予以肯定或否定的心理反应，如喜欢、厌恶等。情感教学目标是教学的重要目标之一，根据价值内化的程度分为接受、思考、兴趣、热爱和品格形成五级。

（3）动作技能领域的教学目标

动作技能涉及骨骼和肌肉的运用、发展和协调，在实验课、体育课等科目中常常是主要的教学目标。常用的分类方法是辛普森的七级分类法，即感知、准备、有指导的反应、机械动作、复杂的外显反应、适应和创新。

4. **教学内容分析**

通过上面的叙述，我们已经知道教学对象的特征和需求，也知道为什么要教（即明确了教学的目标），接下来要确定具体教什么，也就是要分析教学内容，找出它们之间的内在联系。除此之外，还需要认真筛选、组织和评价所要讲授的内容。你要怎么教呢？对于同样的知识，采用不同的教学方法和策略会导致不同的教学效果，这是在教学前或教学过程中需要认真考虑的问题。

教学内容是指为了实现教学目标，要求学生系统学习的知识、技能和行为规范的总和。对教学内容的分析应该以教学目标为基础，旨在确定教学内容的范围、深度和各部分之间的联系。教学内容的范围是指学生必须达到的知识和能力的广度，深度规定了学生必须达到的知识的深浅程度和能力的质量水平，明确了各部分内容之间的联系。因此，教学内容分析就是要确定"教什么"。

对教学内容进行评价和分析，不仅可以避免在次要的内容上花费过多的时间和精力，而且可以确保教学内容与教学目标及后续的教学评价一致，以保证教学的效果和效率。我们可以从以下几个方面进行评价，进一步选择、组织教学内容。

① 所选的教学内容是不是实现微课目标所必需的，哪些与目标无关而应该被删除，我们还应该增加哪些。

② 各单元的排列顺序与本学科逻辑结构的关系如何，是否符合学生心理发展的需要。

③ 各单元的排列顺序是否符合实际情况，是否需要调整顺序。

④ 学生已经掌握了哪些内容，教学应从哪里开始。

教学内容分析常常采用归类分析法、图解分析法、层级分析法等。归类分析法可以鉴别为实现教学目标所需要学习的所有知识点，一般可用来对类别明晰的教学内容进行分析。图解分析法是一种用直观形式揭示教学内容的各个要素及其相互关系的内容分析法，其结果是一套简明扼要、提纲挈领、从内容和逻辑上高度概括教学内容的图表或符号。层级分析法是用来解释教学目标所要求掌握的从属技能的一种内容分析法。具体哪种方法适合，还需要根据教学内容而定。

二、教学设计

教学设计阶段包括制定教学策略和安排教学程序。明确了教什么以后，下面将具体确定教学内容适合采用什么样的教学方法（如何教的问题）。有经验的教师都知道，教学效果的好坏在很大程度上依赖所采用的教学方法和策略是否合适。这里的"合适"指的是教学方法和策略适合教师的特点、学生的特点以及教学内容和教学目标的要求。

教学方法是指为了实现教学目标，在教学原则的指导下，借助教学手段（工具、媒体、设备）而进行的师生相互作用的活动。教学方法具有一定的客观性和主观性。客观性指的是不同的教学方法具有各自的优势，例如发现教学法比讲授法更能突出学生的主体地位，调动学生学习的积极性。教学方法的主观性是指，即便是同一种教学方法，不同的教师运用时也会有很大的差别。因此，无论是哪种教学方法，我们在运用时都要把学生置于主体地位，充分调动学生的积极性和主动性，一切教学活动都要围绕学生的需要来开展。

教学策略是实现教学目标的重要手段，是教学设计研究的重点。教学策略的设计主要包括：采用何种有效的教与学的形式，设计何种教的方法和学的方法，进行什么样的教学媒体设计，怎样设计或使用现有的教学资源。

安排教学程序是指根据教学目标对整个教学过程进行合理的组织安排，也就是说在有限的时间内教师先讲什么，后讲什么，如何结尾。这些是教学程序主要解决的问题。编排好的教学内容要具有一定的系统性和层次性，从而有助于学生对知识由浅入深的理解。

三、教学开发

教学开发阶段是微课制作的核心阶段，主要涉及教学文字稿本和制作稿本的编写、PPT课件的制作以及微课的制作等，具体内容请详见第九章。

四、教学评价

通过前面的讲述，我们已经知道了教谁、为什么教、教什么和如何教四个大问题，接下来还有一个极其重要的问题需要考虑：做了这么多精心的准备，其目的都是取得好的教学效果，那么我们用什么方法有效地评价教学效果呢？实际上，教学评价不只是在教学后才进行，我们在设计教学活动的过程中就要进行全面的考虑。所以，在教学开始前、教学过程中以及教学结束后都要进行教学评价（教得如何的问题）。

评价是指按照一定的标准对事物的价值做出判断。教学评价是指以教学目标为依据，制定科学的标准，运用一切技术手段，对教学过程及其结果进行测定，并做出价值判断。教学评价贯穿在整个教学设计过程中，如对教学目标的评价、对教学内容的评价、对教学方法的评价、对教学效果的评价等。评价是教学过程中的内部动力，是保证各环节的教学质量和最终教学效果的重要措施。

教学评价可分为诊断性评价、形成性评价和总结性评价。诊断性评价也称为教学前评价或前置评价，一般在教学之前或教学初期进行，相当于对学生的知识、技能、智力和情感等的"摸底"，如学习者分析中对学习准备的测评就属于诊断性评价。形成性评价是在某项教学活动开展的过程中为保证教学活动的效果更好而不断进行的评价，以便及时得到反馈，调整和改进下一阶段的教学。形成性评价又称为过程性评价，重视过程性评价有助于不断收集有用的数据和资料，以完善教学方案和教学过程。总结性评价又称事后评价，一般是在教学活动告一段落时对教学效果的最终评价。

第三节　微课的结构规划与设计

微课的核心部分是教学视频，它的设计制作对微课的教学效果起着决定作用。微课的屏幕呈现形式从一开始就决定了微课的教学效果。微课设计存在"重制作轻应用""重技术轻设计"等问题，导致微课的教学质量不高，应用效果不明显。究其根源，教师缺乏微课教学设计的方法与策略。如何根据不同的教学方式和内容选择屏幕呈现形式，以取得满意的教学效果呢？

一、微课的体系结构

在设计和制作微课的过程中，首先要了解一套微课由哪些部分组成。

通常微课体系有 3 级结构，即课程、章节和知识点，如图 8-3 所示。其中，知识点是微课体系的最小组成单位。

微课定义的知识点与传统教材的知识点有所不同。在学校教学中，一个知识点往往就是指一个新概念、一个新知识。在微课中，因为一个新概念、一个新知识会涉及预习、讲解、复习、巩固等多个学习环节，所以一个新概念、新知识就可能由多个知识点来共同构成。学习

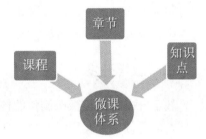

图 8-3　微课体系结构示意图

者通过对许多个不同形式的知识点的学习，就可以获得完整的学习体验。

微课中的一个知识点也可以称为一个形式上比较完整的学习环节，它们有不同的类型和不同的展现形式。知识点的展现形式通常包括调查问卷、视频拍摄内容和测验题等，其中测验题可由单选题、多选题、判断题和填空题组成。

二、微课的结构规划

结构规划就是对一门微课的课程简介部分和章（节）这一级的规划，好比预先为一本书撰写前言和目录。在这个规划过程中，将确定一门课程涵盖多少内容以及大概的体系结构。为了制作上的方便，可以设计一个 Excel 模板表格，将不同项目和层次的内容填写在表格中。

这个表格包含微课目标及描述、授课教师、课程大纲、知识点、调查方式和测验题六个功能描述项。微课结构规划只是对表格中的前三项进行填写，后三项在后续的微课内容规划中进行填写。

微课目标及描述工作栏中有微课名称、微课目标和微课描述三个子功能描述项。授课教师工作栏中有姓名、性别、职称、专业和简介五个子功能描述项。微课大纲工作栏中有对微课章（节）一级的介绍，有四个子功能描述项，即序号、章（节）、教学目标和时长。时长这一子项是指介绍该章（节）所包含的知识点所需的时间。

章这一级的内容应该适度，一章中不宜包含过多的内容，以免影响学习者的学习。在这个表格里，为了使章有更细的划分，可增加节这一层级，目的是在微课的结构规划阶段，方便对微课的结构作进一步归纳。在使用原有的教材进行微课内容规划时，需要对一章的内容进行拆分。通常而言，一章中包含的知识点不宜超过 10 个。

完成微课结构规划后，还需要新建一个以微课名称命名的文件夹，在其内按章（节）的次序建立若干子文件夹，并以章（节）序号加章（节）名称的格式命名。

三、微课的内容规划

该环节是对每一章（节）中包含的具体知识点进行规划。由于微课中的知识点与传统教学中的知识点不同，因此在微课中不但要安排讲解新知识的环节，还要安排预习、复习等环节。

打开微课结构规划中所用的 Excel 模板表格，在知识点这一工作栏中设置体现形式、视频字幕、课程资料和时长四个子功能描述项。

在体现形式这一子项中，需要考虑每一个知识点以什么方式展现，通常有视频拍摄内容、调查问卷和测验题三种形式。视频拍摄内容适用于新知识的讲解，调查问卷适用于课前预习，测验题适用于知识的复习巩固。其中，测验题可以有单选题、多选题、判断题、填空题等几种形式。知识点的体现形式不是固定的，视频拍摄内容也可以用来进行预习和复习，可以根据需要来确定。

视频字幕一项是针对以视频形式展现的知识点而设定的。在制作好的视频中，选取比较关键的、起到承上启下作用的讲解词若干条，为每条附上在视频中出现的时间。

如果某个知识点的体现形式为调查问卷，还要在调查方式工作栏中填写相应的信息。调查方式这一项包括调查名称、调查题目、选项类型和选项四个子功能描述项。

如果知识点的体现形式为测验题，则需要在测验题工作栏中填写相应的信息。测验题这一项中有实验名称、实验题目、题目类型、分数、选项和有无答案六个子功能描述项。

在实验名称子项目中需要指明一套测验题的知识点序号，在分数子项目中为一个知识点中所有的题目赋予一个分值。测验的评分值可以是百分制或十分制。

完成了微课的内容规划，即具体知识点的规划后，还需要依照每章（节）中知识点的顺序建立相应的文件夹，并以知识点序号加知识点名称的格式命名，与一个知识点相关的图片、音频、视频等素材应放置到对应的知识点文件夹内。

四、微课的教学结构设计

微课的教学结构设计要体现教学设计的思路，符合学习者的认知特点，有利于引起学习者的兴趣与注意，有助于学习者理解知识点、掌握技能和培养能力。微课的教学结构设计一般遵循从具象到抽象、从现象到本质、由简单到复杂的思路。微课的教学结构可以分为开始、核心讲授和结尾三部分。

1. 微课的开始部分

微课的开始部分包括片头和导入。片头设计应力求简约，不要过于花哨复杂。片头呈现微课名称、主讲教师的基本信息、联系方式即可，时长控制在 5～10 秒。

　　导入在微课中有着重要作用。由于微课的教学时间短，切入主题要简洁和迅速，总体要求是短小精悍、开门见山，要能在较短的时间内引起学习者的注意，激发学习兴趣，交代课程主题，明确学习任务。可以通过设置一个题目或问题引入主题，可以从以前的内容引入主题，也可以从生活现象、实际问题引入主题，还可以通过设置疑问、悬念等引入主题。

　　新颖别致的开篇方式能极大地激发学习者的学习兴趣。这正如美国导演阿伦·A.阿莫尔所说："成功的教师懂得知识的药片经常需要用糖衣去刺激或保持学生的兴趣……糖衣就是指奇观、幽默、惊奇、矛盾、好奇心或戏剧化的个人参与等。"教师需要认真设计微课开始部分的形式，尽量做到新颖别致。比如，时长为12分钟的微课"遮罩特效应用"的开始部分设计了如下情景剧：一名学生上课时看到教室中有3个同样的老师（见图8-4），于是他很诧异地询问老师原因，进而带出了课程要讲授的利用遮罩特效制作同一人物分身效果的知识点。这段时长为40秒的微课开头部分短小精悍、形式新颖、生动有趣，在很短的时间内就激发起了学习者的学习兴趣。

图8-4　采用情景剧式的微课开头设计激发学习者的学习兴趣

2. 微课的核心讲授部分

　　微课讲授的教学内容为某一个完整的知识点，主体部分是微课中时间最长的内容，承担着重要的教学功能。这部分的结构设计要求材料充实、层次清晰、段落分明、衔接流畅、视听手段多样。主体部分的内容应由浅入深，启发学习者的思维。微课中教师一般面对摄像机授课，缺少课堂教学的现场氛围。为了增强微课中的师生互动，建议在微课中采用任务驱动的启发式教学方法，以设问、解答等方式，与镜头外的学习者展开人性化的虚拟教学互动，激发学习者的学习兴趣。

　　在微课讲授中，应注意以下几点。

　　第一，讲授主线要清晰。要尽可能地沿着一条线索展开，在这条线索上突出重点内容，着重进行主干知识的讲解与剖析。在课堂教学中，不同类型的知识的传授过程是有区别的，有的适合讲授，有的适合启发提问，有的适合展开讨论，我们应力争在有限的时间内完成所规定的教学任务。

　　第二，讲授语言要有力度。在微课讲授中，学生的某些活动被省略之后，教师的讲解水平更受关注。教师的语言要求生动、富有感染力，更应做到准确、逻辑性强、简单明了。由于时间短、节奏快，要求教师在备课的过程中用正常的语速在规定的时间内讲完教学内容。根据正常语速，一般人一分钟可以说200~250个字（播音员为350个字），10分钟讲稿的文字应控制在2500字左右为宜。

　　第三，课堂板书要简约。在微课授课中，板书可与PPT课件共同使用，真正起到承上启下和画龙点睛的作用。

3. 微课的结尾部分

微课的结尾部分主要对微课的主体内容进行概括总结，强化知识点，并可提出有启发性的问题，与开始部分呼应，使学习者做深入的探究性思考。在注重总结内容的同时，更应注重学科方法的总结。对于系列微课，教师还可以在结尾部分为下一节微课内容做前期的铺垫，使得各节微课形成有机的整体。

微课开头、主体和结尾的设计应当浑然一体、相互呼应、过渡巧妙、不可分割。开头部分要在很短的时间内引发学习者的兴趣，并且开宗明义；主体部分要丰富饱满；结尾部分概括有力，通过总结提高引人深思。

第四节　微课教学设计案例

信息技术的发展和微课程的不断应用，拓展了人们的学习渠道，调动了学习的积极性。本节以微课"《消费者权益保护法》的立法目的"为例，详细介绍微课的教学设计过程，包括教学对象分析、学习准备分析、教学目标分析、教学内容分析，以及教学策略制定和教学程序分析等。

一、"《消费者权益保护法》的立法目的"微课教学设计之教学对象分析和学习准备分析

1. 教学对象分析（教谁）

该微课的授课对象是法学专业二年级本科生。他们的思维能力正由抽象思维向辩证思维发展，目的性、系统性进一步增强，注意力更加稳定。通过专业知识的学习，他们掌握了较多的抽象概念、原理、定理、定律和公式。这种思维能够较好地抓住事物的本质和关键，使问题得到正确的解决。在情感发展特征方面，他们具有明确的价值观念和一定的社会实践经验，不满足于现状，不迷信权威，有强烈的好奇心，社会参与意识很强。但是，他们的知识有一定的局限性，实践经验不够丰富，易受心理因素的制约和影响，因此他们在观察、分析事物时容易表现出主观片面性。

在进行教学设计时，应充分利用这些特点，按照以学生的发展为本的教学思想，发挥多媒体的优势，通过师生自导自演的消费维权情景剧剧情的推进和角色扮演帮助学生不断创设学习情境，让他们充分参与教学，提高其学习的自觉性和主动性，加强其综合能力的培养。

2. 学习准备分析（教谁）

（1）学习者起始能力分析

法学专业二年级本科生已经系统地学习了法理学、民法学、刑法学等专业基础课程，具备初步的法学理论功底和一定的分析理解能力，尤其是逻辑分析判断能力、语言运用表达能力、团队沟通协作能力等。

（2）学习者目标技能分析

"《消费者权益保护法》的立法目的"微课是经济法课程中消费者权益保护法部分的开篇章节，在学习本课程之前学生已经学习了经济法课程中的经济法基础理论和竞争法等内容，

对于整个经济法已经形成初步的理解和认识。在《中华人民共和国消费者权益保护法》（简称《消费者权益保护法》）的立法目的具体学习过程中，学生需要在教师的引导下不断将《消费者权益保护法》的立法目的、理念与已经学习过的《中华人民共和国民法典》（简称《民法典》）的立法目的、理念相对比，在此基础上自主建构新的知识。《民法典》作为先修课程，学生在前面已经学习完毕，普遍具备《民法典》知识技能储备和运用《民法典》解决实际问题的能力，对于学习目标技能的完成没有太大的困难。

（3）学习者学习态度分析

《消费者权益保护法》的教学内容贴近生活。每个人都有消费经历，另外媒体对于消费者权益保护的相关知识和案例的介绍较为直观全面。在学习过程中，学生运用已经掌握的知识和技能，参与教学环节，讨论和解决问题的意愿较为强烈。

二、"《消费者权益保护法》的立法目的"微课教学设计之教学目标分析

根据对学生起点水平的分析，制定了认知-情感-能力三级教学目标（为什么教）。

1. 认知目标分析

① 理解《消费者权益保护法》的立法目的。（领会）

② 掌握消费者与经营者的关系。（应用）

③ 掌握《民法典》与《消费者权益保护法》对于消费者权益保护的差异性。（应用）

④ 获得与《消费者权益保护法》的立法目的相关的基础知识和基本技能。（分析）

2. 情感目标分析

结合情景剧剧情的推进，通过热点分析、讨论等教学环节的开展，使学生形成对《消费者权益保护法》的立法目的的初步认识，激发学生的学习兴趣。

① 在教师的引导下，通过对知识有目的、有意义的建构，产生学习兴趣和成就感。（接受或注意）

② 积极主动地思考教师提出的问题，寻找答案。（反应、兴趣）

③ 通过协作学习、会话交流寻找问题的答案，获得成就感。（兴趣）

④ 学会以理性、客观的态度运用法学及相关知识分析、领会《消费者权益保护法》的特别保护原则。（兴趣、热爱）

⑤ 培养健全的人格，培养对于公平、正义等普适价值的坚持和信仰。（品格形成）

3. 能力目标分析

① 在应用中进一步领会《消费者权益保护法》的立法目的。（有指导的反应、机械动作）

② 分析和判断如何应用《消费者权益保护法》的第五十五条第一款维护权益。（复杂反应、适应）

③ 结合具体案例，熟练运用《消费者权益保护法》解决实际问题。（创新）

三、"《消费者权益保护法》的立法目的"微课教学设计之教学内容分析

根据制定的教学目标，对教学内容进行分析（教什么）。该微课长达 16 分钟，由一个

情景剧贯穿始终，通过两次角色扮演进行情境创设，基于两部法律的对比构建知识，依托两度互动反馈掌握学习状况；开展 5 轮讨论，促进协作学习与会话交流，安排一个案例实训，推动能力提升。教学过程始终突出以学生为中心的教学理念，教师不再是单纯的知识传导者，而是主要作为学生学习的指导者和辅助者。

四、"《消费者权益保护法》的立法目的"微课教学设计之教学策略制定和教学程序分析

根据对教学内容的分析，制定教学策略和安排教学程序（怎么教）。该微课采用的教学方法主要有提问法、讲授法、演示法、情境法和讨论法。

① 以提问法贯穿始终，就重点问题加以启发。提出问题的方式包括：课上提问，有的问题由学生集体回答，有的问题由学生单独回答，有的问题由学生体会，点到为止，不回答；课下思考，引导学生注意课后以小组形式学习《消费者权益保护法》的相关条文，培养学生的独立思考和自我把握能力。

② 讲授法要求教师的语言有美感，富于感染力，为学生在课堂上创立学习情境，使学生沉浸在剧情氛围之中。

③ 演示法主要指多媒体辅助教学。在该微课的教学中，需要利用多媒体教学课件播放师生自导自演的情景剧，帮助学生创设学习情境，培养学生的独立思考能力，帮助学生将新知识与头脑中的旧知识建立联系。学生能够主动参与教学过程。

④ 情境法是指将教学内容以情景剧的形式展开，结合问题引导学生进行角色扮演，以剧中法学系学生的身份帮助剧中权益受到侵犯的小芳依《民法典》维护权益。

⑤ 讨论法是指在教学过程中，采取师生互动、学生之间的互动等多种方式，通过层层设疑置问引导学生开展协作学习和会话交流。

教学过程分为课程导入、核心讲授和结尾总结三个环节。从前节课的复习开始，通过简短导入引入本节课的学习。在课程一开始，首先介绍教学目标、重点和难点。教师引导学生回忆在前节课上学过的竞争法主要规范的主体（经营者），顺势引出市场经济中与经营者对应的消费者，并导入《消费者权益保护法》立法目的的学习。

在情境教学和核心讲授环节，从教学需要出发，综合运用引导式、情境式、讨论式、案例式、讲授式等多种教学方法，帮助学生基于已有的知识，获取与建构有关《消费者权益保护法》的立法目的的知识。首先，通过制作的多媒体课件播放师生自导自演的情景剧，帮助学生创设学习情境，引导学生思考什么是消费者。然后，结合情景剧剧情的推进，引导学生进行角色扮演，以剧中法学系学生的身份帮助剧中权益受到侵犯的小芳依《民法典》维护权益。在小组协作和会话交流之后，教师引导学生梳理、总结维权思路。此后，围绕剧情在教学过程中层层设疑置问，相继展开"《民法典》如何规范消费者与经营者之间的关系""既然《民法典》可以维护消费者的权益，是否有必要单独制定《消费者权益保护法》""为什么同一案件分别依据《消费者权益保护法》和《民法典》进行处理的结果会有所不同""消费者与经营者的力量是否均衡""《消费者权益保护法》的体例结构是否与法理学中的权利义务对等性

原则存在冲突"等多个讨论环节，引导学生开展协作学习和会话交流。通过多种教学方法的综合运用，将授课模式由"独唱"改为"联唱"。另外，通过师生互动、学生之间的互动等多种方式，借助多种教学媒体给学生更多的表达机会，使教学由教师的"独角戏"向师生共同参与的"多角戏"转变。

在案例实训环节，引导学生扮演法官，以小组形式讨论典型消费维权案例的判决方案，并将学生法官的观点与法院的判决结果进行对照，帮助学生进一步领会《消费者权益保护法》的立法目的，提高对《消费者权益保护法》第五十五条第一款的实际应用能力，进而掌握该条文的实质和价值。

五、"《消费者权益保护法》的立法目的"微课教学设计之教学效果评价

可采用多种方法进行教学效果评价（教得如何）。在讲解内容的过程中，随时对学生进行定量和个别化评价。利用教学互动反馈软件，及时了解学生对知识的兴趣以及掌握程度，结合测试结果，帮助学生梳理主要知识点，有针对性地进行教学调整、改进。

六、"《消费者权益保护法》的立法目的"微课教学设计之教学方案

1. 基本教学方案设计页

"《消费者权益保护法》的立法目的"微课的基本教学方案设计页如表 8-1 所示。

表 8-1　　"《消费者权益保护法》的立法目的"微课的基本教学方案设计页

微课题目		《消费者权益保护法》的立法目的			
微课名称	经济法	课程时长	16 分钟	授课对象	法学专业二年级本科生
教学分析	教学对象分析	① 初始能力：法学专业二年级本科生已经系统地学习了法理学、民法学、刑法学等专业基础课程，具备初步的法学理论功底和一定的分析、理解能力，尤其是逻辑分析判断能力、语言运用表达能力、团队沟通协作能力等。 ② 目标技能：学生已经学习了经济法基础理论和竞争法等内容，对于经济法已经有了初步的理解。 ③ 学习态度：在学习过程中，学生运用已经掌握的知识和技能，参与教学环节，讨论和解决问题的意愿较为强烈			
	教学内容分析	① 主要通过消费维权情景剧剧情的推进和角色扮演帮助学生创设学习情境，最后通过案例实训促进学生对《消费者权益保护法》的立法目的的领会和应用能力的提升。 ② 微课采用图解分析法直观展示内容结构、各部分的知识点以及知识点之间的联系			
教学理念	学生层面	以学生有所收获为目标，以建构主义学习理论为基础，充分发挥学生学习的主动性，进行探究式、研讨式学习			
	教师层面	教师作为指导者和辅助者，主要通过消费维权情景剧剧情的推进和角色扮演帮助学生创设学习情境，并且在教学过程中通过层层设疑置问引导学生开展协作学习和会话交流			
教学目标	知识领域目标	通过本节课的讲授，帮助学生掌握消费者与经营者的关系、《民法典》与《消费者权益保护法》在消费者权益保护方面的差异性，进而理解《消费者权益保护法》的立法目的			
	技能领域目标	结合具体案例，熟练运用消费者权益保护方面的知识，分析和判断如何应用《消费者权益保护法》第五十五条第一款维护权益。在应用中进一步领会《消费者权益保护法》的立法目的			
	情感态度领域目标	结合情景剧剧情的推进，通过热点分析、讨论等教学环节，使学生形成对《消费者权益保护法》的立法目的的初步认识，学会以理性、客观的态度运用法学及相关知识分析消费者特别保护原则			

教学侧重	教学重点	① 消费者与经营者在经济学和法学层面上的关系的界定。 ② 通过对比理解《民法典》与《消费者权益保护法》在消费者权益保护方面的差异性
	教学难点	① 消费者特别保护原则的确立基础。 ② 该原则在《消费者权益保护法》立法和实践中的体现
教学思路	总体思路线索	 本节课以一个情景剧贯穿始终，通过两次角色扮演进行情境创设，基于两部法律的对比构建知识，依托两度互动反馈掌握学习状况，开展五轮讨论促进协作学习与会话交流，通过一个案例实训推动能力提升
	教学过程、方法、模式设计	根据学生认知的发展规律，配合教学内容，从前节课的复习开始，通过简短导入引入本节课的学习。在课程一开始，首先介绍教学目标、重点和难点，使学生在学习过程中有的放矢。在情境教学和核心讲授环节，从教学需要出发，综合运用引导式、情境式、案例式、讲授式等多种教学方法和多媒体教学手段，帮助学生获取与建构有关《消费者权益保护法》的立法目的的知识。在讲授完毕后及时进行小结，并通过互动反馈教学系统及时了解和评价学生的学习效果。最后通过课程作业帮助学生巩固、消化知识
	教学过程、方法、模式设计	
教学媒体辅助手段	PPT 和黑板	自拍情景剧、Flash 动画、相关图片、图示及文字
	互动反馈教学系统	接收器、答题器以及即时编辑统计系统

2. 教学内容页

"《消费者权益保护法》的立法目的"微课的教学内容页如表 8-2 所示。

表 8-2　　　"《消费者权益保护法》的立法目的"微课的教学内容页

教学环节	基本内容	教学手段	时间安排
前节复习	教师引导学生回忆在前一节课上学过的竞争法主要规范的主体（经营者）	讲述、提问、PPT	30 秒
课程导入	顺势引出市场经济中与经营者对应的消费者，并导入《消费者权益保护法》立法目的的学习 	讲述、PPT	30 秒

教学环节	基本内容	教学手段	时间安排
教学安排	介绍本节课的重点和难点，明确教学目标。 学习重点：消费者与经营者的关系的界定。 学习难点：《消费者权益保护法》的立法目的	讲述、PPT	30秒
情境教学	通过播放师生自导自演的情景剧，帮助学生创设学习情境，引导学生思考什么是消费者	讲述、视频	2分钟
核心讲授	一、消费者与经营者的关系的界定 ① 介绍在经济学层面上二者之间是交易关系，交易的对象是商品和劳务；重点分析二者之间存在的巨大利益冲突及其原因 消费者利益 效能最大化 费用最小化 经营者利益 成本最小化 收益最大化	讲述、PPT	1分钟
	② 介绍在法学层面上二者之间是合同关系，并结合《民法典》第四条阐释二者的法律地位平等。	讲述、PPT	30秒
	引导学生思考《民法典》如何规范消费者与经营者之间的关系。结合情景剧剧情的推进，引导学生进行角色扮演，以剧中法学系学生的身份帮助剧中权益受到侵犯的小芳依《民法典》维护权益；在小组协作和会话交流之后，教师引导学生梳理、总结维权思路。 思考讨论：小组讨论为什么依据《民法典》和《消费者权益保护法》处理的结果会有所不同？	视频、讲述、角色扮演、小组讨论、PPT、板书	2分钟
	二、《消费者权益保护法》的立法目的 引导大家思考，既然《民法典》可以维护消费者权益，是否有必要单独制定《消费者权益保护法》？ ① 通过互动反馈教学系统及时掌握学生所思所想。 ② 教师结合情景剧剧情的转换分析依《消费者权益保护法》维权的结果。 ③ 通过列表比较两部法在消费者维权方面的差异，论证制定《消费者权益保护法》的必要性。	互动反馈教学系统、视频、讲述、PPT、板书	2分钟
	（1）消费者的弱势地位 ① 引导学生思考、讨论经营者与消费者的力量关系。 ② 教师通过经营者与消费者力量的对比，列表引导学生总结分析消费者的弱势地位。	讲述、PPT	1分钟
	（2）经营者侵害消费者的权益 ① 结合前面提到的经营者与消费者存在利益冲突，分析经营者侵害消费者权益的原因。 ② 以数据反映经营者侵害消费者权益的现实。	讲述、PPT	1分钟
	（3）消费者特别保护原则 ① 该原则首先体现在《消费者权益保护法》的立法宗旨上。 ② 该原则还体现在《消费者权益保护法》独特的体系结构上，它单纯规定消费者的权利而没有规定其义务，单纯规定经营者的义务而没有规定其权利。 ③ 进一步引导学生思考这一立法体例结构是否与法理学中的权利义务对等性原则存在冲突。通过提问与学生回答，教师协助分析说明这种形式上不平等的规定正是为了实现实质的公平和正义	讲述、问答、PPT、Flash动画	1分钟

教学环节	基本内容	教学手段	时间安排
案例实训	引导学生扮演法官，以小组形式讨论典型消费维权案例的判决方案，并将学生法官的观点与法院的判决结果进行对照，帮助学生进一步领会《消费者权益保护法》的立法目的，提高实际应用《消费者权益保护法》第五十五条第一款的能力，进而掌握该条文的实质和价值，提示学生注意课后以小组形式学习《消费者权益保护法》的相关条文	讲述、PPT、角色扮演、小组讨论	3分钟
课程结尾（小结）	对课程讲授的主线进行总结。 通过互动反馈教学系统，对教学效果进行形成性评价，掌握学生对课程核心内容的理解和接受情况。 结合测试结果，帮助学生梳理主要知识点。 结合课程重点、难点和学生反馈，布置课后作业，促进知识的消化与巩固。 	讲述、PPT、互动反馈教学系统	1分钟

3. 教学总结页

"《消费者权益保护法》的立法目的"微课的教学总结页如表 8-3 所示。

表 8-3　　　　　"《消费者权益保护法》的立法目的"微课的教学总结页

教学中的亮点和收获	① 以问题或任务为核心驱动学习，将鼓励学生发现问题作为学习活动的刺激物，使学习成为学生自愿做的事情。 ② 强调情境对学习的重要性，设计的学习情境应具有与实际情境相近的复杂程度，但要避免降低学生的认知要求。 ③ 强调以学生为主体，让学生拥有学习的主动权。 结合教学内容贴近生活、易于理解的特点，以学生有所收获为目标，以建构主义学习理论为基础，注重发挥学生的主体作用。学生通过探究式学习、研讨并结合教师讲述，对知识进行自主建构。教师作为指导者和辅助者，主要通过消费维权情景剧剧情的推进和角色扮演帮助学生创设学习情境，并且在教学过程中通过层层设疑置问，引导学生开展协作学习和会话交流。

教学中的亮点和收获	④ 为学生提供有援的学习环境。设计和提供丰富的学习资源，当学生遇到问题或偏离方向时，教师应给予有效的援助和支持。 ⑤ 鼓励学生体验多种情境和验证不同的观点，鼓励各种合作学习方式。 ⑥ 设计多种评价方式，强调过程中评价和互动评价等多种评价方式相结合。在教学过程中，根据师生交互的需要，有效使用互动反馈教学系统。一方面面向课堂上的全体学生创设即时表达机会，另一方面及时掌握学生领会、思考的情况，便于对教学效果实施形成性评价，从而有针对性地开展教学活动，避免单一注重结果评价
教学中的问题和不足	学生建构知识的主动性有待提升，学生在协作学习和自主学习过程中发现问题、解决问题的能力有待进一步培养。 在本节课中对于下节课将要学习的内容的引介不够，课程的衔接有待进一步加强
改进措施与设想	未来要从教育对象和教学内容出发，加强对教学的筹划与设计，增强教学过程的交互性，通过综合运用多种教学方法、手段、模式调动学生学习的主动性。 教师在教学中除了做一名讲授者，更应做一名优秀的引导者和组织者。注意结合教学内容增加有效的情境创设，为学生协作学习、自主学习和会话交流创造条件。在"授人以鱼"的同时更要"授人以渔"，注意学生获取知识、建构知识和应用知识的能力的提升。 本节课只是整个经济法课程的一部分，未来在经济法课程的教学中，要继续总结此次微课的制作经验，对课程中的其他教学内容展开研究，进行后续微课的开发与探索

第五节　微课程优秀教学案例分析

微课作为一种新型学习资源已逐步渗透到人们的学习、工作与生活中，有效地促进了人们的移动学习与碎片化学习。学习模式不再单纯依靠教科书与传统学习工具，微课程在教育领域中得到了广泛应用。现以微课程"大学体育：游泳"为例，进行教学内容分析，总结微课程设计的特点。

一、"大学体育：游泳"的教学背景分析

在以往的高校体育教学中，游泳作为一项水中项目，有其独有的教学环境特点。其一，游泳的教学模式与其他体育课程的教学模式不同，它需要在水下完成。由于上述原因，高校中不能普遍开设游泳课。其二，大部分学生的基础较差，不完全了解有关知识，尤其缺乏水中安全意识及自救能力。

在游泳教学中，由于环境特殊，学生的视觉和听觉会受到一定的限制，而游泳技能的形成更多地依赖肢体的本体感觉。通常，学习者主要根据教师的陆上示范动作建立动作概念和动作表象，这种传统的教学方法很难达到预期的效果。除此之外，教师往往将游泳看作竞技体育运动，只注重运动技能的传授，很少向学生讲解体育理论和人文方面的知识，忽视了学生的健身需求及能力培养。

二、"大学体育：游泳"的教学内容分析

1. 课程概述

游泳不仅是一项竞技运动，还是一项运动技能，老少皆宜，深受大众喜爱。"大学体育：游泳"是面向当代在校大学生开设的一门课程，我们应根据大学生的身心特点进行教学设计，

引导学生由易到难学习和掌握蛙泳、仰泳、自由泳和蝶泳，如图 8-5 所示。同时，介绍运动保健与运动损伤预防知识，让学生学习和掌握游泳救生常识和竞赛规则等。

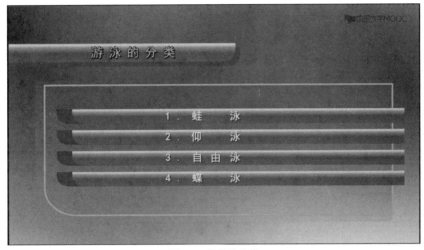

图 8-5　游泳的分类

"大学体育：游泳"微课程包括理论部分和实践部分。其中，理论部分包括救生常识、游泳竞赛规则、常见问题和运动训练方法等。实践部分详细讲授蛙泳、仰泳、自由泳、蝶泳技术以及各泳姿的出发和转身技术。除此之外，还邀请运动生理学家、国际级游泳裁判、100米自由泳亚洲冠军、国家级救护培训师等知名人士向学生介绍相关知识。

2. 课程目标

该课程以提高大学生的综合素质为目的，通过合理、科学的锻炼，让学生增强体质，培养兴趣与爱好，树立终身体育意识，养成自觉锻炼的良好习惯。通过本课程的学习，学生应掌握游泳技能，学会科学运动和健身的方法。

3. 课程内容

第一章：熟悉水性。

教学目标：让初学者体会与了解水的浮力、压力和阻力特性，逐步适应水环境，培养对游泳的兴趣，掌握呼吸换气和漂浮等基本技术。

知识点 1：熟悉水性。

测验与作业：陆上呼吸换气练习 10～15 次，每周 2～3 组；水中练习每周 2～3 组。

第二章：蹬边滑行技术和蛙泳腿部技术。

教学目标：使初学者体会身体在水中向前滑行的过程，增强学会游泳的信心；学习蹬边滑行技术和蛙泳腿部技术。

知识点 2：蹬边滑行技术。

知识点 3：蛙泳腿部技术。

测验与作业：陆上蛙泳腿部技术模仿练习 10～15 次，每周 2～3 组；水中练习每周 2～3 组。

第三章：蛙泳腿部与呼吸配合技术。

教学目标：使初学者熟练掌握蛙泳腿部技术，初步掌握蛙泳腿部与呼吸配合技术。

知识点 4：蛙泳腿部与呼吸配合技术。

测验与作业：陆上蛙泳腿部与呼吸配合模仿练习 10～15 次，每周 2～3 组；水中练习每周 2～3 组。

第四章：蛙泳划臂技术。

教学目标：使初学者初步掌握蛙泳划臂技术，为学习完整配合技术打下良好的基础。

知识点 5：蛙泳划臂技术 1。

知识点 6：蛙泳划臂技术 2。

知识点 7：蛙泳划臂与呼吸配合技术。

测验与作业：陆上蛙泳划臂与呼吸配合模仿练习 10～15 次，每周 2～3 组；水中练习每周 2～3 组。

第五章：蛙泳完整配合技术。

教学目标：使初学者初步掌握蛙泳完整配合技术。

知识点 8：蛙泳完整配合技术。

知识点 9：蛙泳深水区练习。

知识点 10：蛙泳转身技术和到边技术。

知识点 11：蛙泳划臂与腿部配合技术。

知识点 12：蛙泳考核。

测验与作业：水中练习完整蛙泳配合技术 15～25 米，尽力到达能力所及的最远距离，每周 2～3 次。

第六章：仰泳漂浮技术和腿部技术。

教学目标：熟练掌握仰泳漂浮技术，初步掌握仰泳腿部技术要领，体会打腿时腿部和脚踝协调用力的水感和产生的推力。

知识点 13：仰泳漂浮技术。

知识点 14：仰泳打腿技术。

测验与作业：水中仰卧姿势练习 5～8 次；陆上仰泳腿部技术模仿练习和水中仰泳腿部练习 10～15 次，每周 2～3 组。

第七章：仰泳划臂技术。

教学目标：使学习者掌握仰泳划臂技术要领，养成连贯划臂的好习惯。

知识点 15：仰泳划臂技术。

测验与作业：陆上仰泳划臂技术模仿练习和水中仰泳划臂模仿练习 10～15 次，每周 2～3 组。

第八章：仰泳完整配合技术。

教学目标：使学习者熟练掌握仰泳完整配合技术。

知识点 16：仰泳划臂与打腿配合技术。

知识点 17：仰泳划臂与呼吸配合技术。

测验与作业：水中练习仰泳完整配合技术 25～50 米，每周 3～4 次。

第九章：仰泳出发、转身等技术。

教学目标：使学习者更全面地掌握这个泳姿的出发、转身、到边和长游等动作的要领。

知识点 18：仰泳转身技术。

知识点 19：仰泳出发技术。

知识点 20：仰泳到边技术。

知识点 21：仰泳长游技术。

测验与作业：水中练习仰泳长游 100～200 米，在长游中完成出发、转身和到边动作，每周 3～4 次。

第十章：自由泳简介和自由泳腿部技术。

教学目标：使学习者掌握自由泳腿部技术要领。

知识点 22：自由泳简介和自由泳打腿技术。

知识点 23：自由泳腿部与呼吸配合技术。

测验与作业：陆上自由泳腿部模仿练习 20 次，每周 2～3 组；水中自由泳腿部与呼吸配合练习，腿部动作 4～6 次，呼吸一次，尽力完成 25～50 米，不停顿，每周 2～3 组。

第十一章：自由泳划臂技术。

教学目标：使学习者掌握正确的划水路线以及划臂与呼吸配合技术。

知识点 24：自由泳划臂技术。

知识点 25：自由泳划臂与呼吸配合技术。

测验与作业：陆上自由泳划臂模仿练习 15～20 次，每周 2～3 组；水中自由泳划臂模仿练习 10～15 次，水中腿部和划臂配合技术 10～15 米，每周 2～3 组。

第十二章：自由泳完整配合技术。

教学目标：使学习者熟练掌握自由泳完整配合技术和转身技术，增强自信心。

知识点 26：自由泳完整配合技术。

知识点 27：自由泳转身技术。

测验与作业：陆上自由泳划臂与呼吸配合练习 10～15 次，每周 2～3 组；水中长游 100～200 米，练习完整配合动作，尽量不停顿，每周 2～3 组。

第十三章：蝶泳腿部技术和划臂技术。

教学目标：使学习者初步掌握蝶泳腿部技术和划臂技术。

知识点 28：蝶泳腿部技术。

知识点 29：蝶泳划臂技术。

测验与作业：陆上划臂与呼吸配合技术模仿练习 10～15 次，每周 2～3 组；水中打腿练习 15～25 米，每周 2～3 组；水中划臂模仿练习 10～20 次，每周 2～3 组。

第十四章：蝶泳完整配合技术。

教学目标：使学习者掌握蝶泳完整配合技术，增强学习兴趣。

知识点 30：蝶泳划臂与腿部配合技术。

知识点 31：蝶泳完整配合技术。

测验与作业：水中蝶泳划臂（单臂）、腿部和呼吸配合练习 100～200 米，每周 2～3 组；水中完整配合技术练习 100～200 米，每周 2～3 组。

第十五章：理论课考试——游泳竞赛规则。

教学目标：使学习者掌握游泳竞赛规则、观赛礼仪、赛事组织等。

知识点 32：游泳竞赛规则。

第十六章：运动训练与运动生理学理论。

教学目标：使学习者掌握身体素质的分类方法和适合不同身体素质的训练方法；掌握运动生理学基础知识、最大运动心率的计算方法、运动强度与运动项目的关系；学会制定科学的运动处方。

知识点 33：运动训练方法。

知识点 34：运动处方的制定。

三、"大学体育：游泳"的整体教学分析

该微课程提供个性化的学习内容，将每一个泳姿的技术要领和难点设计成 30 多个知识点。对于每个知识点，用 10 分钟左右的时间讲述学习内容，便于学习者随时进行自主学习。在学习过程中，通过学生之间和师生之间的互动，及时解决学习者遇到的问题。

为了增强学习者的学习兴趣，我们将每个知识点以电视情景剧的形式展现给学习者。故事情节的加入使该微课程更具知识性、趣味性、连贯性和吸引力；通过多角度、多方位拍摄，把动作细节呈现给学习者，极大地改善学习效果。相对于传统课程，"大学体育：游泳"微课程在以下几个方面实现了改变。

1. 教学思想、教学方法和教学模式

体育教育的现代化，首先是教育思想和教学观念的现代化。教师运用现代教学理论和掌握现代教学手段的能力是实现体育教学现代化的有力保证。"大学体育：游泳"微课程改变了以传授竞技技术为核心的教学模式，学习者通过线上和线下学习的方式，在任意时间和地点都可以自主进行学习。教学过程将讲课、记忆和教学实践三个环节整合为一体，学习者通过做而学，调动多种感官参与学习，不仅提高了能力，也训练了思维，陶冶了情操。

2. 教学手段和教学内容

围绕某个知识点开展既简短而又完整的教学活动，利用多媒体技术为学习者创设了一个生动有趣的教学环境，运用水下摄影系统强化了多媒体教学的效果，解决了水下动作难以观察的问题。通过教学手段和教学内容的改变提高了游泳教学结构的科学性，促进了游泳教学向科学化和现代化转变。

3. 学习需求和学习效率

教学形式的改变体现了学习者的主体地位，可针对不同水平的学习者提供不同的学习内容。学习者可根据自身的需要和实际情况进行个别化学习和练习，更有效地掌握知识和提高技能。利用多媒体技术强化重点，突出和化解难点，促进学习者对知识的理解和掌握。

4. 学习能力和综合能力

一方面，提高了学习者对体育的认识，增强了运动意识。另一方面，学习者能够找到自己在日常体育运动中遇到的各种问题的答案。

5. 师生互动

在学习过程中，学习者可以通过讨论区互相帮助，产生学习社群。授课教师通过网络平台参与学习者的讨论，加强了师生之间和学生之间的互动，体现了教学是教与学的双向活动。

6. 评价方式

实现了在线学习（自主学习）、在线课堂（互动课堂）、在线知识点测试和教学过程性测试。知识点测试以随机出题等形式，快速测试学习者对知识点的掌握情况。过程性测试以月为周期，针对某一个完整的学习单元给出测试方案，由学习者在线完成。在设置主观题的时候，采用线上互评方式，有效地提高了学生的参与度。

7. 考核方式

该微课程的考核分为线上和线下两部分。线上进行理论方面的考核，以单选题的形式测评学习者是否达到了该课程所设定的知识目标、能力目标及素质目标。线下进行技能方面的考核，学习者提交自己的游泳技术练习视频，教师评估其是否达到了相应的要求。

第九章 微课的教学编导与制作

微课以视频为主要方式呈现教学内容，它的编制过程与电视教材有类似之处，可以借鉴相对成熟、完善的电视教材编制方法。不同的是，微课的知识点较为集中（一个或几个），编制人员少（通常为教师自己一人），拍摄设备简单（DV、单反相机或手机），成片时间短（10～15分钟），因此在微课编制中编导与制作任务就有了相应的变化。

第一节 微课的编制过程与编导人员

一、微课的编制过程

虽然微课短小，但它的编制过程也包括三个相对独立、完整的阶段，即准备阶段、摄制阶段以及后期制作阶段。在这三个阶段中，教师需要完成不同的工作，如图9-1所示。

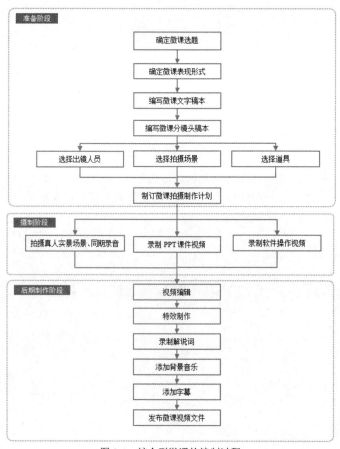

图 9-1 综合型微课的编制过程

1. 准备阶段

准备阶段主要完成微课正式制作前的准备工作，具体包括：根据教学大纲规定的教学内容和微课编制的原则，发挥微课的教学优势，确定选题；根据教学内容及教学对象的年龄特征和知识水平选定微课的表现形式；编写文字稿本和分镜头稿本，选择出镜人员和拍摄场景，制订拍摄计划等。

2. 摄制阶段

摄制阶段是指按照分镜头稿本的要求和制订的拍摄计划进行现场拍摄和屏幕录制，具体包括真人实景拍摄和周期录音、PPT 课件视频录制以及软件操作视频录制等。这个阶段的目的在于为微课的后期制作提供符合教学性、技术性与艺术性要求的充足、适用的视听素材。

3. 后期制作阶段

在后期制作阶段对摄制阶段拍摄、录制的真人实景视频素材、PPT 课件视频素材以及软件操作视频素材进行精挑细选，按照微课教学设计中的教学目标和教学结构要求，充分利用数字视频后期制作的强大功能，结合数字视频特效手段，突出教学重点，化解教学难点，制作出短小精悍、逻辑清晰、声画并茂、适合碎片化学习的微课，最终发布为符合网络传播要求的视频文件。

二、微课的编导人员

1. 编导人员的工作

顾名思义，编导包括编与导两方面的工作。编即编写微课教学稿本；导即根据稿本，按照拍摄与制作规律，指导录制工作的全过程。编与导这两项工作可以同时由一人承担，承担这两方面工作的人称为编导。

编与导这两项工作既有分工又有密切的联系，二者要相互配合，才能保证微课的质量。由于任务涉及的范围广，技术要求高，一个人往往难以既具有"编"的学识水平又具有"导"的技术与艺术水平，所以可将编与导的工作分配给两个及以上的人去承担，但他们仍须密切配合，互相协作。

通常编与导这两项工作由两人分别承担。承担"编"的任务的人称为"编稿"，其主要工作包括以下三个方面。第一，根据教学需要和学科教学的特点，确定适合微课教学的选题。第二，根据教学目的和要求，编写微课教学的文字稿本。第三，协助导演完成微课的拍摄、录制和后期的编辑工作。

承担"导"的任务的人称为"导演"，其主要工作包括以下三个方面。第一，参与编稿，选定微课选题，对微课选题提出相关建议。第二，根据微课教学的文字稿本写出符合拍摄录制要求的分镜头稿本。第三，指导拍摄录制和后期编辑工作的全过程，直到编制完微课。

2. 编导人员的素质要求

相对于文字教材编写和教师在课堂上授课，微课的编制更加复杂，难度也大得多。所以，微课编制既是教学研究工作，又是创造性劳动，同时还是教学与艺术相结合的产物。在这些工作中，起关键性作用的是编导人员。因此，编导人员需具备较高的业务素质。

对于编稿来说，首先要在学科专业方面具有渊博的知识，既要掌握扎实的专业基础知识，又要了解学科的最新发展情况，以保证微课教学的科学性与完整性。其次要具备电视教材编制的基本知识。编稿要懂得一些电视教材编制的常识，具备一定的艺术修养与写作能力，以保证写出具有较高水平的、符合编制要求的文字稿本。综合上述条件，编稿通常由在学科专业上有一定专长、具有丰富教学经验的教师担任。他们只要再去学习一些编制电视教材的知识与技巧，就能胜任编稿工作。

对于导演来说，首先应掌握电视艺术编导与制作的理论和技巧。由于微课教学借用电视手法展示教学内容，因此导演要熟练掌握拍摄用光和画面构图的知识、电视摄像镜头运动与镜头组接技巧、录音与后期编辑制作技术。其次，导演要熟悉制作设备的操作与使用方法。从写分镜头稿本到拍摄录制，导演应全面了解和熟练掌握制作设备的所有功能和使用技巧。综合上述条件，导演应着重掌握影视艺术理论与制作技术，同时也应懂得教学与学科专业知识。

三、微课编制对教师素质的要求

前面对微课编制中编导人员的职责提出了明确的要求。由于编与导两项工作通常由两人分别承担，虽然他们有分工有配合，可以互相协调，但是容易出现两张皮现象，尤其是在导演不熟悉教学内容时，经常出现该切换的镜头未切换、该出现的镜头没有及时出现、教师的讲授与导演的指挥不一致甚至不协调等现象。教师在编写教学文字稿本时，若不熟悉电视镜头的运用方法，也会影响微课的教学质量。所以，为了提高微课的教学质量，可将编与导两项工作交由教师一人去完成。

教师在微课编制中需要承担前期编稿、现场导演和后期制作三项工作。在前期编稿阶段，教师需要按照教学大纲和教学目标，确定微课选题，编写微课文字稿本和分镜头稿本。在现场导演阶段，教师应按照微课分镜头稿本组织、实施视频素材拍摄和计算机屏幕录制等工作。在后期制作阶段，教师需要对原始素材进行深入的加工和处理。在微课制作中，教师一人需要承担上述三项工作。这就要求教师既具有编稿的专业学识水平，又具备视频导演的艺术水平以及基本制作技术。

概括来说，微课教师需要具备以下素质。

1. 学科专业知识

教师首先应具备本学科领域的前瞻性视点和扎实的专业基础，了解本专业的现状与未来发展趋势，了解本学科在社会生活中的应用状况，了解社会发展对自己所讲授课程的现实要求。

2. 教学设计能力

教师应掌握教育学、心理学知识，具有丰富的教学经验，能够分析现有教学模式中存在的问题，理解微课在教学活动中的特殊作用，具备以微课开发为基础、改革现有教学模式与教学方法的能力。

3. 微课文字稿本编写能力

教师需要了解微课的表现形式与特点，具备依据教学大纲以微课形式呈现教学内容的能力，具备微课文字稿本写作能力，能够将微课设计以文字稿本的形式呈现出来。

4. 微课分镜头稿本编写能力

教师需要掌握影视艺术的基本理论知识，具备具象化、时空自由、视听结合的影视蒙太奇思维能力，了解用视听语言叙事表意的基本方法，能够在微课文字稿本的基础上编写出具有视听语言特色的分镜头稿本，以指导拍摄、录屏和后期编辑。

对于大多数教师而言，分镜头稿本的写作需要相对专业的视听语言知识，也许较难实现，而拍摄前文字稿本的写作相对容易一些，因此应重视文字稿本的写作。

5. 微课拍摄、录制能力

拍摄微课时，教师需要身兼数职，如导演、摄像、表演等。这就对教师的个人素质提出了较高要求。教师需要具备拍摄现场的组织、协调能力。在微课摄制前，教师需要结合分镜头稿本，向参与拍摄的人员介绍每个镜头的拍摄内容与要求，并组织排练。

教师需要了解微课的制作过程，熟悉拍摄设备的基本操作方法（如白平衡、色温、感光度等参数的设定），熟练使用摄像机、单反相机或手机等设备拍摄镜头素材，具备基本的画面构图、摄像用光以及同期录音技能。拍摄画面要求主体突出，构图合理，镜头运动流畅，没有抖动与晃动，同期录音的声音清晰。

6. 微课视频编辑制作能力

教师应掌握镜头组接的基本原则与技巧，能够利用屏幕录制软件（如 Camtasia Studio）将前期拍摄、录制的视频、音频素材组接为逻辑清晰、视听流畅的教学视频；善于利用视频编辑软件提供的特效功能突出教学的重点与难点；善于利用解说、音效、音乐进一步增强微课的听觉感染力；了解基本的微课视频文件格式，掌握微课的发布方法。

第二节　微课教学编导的前期制作

教师在微课编制的各个环节需要完成相应的工作，主要包括以下内容。

一、前期筹备

1. 确定选题与知识点

教师应根据微课的表现特点，扬长避短，认真组织微课内容，合理选择知识点，充分发挥微课视听结合、时空自由、形象直观、动态呈现的表现力。

2. 选定表现形式

确定微课的选题后，教师应当进一步考虑微课的表现形式，摆脱文字教材的思维束缚，充分发挥微课的优点，综合考虑学习者的学习风格、教学内容、制作成本等因素，确定采用讲授型、演示示范型、情景剧型或综合型等表现形式。

二、编写文字稿本

微课的文字稿本类似于剧情片的文学剧本，是微课内容的文字表达形式，它用文字说明采用什么样的画面和声音来呈现教学内容。文字稿本是微课编制的基础，也是后续分镜头稿本写作的依据。文字稿本的质量对于微课的质量起着决定性作用。

1. 文字稿本的特殊性

剧情片文学稿本的故事性与艺术性非常突出，而微课文字稿本的教学性与科学性则是应当首先考虑的。在文字稿本的写作中，切不可为了追求艺术性而忽略教学性与科学性。

微课文字稿本的编写应当以教学大纲为依据，而不是文字教材。文字教材是以文字思维的方式选取适合文字表达的材料来呈现教学内容的，而文字稿本应选取适合微课视频表现的形式来呈现教学内容。在微课拍摄前，不可将文字教材用作文字稿本，也不可将文字稿本写成文字教材形式。采用影视视听手段的具象化表现是文字稿本与文字教材的重要区别。文字稿本的构思应摆脱文字教材的束缚，充分发挥微课视听结合的独特表现力。将教学大纲中的抽象内容视觉化是每一个教师编写文字稿本时最重要的任务。

教师需要阅读教学大纲、多种版本的文字教材和教学研究文章，收集并研究同类课题的视频资料和图像资料，进而在文字稿本中确定微课的选题和知识点，明确微课的结构设计以及使用的视听素材。

文字稿本的叙述视点应当多样化，摆脱教师视点的单一模式。可以考虑以学习者的第一人称视点来组织微课，挖掘以往学习者在学习过程中出现的问题，有针对性地设计学习环节。这样的视点比第三人称视点更容易吸引学习者的注意力，因为它可以让学习者感觉到自己就是微课的参与者，而不是旁观者。

2. 文字稿本的格式

文字稿本应包括画面和声音两个基本要素，我们建议大家将画面描述与声音描述分别书写在文字稿本的左右两边，一组画面对应于一段声音描述。这种形式的文字稿本段落清晰，声画对应关系明确，阅读方便。为了方便大家理解，请参考下面给出的微课"遮罩特效的应用"的文字稿本中的一页内容，如图9-2所示。

画面描述部分需要介绍已有的视听资料、实景拍摄的资料、屏幕录制视频以及PPT授课视频等具体内容，要求形象具体，可视性强，具备拍摄与录制的可实现性。微课的画面要善于利用多种影像资料叙事表意，尽量避免枯燥乏味的讲解。如图9-2所示，在微课"遮罩特效的应用"的文字稿本中，"一把裁刀切开视频素材，素材分为两部分后，中央位置出现问号"的画面构思采用动画手段来表现，具有较强的可视性。微课的重要特征是呈现教学内容的动态过程，因此教师在构思微课文字稿本时，应充分考虑视频画面的运动过程性特点。对于微课中使用的静态图片、PPT课件页面等素材，在设计构思时也要尽量以运动表现的方式将它们呈现出来。在微课"遮罩特效的应用"的文字稿本中，当讲解遮罩特效的合成原理时，设计了这样的镜头画面："使用动画手段演示一把裁刀切开两条素材，各取一半后，组合在一起，合成最终画面的过程。"这样的构思使微课的画面生动形象，并且具有运动过程性。

声音描述部分主要介绍解说词、音效及音乐等内容。其中，解说词可以是第三人称的旁白，也可是片中人物的对白，还可以是授课教师的独白。解说词的写作需要考虑它与画面的配合关系。解说词一般从属于画面，与画面相辅相成，有机统一。一般情况下，具象描述性的功能应由画面来完成，解说词主要是对画面内容的补充、提示、强化、概括、抽象。解说词要正确无误、简要概括、通俗易懂。

13.	学生作业《捡钱包》成片视频 标注出视频里面出现的同一人物	教师：这项作业是由两位同学合作完成的，我们可以看到短片中同一个男生在同一画面中出现了两次
14.	《火影忍者》分身动画 PPT 页面	教师：同学们考虑一下，这个片子中的人物是如何分身的呢？想不出来？没关系，我们来看一下影片的原始素材
15.	播放《捡钱包》视频素材	素材同期声 低音量的背景音乐响起
16.	分身特效实例拍摄技术分析 PPT 页面 将素材中人物出现两次的镜头画面同时呈现在屏幕左右两侧	教师：从素材中可以看出，前期拍摄时使用了固定的摄像机，中途不关机，连续拍摄同一人物的两个动作
17.	分身特效实例剪辑技术分析 PPT 页面 使用动画手段演示一把裁刀切开两条素材，各取一半后，组合在一起，合成最终画面的过程	教师：后期编辑时将这两个素材各取一半叠加、组合在一个镜头内，就获得了同一人物的分身影像
18.	一把裁刀切开视频素材，素材分为两部分后，中央位置出现问号	教师：同学们，请考虑一下，我们如何才能将图像的一部分内容保留下来呢
19.	遮罩概念 PPT 页面 遮罩的文字定义 与遮罩定义对应的说明性图片	教师：这就要用到"遮罩（mask）"这个强大的工具了。 遮罩是定义图像透明区域的闭合路径
20.	遮罩的作用 PPT 页面 遮罩外部素材变透明的动画	教师：遮罩的主要作用就是通过绘制闭合路径，选取图像的指定区域，对该区域进行透明处理。一般情况下，路径外面的图像是透明的，路径里面的图像是不透明的
21.	遮罩在影视制作中的应用 PPT 页面 屏幕演示遮罩在特效镜头制作中的应用，使用标注功能配合讲解	教师：遮罩在影视制作中有着广泛的应用，例如这个合成镜头就使用遮罩提取出前景中跌倒的人物，使得后面的同一人物能够穿插在冻结的前景与活动背景之间
22.		教师：接下来我们看一看如何在非线性编辑软件中进行遮罩特效的制作

图 9-2 微课"遮罩特效的应用"的文字稿本节选

3. 微课的节奏设计

节奏是指微课视频镜头内的各种构成元素（如授课动作、语速、摄像机运动等）和镜头间的组接方式、动画、特效等形成的有规律的变化。恰当的节奏能够营造学习氛围，渲染学习情绪，形成微课教学的韵律。微课节奏的形成主要通过控制教师的授课动作、语速以及镜头组接的时间长度来实现。

节奏设计在编写微课文字稿本时应统一考虑，要根据微课的主题内容、样式结构以及学习者的心理特点来设置节奏。通常，微课开始和结束部分的节奏较为欢快，主体内容部分的节奏趋于平稳柔缓；微课视频段落之间的过渡性内容的节奏简约轻快，而教学内容的重点、难点部分的节奏则应舒缓沉稳。由于学习者能够利用自己的时间反复观看微课视频，所以微课的整体教学节奏可略快于传统课堂授课的节奏，这样也能保证微课短小精悍。

三、编写分镜头稿本

分镜头稿本是在文字稿本的基础上编写的用于指导微课拍摄、录制、编辑的关于每个镜头的视听效果的文字方案，它是对文字稿本的专业视听细化。分镜头稿本是微课摄制的依据，每位微课教师都应学习基本的影视艺术理论，掌握分镜头稿本的写作方法。

一般而言，对于讲授型微课，不必写出分镜头稿本，在文字稿本的基础上就可以开始摄制了。而情景剧型和综合型微课涉及不同镜头间的组接和多个场景的转换，如果在准备阶段没有编写分镜头稿本，那么在拍摄和录制现场，教师就会陷入忙乱之中，无法保证摄制工作的质量与效率。对于这两种微课，教师在摄制前期必须在文字稿本的基础上编写分镜头稿本。

1. 微课的分镜头设计

微课教学内容是以视频方式呈现的，因而微课教学内容的组织编排需要借助视听语言手段来完成。一段完整的微课视频通常由若干个场景构成，每个场景由若干个镜头段落组成，而每个镜头段落则是由若干个独立的镜头组接而成的。此处所说的镜头是指微课视频中两个剪辑点之间的一段连续画面。例如，学生跑上楼梯的全景画面是一个镜头，学生打开教室门的近景画面则是另一个镜头。微课中出现的PPT课件的每一个页面都可以被理解为一个镜头，镜头是微课视频的基本组成单元。

教师需要根据教学大纲的要求，依据微课教学设计，在文字稿本的基础上，按照视觉心理规律和镜头组接基本原则，将微课分解成为一个个可供拍摄（或录屏）的镜头，这就是微课编制中的分镜头工作。分镜头工作的成果就是分镜头稿本。

2. 分镜头稿本的格式

分镜头稿本是将微课中每个镜头的内容用文字描述出来的可供拍摄、录制和后期制作时使用的工作稿本。它是使用视听语言对文字稿本的再创作，是关于微课细节结构的文字性描述，具有具象化、可视化的特点。分镜头稿本的构成要素包括镜号、景别、技巧、时长、画面内容，以及与镜头组对应的解说词、音效、音乐等。

微课的分镜头稿本常采用表格形式，如图9-3所示。

镜号	时长	景别	技巧	画面内容	解说词	音效	音乐	备注

图9-3　微课分镜头稿本的格式

上述表格中各项的含义如下。

① 镜号：即微课视频成片的镜头序列号，按照组成微课的镜头的先后顺序，用阿拉伯数字依次标出。在微课的拍摄制作中，镜号可作为某一镜头的代号。为了提高拍摄效率，拍摄微课时不必按镜号顺序依次拍摄，可将同一场景的镜头放在一个时段内统一拍摄，后期编辑时再将拍摄的素材按照镜号顺序组接起来。

② 景别：用于表示拍摄对象在镜头画面中所占据面积的大小，常见的景别有远景、全景、中景、近景、特写等。对于景别，需要根据微课教学设计的要求进行仔细选择，以反映拍摄对象的整体或突出局部。景别的分类、选择与运用规范等内容参见本书相关内容。

③ 技巧：包括用摄像机拍摄时镜头的运动技巧（如推、拉、摇、移、跟等）、镜头内部画面的组合技巧（如分屏和键控画面等）以及镜头之间的组接技巧（如切、淡入淡出、叠化、划像等）。对于微课中的重点、难点内容，适时地使用数字动画、特效等视听技巧有助于这些

内容的形象化呈现。

④ 时长：这里指微课中每个镜头的时间长度，一般以秒为单位。如果以解说词的长度来计算镜头的时间长度，微课中 3~4 个字的解说词大约相当于 1 秒钟。对于微课中每个镜头的具体时间长度，首先需要满足教学信息清晰呈现的需要，让学习者看清看懂镜头内容；其次则要考虑微课整体的节奏。想要得到较为舒缓的节奏，镜头的时间长度可以略长些，而时间长度较短的镜头组接起来则会形成较为欢快、紧凑的节奏。

⑤ 画面内容：教师需要用文字描述微课视频中每个镜头的具体画面内容，可以多使用具象化的形容词、副词来对景物和动作加以详细描述，文字描述越详尽越好。文字描述要具有动作性和可拍摄性，能够给摄像和编辑工作提供有益的参考。对于文字描述不清的内容，还可以使用简图来辅助说明。为了描述方便，推、拉、摇、移、跟等镜头拍摄技巧也可与具体的镜头画面内容结合在一起加以说明。

⑥ 解说词：注明与一组镜头对应的解说词（也包括人物的对白）。解说词要求科学、准确、简练、口语化。在分镜头稿本中，需要明确解说词与画面的对应关系，以方便拍摄与编辑。

⑦ 音效：注明与一组镜头对应的音效，如打开电源开关的声音和鼠标单击的声音。使用音效时，需要明确它与画面的对应关系。

⑧ 音乐：注明与一组镜头对应的音乐（一般为背景音乐），需要明确音乐与画面的位置及音量的对应关系，如音乐的开始、结束位置以及音量随画面内容的变化等。

⑨ 备注：用于注明微课摄制中的未尽事宜，在拍摄、制作中也可用于记事。

为了便于理解微课分镜头稿本的编写方法，图 9-4 展示了微课"遮罩特效的应用"的分镜头稿本中的一页内容。

3. 选择出镜人员

某些微课需要人员出镜扮演相关角色，通过他们的语言、表情、动作将微课内容以重现型的表演方式呈现给学习者。这就涉及微课出镜人员的选择问题。在微课拍摄中，一般邀请在日常生活中从事本职工作的人来扮演相应的角色，如由真实的教师扮演微课中的教师，由真实的学生扮演微课中的学生。鉴于微课制作成本较低的原因，一般不请专业演员扮演相关角色。在微课中担任表演任务的人员应在形象气质上符合课程需要，同时具备一定的文艺素养，语言、表情以及肢体动作具有表现力和感染力。

应当根据微课的教学目的、表现形式来确定微课的出镜人员。通常出现在微课镜头画面里的角色有教师、学生、示范操作人员以及虚拟角色等。

（1）教师

微课教师就是出现在微课视频中的教师。对于教师个人编制的微课而言，微课教师就是该教师本人。教师是微课中的主要出镜角色，出现在微课中的教师应当精通学科专业内容，熟悉微课表现的特点，五官端正，形象气质好，善于运用语音、面部表情与肢体动作传递教学信息，感染学生。教师的普通话应当标准，语言清晰流畅，具有感染力。教师的着装应体现职业特点，干净整洁、简单大方，符合教学工作要求。

（2）学生

为了体现师生之间的互动关系，微课中往往需要设置学生角色来与教师共同完成教学任务。这个学生角色是镜头外部学习者的代言人，他代表学习者以听讲、提问、练习等方式参与到微课教学活动中。微课中的学生不需要很多，依据教学设计，1～3人即可满足要求，整个班级的学生不必都出现在微课镜头中。扮演学生的表演人员需要展现当代学生的精神风貌，屏幕性格特点突出，具备一定的表演能力。

镜号	时长	景别	镜头运动	过渡效果	画面内容	解说词	音效	音乐	备注
1.	6秒	全景	固定镜头	淡入	简洁明了的微课片头，呈现以下文字内容： 遮罩特效的应用 河北师范大学美术与设计学院数字媒体艺术系 刘成锁 画面背景为体现遮罩应用的图片			轻松的音乐	
2.	5秒	全景	摇镜头	淡变	从校园时光塔中央部位摇起至塔尖，时钟显示为即将上课的时间				清晨拍摄
3.	2秒	全景	固定镜头	淡变	仰拍美术教学楼，可见美术楼标牌				
4.	6秒	全景	固定镜头	淡变	美术教学楼门口，一名男生自镜头处入画，轻快地向门口口跑去，进入教学楼		跑上楼梯的脚步声		
5.	5秒	全景	摇跟	切	男生迎着镜头自楼下跑上楼梯，在摄影机前转弯，继续向楼上跑去				
6.	2秒	近景	固定镜头	切	研修室内视角，关闭的房门被打开，男生探身看室内		开门声		同期录音
7.	1秒	全景	固定镜头	切	研修室内有三个老师，一个在计算机前工作，一个在白板前写字，还有一个在看书。三人同时抬头看男生，他们为同一个人				
8.	1秒	特写	固定镜头	切	男生惊愕的表情		滑稽音效		
9.	2秒	全景	固定镜头	切	研修室内的三个老师仍在看着男生		滑稽音效		

图9-4　微课"遮罩特效的应用"的分镜头稿本节选

（3）示范操作人员

微课中的示范操作人员主要通过身体语言进行动作示范（如跨栏跑运动员示范跨栏动作）、演示操作过程（如摄像师使用摄像机演示摇镜头技巧）。示范操作人员应由本行业的专业人员担任（如优秀的跨栏跑运动员、数控车床技术能手等），其示范操作需要规范、熟练。如果由微课教师本人承担示范操作任务，则教师应在理论基础上具有较高的专业实践能力。

（4）虚拟角色

虚拟角色是指在微课中出现的非真实人物、动物、植物以及其他幻想角色。微课中的虚拟角色一般是利用二维、三维或定格动画技术制作的卡通角色，也可以是真人扮演的偶类角色。虚拟角色的出现能够增强微课的趣味性，易于引起学习者的有意注意，取得较好的教学效果。

虚拟角色的设计应与微课内容相关。比如在讲授摄影课程时，可将虚拟角色设计为数码相机和胶片相机，通过它们之间的对话与动作来讲解数码摄影与传统摄影的不同。这样的授课方式生动形象。在虚拟角色的选择上，主要考虑学习者的年龄与学习风格的差异。对于低幼学习者而言，卡通化的动漫角色显然更为适宜。

4. 选择拍摄场景

场景是指微课中展开教学内容的空间环境，包括教师授课场景和操作演示场景等。场景的设计首先要突出教学主题，烘托教学主体，营造学习氛围；其次应使画面富于变化，有造型感。

微课场景可分为内景和外景两大类。内景主要包括教室、报告厅、研修室、舞蹈室、实验室等室内环境。选择内景拍摄的优点是拍摄环境的声音、光线等易于控制，拍摄进程不易受外部因素的干扰，拍摄效率较高；其缺点是教学环境较为常见，缺少新鲜感，有时显得呆板。外景包括运动场、校园等室外环境。选择外景拍摄的优点是拍摄环境的光线明亮，植物、建筑等空间表现富于变化，场景构成丰富；缺点是外景拍摄易于受到外部噪声、天气等的影响，拍摄效率较低。

微课的场景不必局限在教室内，可充分发挥微课视频在空间表现上的高度自由性，通过蒙太奇手段将多个空间组合在同一微课中，扩充教学信息量，增强微课的感染力和可视性。拍摄微课时，可采用内外景结合的方式，克服内景、外景本身的局限性。在实践中，一般将微课开头、结尾以及中间串场过渡性的内容安排为外景拍摄，将教师授课内容和操作演示内容安排为内景拍摄。这样既能提高拍摄效率，又能够使微课的镜头画面富于变化，有利于突出表现特定的教学内容。

（1）真实场景

真实场景是指现实教学活动中存在的真实环境，在微课中出现较多的有教室、研修室、舞蹈室、运动场等。利用真实场景拍摄的视频具有真实性，易于拉近与学习者的距离，让学习者感觉亲切。为了体现以学习者为本的教学策略，在场景选择上应尽量避开像讲台课桌布局的传统教室、报告厅这样的以教师为中心的教学场景，多选择体现合作学习与自主学习的类似于研修室的实景场地。

微课的真实场景应当简约、安静，避免现场杂散因素（如行人、噪声等）的干扰。对于需要同期录音的外景，需要考虑现场的声音条件是否满足录音要求。利用自然光拍摄时，还要考虑不同时段自然光的明暗、角度变化。

微课的拍摄成本一般较低，因而选择低成本拍摄场景是个较为现实的问题。可以选择黑、白、灰等没有明显特征的中性背景来拍摄。中性背景形式简单，拍摄的画面中没有分散学习者注意力的元素，教师能够被有效地突出。简约的背景配合图板、字幕等，能够形成简约大气的视觉效果。中性背景在现实生活中很容易找到，如白墙、窗帘、植物背景等就是不错的选择。

（2）虚拟场景

微课的虚拟场景是指利用计算机图形（CG）技术制作的非真实场景。利用虚拟场景进行拍摄，配合视频后期制作，能够丰富微课视频的画面构成，增强微课的可视性。虚拟场景一般用于呈现高科技类课程的内容（见图9-5），它的制作需要用到专业的计算机图形技术。

图 9-5　虚拟场景一般用于呈现高科技类课程的内容

5. 设置道具

道具是指微课中出现的教具、装置、设施等。道具在微课中的作用十分重要，在某些微课中，道具就是镜头画面的主体，人物反而成为陪衬。例如，在讲授用万用表测量电流的方法时，万用表就成为了微课镜头画面的主体，而操作人员则只需出现背影或局部肢体，成为万用表的陪体。合理使用不是教学主体的道具，也可以刻画演示人员的性格，烘托气氛，丰富画面构成，增强画面的可视性。例如，教师与学生讨论时出现在桌面上的笔记本电脑可以丰富微课画面的构成，如图 9-6 所示。

图 9-6　利用道具丰富微课画面的构成

如果拍摄条件允许，应尽量选择与教学活动相关的真实物品作为道具。例如，研修室内的桌椅、摄影棚内的摄影灯架、琴房里的钢琴、实验室内的计算机图形工作站等可以营造真实的氛围。

6. 制订拍摄计划

正式摄制微课前应制订详尽的拍摄计划。在制订拍摄计划时，建议把同一场景、同一景物的相关镜头安排在同一个时段一起拍摄，屏幕录制、录音工作也在同一个时段内完成。例如，可将微课开头的介绍、中间串场以及结尾部分的总结这些需要教师出镜讲解的内容放在同一地点集中拍摄，后期编辑时再将拍摄素材分开使用。这样既可以提高微课拍摄的效率，也可以保证录制的画面、声音质量的一致性，避免因录制时间不同而出现画面色彩亮度偏差以及声音语气不同。制订拍摄计划时，在天气条件许可的情况下，应首先安排易受天气影响的外景拍摄任务，然后安排环境条件相对稳定的内景拍摄任务；先拍摄表演难度低、容易拍摄的场景，再拍摄表演难度大、拍摄难度大、不易实现的场景。

为了使微课的拍摄计划更加规范，可参照图 9-7 制订拍摄计划。

拍摄日期	拍摄地点	拍摄镜号	所用设备	参加人员	备注
2014.12.10	研修室	6、7、8、9、10	相机、灯光、桌椅	教师、学生、摄像师	同期录音
2014.12.11	动画实验室	14～20	计算机、录音话筒、录屏软件、非线性编辑软件	教师	现场安静

图 9-7 微课拍摄计划表节选

7. 拍摄前的排练

对于有出镜人员的微课，在正式拍摄前，微课教师应组织出镜人员认真研究分镜头稿本，理解相关镜头的表演要求，按照稿本要求组织排练活动，让大家熟悉表演与摄像配合的关系，直到符合拍摄要求为止。对于包含演示、示范内容的微课，微课教师需要提前准备好相关的场地、仪器、设备等，并反复进行演练，以保证正式拍摄时动作准确、熟练。在上述排练活动中，建议摄像师按照分镜头的要求同时拍摄排练过程。这样一方面可以演练摄像工作，另一方面可以从拍摄的镜头画面中发现肉眼不易观察到的表演不足。

四、视频摄制

1. 实景拍摄

微课一般采取前期摄制与后期编辑相结合的方式进行制作，通常在前期使用单机（摄像机、单反相机或者手机）按照分镜头稿本单独拍摄每个镜头。在拍摄过程中，若出现问题，随时停止，重新拍摄。

教师在拍摄现场组织拍摄时，应使用简单、明了的指挥口令，如"预备""开始""停止"等。教师发出"预备"口令时，出镜人员做好表演准备，同时摄像师开机。教师发出"开始"口令时，出镜人员开始表演，摄像师进行拍摄。"开始"口令应在"预备"口令发出 3 秒钟后再发出。教师发出"停止"口令时，出镜人员停止表演，摄像师停止拍摄。"停止"口令应在需要拍摄的动作结束 3 秒钟后再发出。

微课视频的摄像应当构图合理，画面均衡，主体突出，清晰稳定，运动镜头的变化准确、均匀。具体规范和要求可参考本书相关内容，这里不再重复。

教师应当在现场及时回放拍摄的微课素材镜头，仔细检查、确认拍摄效果，并马上组织重新拍摄有问题的镜头，直到符合分镜头稿本的要求。对于多次拍摄的同一个镜号的镜头素材，教师需要做好拍摄现场的相关文字记录工作，以方便后期编辑时查找素材。在拍摄现场，由于多种客观原因，经常会根据实际情况临时调整分镜头拍摄方案。在这种情况下，教师更需要做好现场的文字记录工作，以方便后期编辑。

微课拍摄现场的照明光线应当均匀、柔和、细腻，避免在镜头画面中出现过于强烈的光影。在室内拍摄时，发光面积较大的日光灯、明亮的自然光都是较好的照明光源。在布置人工光源时，需要注意主光、辅助光和轮廓光的光源位置以及彼此间的配比关系。关于照明光线的要求，本书前面相关部分已做过详细论述，这里不再重复。

2. 录制 PPT 课件视频

微课中经常使用 PPT 课件来呈现文字、图像、动画等内容，某些类型的微课甚至全部为

PPT课件演示内容，如绘画鉴赏微课的内容就是教师语音配合PPT画面的演示。对于不具备视频拍摄条件的教师，利用PPT制作微课是最容易实现的微课制作方式，这就要求教师熟练掌握PPT制作技术，以及将PPT录制或输出为视频文件的方法。

在以PPT课件为主的微课中，教师应该仔细设计每一个页面的内容呈现形式、媒体文件的布局、各媒体间的呈现顺序以及页面间的组接关系。除了基本的文字信息外，尽量多使用图像、动画、视频等来讲解相关知识点，利用多种媒体集成的优势丰富课件的表现形式，避免将PPT仅用作板书替代物的做法。

PPT课件的基本单元是页面，页面通常是静态的，因此如何使静态的页面产生动态的变化是微课教师面临的一个主要问题。例如，一张照片长时间静止地呈现在屏幕上，对学习者而言就缺少视觉吸引力，我们可以伴随语音讲解为这张照片添加缓慢放大、平移等运动，或将画面的局部截取下来，按照时间顺序组接在一起，分区域逐渐呈现给学习者，从而使该照片的呈现形式更加生动。例如，在微课"遮罩特效的应用"中通过用PPT动画功能制作的"刀片切开素材后两个素材组合"的动画来讲解遮罩合成的原理，还使用学生实拍的分身特效素材来演示遮罩特效的最终效果并分析制作原理。图像、视频、动画等多种媒体的使用使得微课媒体的构成更加丰富，将遮罩这一概念及应用以生动形象的方式呈献给学习者。

PPT课件视频的输出可以利用屏幕录制软件（如Camtasia Studio）录制PPT演示过程的方法来生成，也可以使用PowerPoint 2010之后的版本提供的"保存为视频"功能来实现。

3. 录制屏幕视频

录制屏幕视频是指利用计算机屏幕录制软件将教师操作计算机软件的过程记录下来并生成视频文件。与信息技术相关的课程多含有软件操作类内容，经常需要通过屏幕操作录像进行演示。这类微课的授课教师应熟练掌握利用屏幕录制软件录制屏幕操作视频的方法。

录制屏幕操作时，教师应注意操作动作的准确、熟练与规范，鼠标移动与单击动作应准确，不要在屏幕上没有目的地随意晃动光标。配合图像操作的语言应清晰、连贯，富有感染力。

学习者在学习微课时可以依据自己对微课的理解和接受程度，及时暂停、回放、反复观看，直到掌握为止。教师无须担心学习者跟不上教学进度，所以在录制屏幕操作视频时，教师的演示操作速度可以比平时的课堂教学稍微快一些，这样可以保证微课的信息传递效率。

第三节　微课教学编导的后期制作

前期拍摄和录制的视频素材经过去粗取精、精雕细刻的后期编辑处理，才能成为合乎逻辑、重点突出、富有感染力的微课视频。在后期制作阶段，教师需要完成下述工作。

一、视频剪辑

在视频剪辑阶段，教师需要挑选前期摄制的视频素材中的可用部分，剔除有问题的部分，将这些可用的视频素材在视频编辑软件（如Camtasia Studio）的时间轴上按照微课的结构顺序依次组接为有意义的教学镜头段落，再由若干个镜头段落形成最终的微课。

视频素材的剪辑既是技术工作也是艺术创作。从技术角度看，剪辑是将各个分散的镜头素材组接在一起形成一节完整微课的过程。从艺术角度看，微课镜头间的流畅衔接和视听节奏的形成也是通过剪辑实现的。

微课的视频剪辑首先需要满足学习者的心理需求，合乎逻辑，条理清晰，重点突出，便于学习者理解与接受。其次，微课视频的剪辑应符合视频剪辑的基本规范，注意组接镜头时剪辑点（两个相邻镜头的衔接点）的选择，相邻两个镜头中主体的位置、运动方向等应前后匹配，相邻镜头的构图、影调、色彩一般不应有过大的差别，景别的过渡自然，不能出现明显的视觉跳动与闪烁。组接镜头时，一般采用"静接静""动接动"的方式。在实拍、录屏及 PPT 课件等不同场景之间转换时，需要考虑场景间的前后承接关系，力求场景转换自然流畅。剪辑时可以考虑相似动作组接、主体出画入画组接、相似主体组接、因果关系组接、声音组接、不含拍摄主体的空镜头组接等多种方式。最后，微课镜头的组接要具有一定的艺术性，画面清晰流畅，色彩和谐，声音悦耳，声画关系协调，整体视听节奏依据教学内容富于变化，具备感染力。

二、特效制作

特效是指特殊的镜头画面效果。在微课制作中，经常需要使用特效镜头来突出教学中的重点、难点内容，分析、综合、比较、抽象、概括事物的本质。对于微课中难以理解的抽象内容，特效具有明显的表现优势。常见的用于增强教学内容呈现效果的微课视频特效有标注、缩放、分屏、抠像、快放、慢放、定格、倒放等。

1. 标注

标注就是使用特殊的图形、文字对镜头画面内出现的需要突出的部分进行标示和注解。使用标注能够引发学习者对重点内容的注意，是一种有效的强调手段。标注时，需要注意局部标注与整体画面的关系，标注图形、文字出现的位置、大小比例、色彩与背景图像之间的关系应协调，既要清晰醒目、突出重点，又要简洁和谐，不可干扰学习者的正常认知，如图 9-8 所示。图 9-8 中采用与背景颜色、亮度差异较大的箭头加文字的标注方式，将屏幕中的小按钮清晰醒目地指示出来。

图 9-8　标注应清晰醒目

关于拍摄视频和屏幕录制视频画面中的标注，可以利用 Camtasia Studio 的"Callouts"（标注）面板提供的各种标注功能来完成。该软件提供了箭头、思维泡、边框等多种标注功能（见图 9-9），这些标注还内置有动画效果，被添加到编辑时间轴上之后，具有新颖的动态呈现效果。

关于 PPT 课件画面的标注，可以使用 PPT 软件演示时的右键指针选项里的水彩笔功能来完成，教师可以使用鼠标或手写板在 PPT 演示页面上书写、勾画。利用这个功能，能实现课件页面上的类似于黑板板书的手绘标注功能，具有较强的亲和力，如图 9-10 所示。

 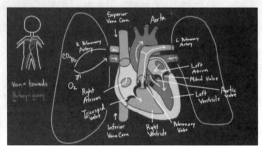

图 9-9　Camtasia Studio 的"Callouts"面板有多种标注功能　　图 9-10　使用 PPT 软件的右键指针选项进行标注

2. 缩放

缩放是指将微课视频画面中的重要内容放大或缩小后呈献给学习者。在软件操作类微课中，由于屏幕中呈现的软件界面面积有限，有时界面中的细小文字、图标命令不易辨认。此时，使用缩放功能就可将该部分放大，清晰地呈现给学习者。在绘画赏析类微课中，使用缩放功能可将绘画中的笔触纹理细节清晰醒目地呈现给学习者。缩放的动态过程也能呈现画面局部与整体的空间构成关系，丰富微课的表现形式。

屏幕录制视频中画面的放大与缩小可利用 Camtasia Studio 软件中的"Zoom-n-Pan"（缩放和平移面板）来实现。开启该功能后，软件可以将屏幕中需要放大的区域放大，还可做平移处理。图 9-11 所示为 Camtasia Studio 软件中的"Zoom-n-Pan"面板。

图 9-11　Camtasia Studio 软件中的"Zoom-n-Pan"面板

3. 分屏

分屏是指在同一微课视频画面中，通过某种形式的组合呈现两个以上的视频素材画面。常见的分屏方式有左右分屏、画中画等。分屏呈现的目的在于强调组成分屏画面的各素材之间的对应关系。在对比类演示视频中，经常使用左右分屏方式，让学习者同时观察左右两个物体的变化过程，如图9-12所示。

图9-12　使用分屏技术展示有机肥对果树生长的影响

4. 抠像

在微课制作中，有时需要将教师出镜的背景画面替换为特殊的背景图像（如虚拟场景或其他不易实现的场景），这就需要利用视频编辑软件的抠像功能来实现。抠像需要在蓝色或绿色背景前拍摄教师的教学活动，之后利用软件将教师的授课影像合成到需要的背景上，如图9-13所示。

图9-13　利用抠像技术将背景替换为任意图像

抠像时，应注意前景人物与背景在光照、透视、亮色等方面的匹配，避免出现虚假的合成效果。

5. 时间特效

时间特效主要是指通过对微课视频素材播放速度的控制来强调在正常播放速度下不易观察的影像细节。常见的微课时间特效有快放、慢放、定格、倒放等。

通过快放，可以将植物生长、花朵开放等长时间的缓慢过程压缩在较短的时间内呈现给学习者，也可以对重复拖沓的进程进行压缩，从而节省时间。此外，快放可使影像中的角色、运动物体以一种跳跃、加速的方式运动。这样的影像类似于默片时代的电影影像，在某种程度上具有一定的喜剧效果。慢放可以将快速运动的过程和稍纵即逝的现象放慢后呈现给学习者，把需要突出的教学重点放大后呈献给学习者。比如，将快速的爆炸过程放慢后给学习者观看，让学习者对爆炸过程进行深入分析。

在 Camtasia Studio 的编辑时间轴上右击素材，选择"Clip Speed"（片段速度）命令，再在弹出的片段速度面板中输入新的速度百分数来改变播放速度。其中，100%为原始速度，输入大于 100%的数值为快放，输入小于 100%的数值为慢放，如图 9-14 所示。

定格也称为静帧，是指物体运动过程中某帧图像的静止呈现，可将运动过程中不易观察的重要时刻"冻结"后给学习者观看，起到突出教学重点的作用。比如，将水滴落入水面的瞬间冻结，让学习者观察水花的特殊形状，如图 9-15 所示。

图 9-14　在"Clip Speed"面板中输入新的速度百分数来改变素材的播放速度

如图 9-16 所示，在 Camtasia Studio 的编辑时间轴上右击素材，选择"Extend frame"（扩展帧）命令，再在弹出的面板中输入时间长度来"冻结"播放指针所在的当前画面，单位为秒，2 代表"冻结"当前画面 2 秒钟。

图 9-15　将运动过程中不易观察的重要时刻定格后给学习者看

图 9-16　定格播放指针所在画面 2 秒钟

在微课制作中，适度使用特效能够增强微课的可视性，取得较好的教学效果，而盲目使用特效则会干扰学习者的正常认知活动，因此要避免这种问题出现。

三、声音制作

微课的声音制作包括录制解说词、添加音效和添加背景音乐三部分内容。

1. 录制解说词

解说是微课视频中重要的信息呈现方式，对画面内容起到补充、提示、概括与强化作用。解说在辅助画面讲解抽象、概括性的内容方面有着不可替代的作用。微课中的解说通常以角色对白和第三人称旁白的形式出现。

解说通常是由授课教师自己完成的。在录制解说词前，教师要熟悉解说词，搞清楚各种专用名词、符号、生字等的规范读法，做到朗读流畅、准确无误。

录制解说词的方式有同期录音和后期录音两种。同期录音是指在录制视频的同时，将拍摄现场的语音和音效同时录制下来。后期录音是指在拍摄完毕后，再单独录制解说词。从制作效率上看，同期录音的效率更高，但同期录音对录音设备、现场环境有一定的要求。从录音质量上看，后期录音能得到更好的声音质量，但后期录音的步骤较为烦琐。考虑到制作成本与效率，一般微课视频中教师的授课、人物之间的对话、PPT 讲解以及软件操作录屏内容多采用同期录音方式录制。

2. 添加音效和背景音乐

音效和音乐的使用需要服务于微课，不要喧宾夺主，干扰学习者的注意。在微课中使用音乐时尤其要慎重，应避免从头到尾使用大段音乐作为背景音乐。一般的做法是在微课的开始部分使用简短的音乐来唤起学习者的注意，激发学习者的学习兴趣；在微课的中间部分使用一些符合教学内容和节奏的音乐，以调解学习者的情绪，营造轻松愉悦的学习氛围；在结束部分使用简短的结束性音乐，舒缓学习者集中精力学习后的紧张情绪。对于相对枯燥的教学内容，音乐的加入也可提高微课的视听吸引力。

为了使微课的音乐变化柔和细腻，需要对音乐的开始部分做渐强处理，对结束部分做渐弱处理。两段音乐之间的过渡一般做交叉淡变处理。这些处理可以在 Camtasia Studio 的 "Audio"（音频）面板中完成，如图 9-17 所示。

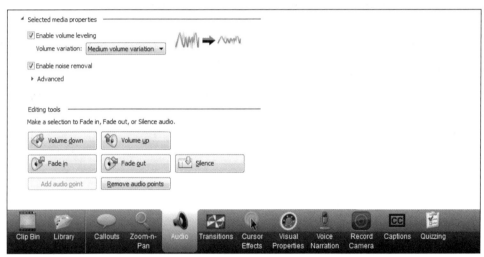

图 9-17　在 Camtasia Studio 的 "Audio" 面板中进行声音的渐变处理

声音制作的总要求是解说清晰、优美动听、语言规范，音效真实自然、形象生动，音乐节奏适合教学内容的呈现。这三种声音的构成比例要协调，充分发挥声音的感染力，促进学习者的学习。

3. 发布文件

为了方便微课的网络传播与学习使用,微课教师需要将微课输出为指定大小的视频文件。教师需要熟练掌握微课视频编辑软件的视频输出操作。在 Camtasia Studio 中，单击 "File"（文件）菜单下的 "Produce and Share"（制作与分享）命令，在弹出的 "Production Wizard"（制作向导）面板上选择符合要求的预制参数，即可输出最终的视频文件。设置视频文件的参数时，应考虑微课视频的数据量，权衡数据量与图像质量之间的关系。一般输出的微课视频的分辨率为 1280×720 像素，帧率为 25 帧/秒，文件格式为采用 H.264 编码的 MP4 格式，如图 9-18 所示。

图 9-18　利用 Camtasia Studio 输出指定格式的微课视频

　　对于制作完成的微课视频，如果需要将其转换为其他大小和格式的视频文件，可以使用格式工厂软件进行转换，如图 9-19 所示。

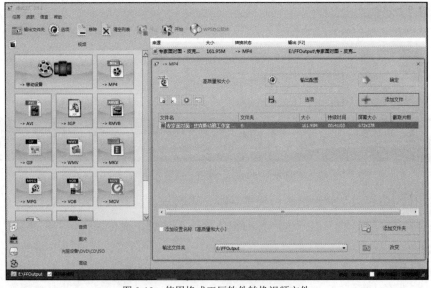

图 9-19　使用格式工厂软件转换视频文件

第十章　微课的基本教学技能和教学效果评价

教学既是一门科学又是一门艺术，它建立在教师具有广博的知识和较高的教学技能的基础之上。具备较高的教学技能的教师可以把教学搞得生动活泼，有效促进学生学习，形成独特的教学艺术。微课教学包含科学性、艺术性、情感性、特质性和技术性五个要素。从这些要素出发，教学文本的质量、现代教育技术的应用效果和教学风格是评价微课教学效果的三个主要方面。以此为基础提出教学效果量化评价标准，对微课的建设而言有重要的现实意义。

第一节　基本教学技能

基本教学技能是指教师在教学活动中运用专业知识和教学理论，依据学习理论和教学原则进行教学设计和教学研究，组织课内外教学活动，有效促进学生完成学习任务的活动方式。基本教学技能分为教学语言技能、教态变化技能、板书技能、讲解技能和演示技能。

一、教学语言技能

苏联教育家苏霍姆林斯基说："教师的语言修养在极大的程度上决定着学生在课堂上的智力劳动效率。"教师的教学语言技能是提高教育教学质量的基本教学技能。

1. 教学语言技能的含义

教学语言是教学信息的载体，是教师完成教学任务的主要工具。教师的教学语言水平是影响学生的学习水平和学习能力的重要因素，在引导学生学习、启发学生思维、实现教学目标等方面具有重要作用。教师在课堂上用来阐明教材、传授知识、组织练习、不断激发学生积极学习以完成教学任务所运用的语言，就叫作教学语言。我们深信，高水平的语言修养是合理利用时间的重要条件。教师的语言表达形式是多种多样的，包括口语、书面语言及体态语言。口语是课堂教学中语言表达的主要形式。

2. 教学语言的构成

教学语言由基本语言技能和特殊语言技能两方面的因素构成。

（1）基本语言技能

这是在社会交际中人人都必须具备的语言技能，包括以下诸要素。

① 语音和吐字。语音是语言的物质材料。有了语音这一载体，表达信息的符号——语言才能以声音的形式发出和被感知。在交际特别是教学中，对语音的基本要求是规范，即要用普通话语音来讲话，方言是交流的极大障碍。比如，有位教师对"多"和"独"的发音区别不开，因此在讲"多幕剧"和"独幕剧"的区别时，这位教师若不借助板书，学生就很难听清楚。与语音相关的还有吐字问题，造成吐字不准确的主要原因是发音器官（唇、齿、舌）

的动作在发相应的字音时不到位。这种问题只要有意识地矫正并经常练习，养成习惯，是完全可以解决的。

② 音量和语速。音量指声音的大小，声音过小听不清楚，声音过大没必要，使人听起来感觉不舒服。音量应控制在教室内安静的情况下最后一排也能听清楚。音量大小和气息控制有关。要达到一定的音量，就要注意深呼吸，要注意有控制地用气。注意音量的保持，避免听得清前半句，听不清后半句。要把每一句的最后一个字都清清楚楚地送进学生的耳朵。语速是指一个人讲话的速度。耳朵有一定的承受力，超载就听不清，以每分钟 200～250 个字为宜（播音员为每分钟 350 个字）。

③ 语调和节奏。语调一般指的是讲话时声音的高低升降、抑扬顿挫的变化。合度的语调可以加强口语表达的生动性。节奏是指讲话时的快慢变化。它和语速有联系，但不是一回事。每个字音长音短的时间并不一样，句中句间长短不一的停顿就是节奏。善于调节音调的徐疾变化，形成和谐的节奏，同样可以加强口语表达的生动性。

④ 词汇。没有词汇就没有语言。一个人只有具备一定的词汇量并能正确、熟练地运用于口头表达中，才能具有一定的口语技能。在课堂口语中，对词汇的要求是：规范，即要用普通话的词汇进行交流；准确，即表达意思时要用恰当的词语，不走样；生动，即注意用词的形象性、可感性，注意用词的感情色彩，能启发想象、联想，激发人的感情。

⑤ 语法。要注意符合语法要求，否则容易让人听不懂或费解；还要注意合乎逻辑。

（2）特殊语言技能

特殊语言技能是指在特定的交流中形成的语言技能。教师的课堂口语技能是在课堂教学的特殊环境中形成的。加强教师的语言修养，就是要培养教师具有良好的口语技能。教师要提高口语技能的科学性、艺术性，需要注意以下几个方面。

① 准确。要确切地表述概念、原理、定律等，而不是错误或含混不清地表述。

② 规范。虽然是口头语言，但也要符合现代汉语的规范，如发音要标准，吐字要清楚，遣词造句要讲究语法，叙述事理要合乎逻辑。

③ 言简意赅。语言表达应明白简练。所谓明白，即语言通俗易懂、深入浅出，使学生明确地知道教师所要表达的内容以及教师本人赞成什么、反对什么。那种模棱两可、似是而非的语言是不能表达明白的。所谓简练，即语言简洁清楚、干净利落、恰到好处。至于那种毫无目的、毫无选择的旁征博引，尽管教师讲得绘声绘色、天花乱坠，学生却抓不住教学的重心，效果很差。

④ 语言要生动形象，富于启发性。把抽象的概念具体化，把深奥的道理形象化，运用学生们所熟知的生动事例启发、引导学生理解、掌握并运用所学的知识。不管是概念也好，原理及定理也好，都是前人总结出来的经验，具有一定的概括性和抽象性，有些蕴含深奥的哲理，这就给初学者带来一定的困难。这时如果运用恰当的典故、生动的比喻、形象的事例，既可增加教师授课的趣味性，活跃课堂气氛，又可帮助学生加深对知识的理解和记忆。

⑤ 语言要有节奏。这是教师运用语言的技巧问题，讲话时不能总是一个声调、一个速度，要有停顿，该高则高，该低则低，该快则快，该停则停。停顿的目的是给学生回味、思考的

时间。高低快慢、轻重缓急、抑扬顿挫，可抓住学生的注意力，减轻学生的疲劳感，使学生时刻处于最佳思维状态。很多时候，经验丰富的教师可以将自己的课程与现实生活联系在一起，让学生听起来豁然开朗，感悟颇深。

3. 语言训练

在课堂上，教师要从一定的教学目的、教学内容、教学对象出发来组织自己的语言，这就形成了课堂口语的特殊结构。课堂口语的三个要素（阶段）为引入、介入和评核。

（1）引入

引入是指教师用不同的方式使学生对所学内容做好心理准备，其中又有若干细节。

① 界限标志：指明一个新话题或新要求的开始。

② 点题、集中：指明新话题或新要求的目的。

③ 指名：指定学生回答。

（2）介入

介入是指教师用不同方式鼓励、诱发、提示学生做出正确的回答或正确执行教师的要求，又分为以下几种方式。

① 提示：是指为了使学生做出正确的回答，教师提出问题、提供知识、指示行为的依据。

② 重复：是指重复学生的回答，目的是引起全体学生的重视以做出相应判断。

③ 追问：教师根据学生的回答（不完全正确或完全错误）提出问题，以引发学生思考，得出正确的答案。

（3）评核

教师以不同的方式处理学生的回答。在评核这个要素中，又有以下若干细节。

① 评价：对学生的回答加以分析和评论。

② 重复：教师重复学生的回答，以引起重视。

③ 更正：学生的回答依然不正确，教师予以分析、更正，并给出正确答案。

④ 追问：教师根据学生的回答（不完全正确或完全正确）继续提出问题，以引起学生深入而广泛的思考。

⑤ 扩展、延伸：在已经得到正确答案的基础上，联系其他有关资料进行分析，使学生对问题的认识更深入、更广泛。

4. 教学语言技能的评价

按照表 10-1 所列的评价内容为待评价的教学语言技能打分。

表 10-1　　　　　　　　　　　　　教学语言技能评价表

评 价 内 容	评 价 标 准			权　重
① 语言流畅，节奏适当	好	中	差	0.1
② 正确使用本学科的名词术语	好	中	差	0.13
③ 比喻恰当，通俗易懂	好	中	差	0.1
④ 逻辑严密，条理清晰	好	中	差	0.13

评 价 内 容	评 价 标 准			权 重
⑤ 感情充沛，语言具有趣味性和启发性	好	中	差	0.1
⑥ 普通话发音准确	好	中	差	0.1
⑦ 语调抑扬顿挫，舒缓适当，有节奏感	好	中	差	0.08
⑧ 运用短句，避免语句过长	好	中	差	0.08
⑨ 简明扼要，重点之处重复强调	好	中	差	0.1
⑩ 没有明显的口头语和多余的语气助词	好	中	差	0.08

如果评价的分数在 0.5 以下，教师就需要通过一些方法进行训练来提升教学语言使用方面的能力。

二、教态变化技能

有魅力的教师在课堂上的举手投足、一个表情、一句话均能对学生产生深刻的影响，继而形成自己特有的个人魅力。如果想在短时间内形成自己的教学风格，就必须了解下面有关教态变化技能的知识。

社会心理学认为，几乎一切非言语的声音和动作都可以作为沟通的手段。教师在课堂上的体态语有效地开辟了师生信息交流的第二渠道。

1. 教态变化的含义

教态变化是指教师讲话的声音、使用的手势和身体运动等的变化。这些变化是教师教学热情及感染力的具体表现。教态变化不需要借助其他工具就可以实现，是最基本的教学技能。教师在深得教材精髓的前提下，借助面部表情、手臂活动等教学辅助方式，活灵活现地外化教材的主题、情感、知识，使学生在潜移默化中把握教材并开发思维。

需要指出的是，刺激的变化并非绝对的刺激等级的变化和增强学生的惊觉反应。有充分的生理证据证明，刺激变化对学生所产生的激发作用主要是获得和抓住学生的注意力。在教学中，只有抓住学生的注意力，他们才更喜欢向你学习。

教师运用教态变化技能时要根据教学内容和学生的特点确定变化的类型，注意每一种类型的应用都要有助于增强学生的注意力和传递教学信息。教态变化技能的应用还要合理适度。

2. 教态变化的类型

（1）身姿变化

身姿是指教师在教室里时身体位置的移动和身体的局部动作。教师适时适度地在教室中走动，不但不会分散学生的注意力，还会使课堂更有生气，有助于调动学生的积极情绪。教师从讲台上下来走到学生中间，可以加强师生间的感情交流，密切师生关系。但是要注意，教师在课堂上的走动不要过于频繁，以免造成学生的视觉疲劳，分散学生的注意力。身姿变化中还有一个重要的方面是手势。手势是强化教学效果的重要方式。教师恰如其分的手势能够增强语言的表现力，突出重点，使学生加深印象。教师做出某种手势的目的要明确，不要带有随意性。手势的变化不要过于琐碎、过多，要适度、自然大方；反之，生硬造作的手势，如挠头皮、挖鼻孔、敲桌子等，不仅不能给人以美感，还会分散学生的注意力，影响教学效果。

（2）表情变化

课堂上师生之间的情感交流，不但是创造和谐课堂气氛的重要因素，而且对开发学生的智力有重要作用。教师上课时面带微笑，具有感染力的表情可以让学生感受到关心、爱护、理解和支持，激发积极的情感，并延伸至热爱教师讲授的课程内容。

（3）眼神变化

教师在教学时要密切注视学生的眼睛，通过观察学生的眼睛获取学生的反馈信息。如果教师讲课时不面对全班学生，与学生没有长时间的眼神交流，学生就不愿意被动地接受教师传递的讲课信息，教师也不能从学生的目光中发现他们对课程的反应。

（4）停顿变化

停顿是引起注意的一种有效方法。前面讲过，停顿的目的是给学生回味、思考的时间，抓住学生的注意力，减轻学生的疲劳感，使学生时刻处于最佳思维状态。

3. 教态训练

如果你是一名不善于表达的教师，如何使用丰富的肢体语言配合语言讲解呢？如何达到此时无声胜有声的效果呢？可以试试下面的方法。

首先，需要做的是沉着、稳重、自然大方，使学生敬而不畏，感到听你的课是一种美的享受，越听越爱听。教师既不要待在一个位置用一种机械的姿势讲课，也不要在讲台上频繁地来回走动，以免分散学生的注意力，影响他们听课的效果。

其次，使用眼睛环视全班学生。教师的视线要注视全班学生，既不能只面对课本、教案，也不能只面对黑板。教师的视线要尽量环顾班内的每一位学生，通过眼睛与学生交流，得到反馈。

最后，情绪饱满、自然。教师的情绪要乐观、饱满，笑而不露，表情发自内心而自然流露，从而调剂学生听课时的情绪，减轻学生的疲劳。

4. 教态变化技能的评价

作为能够使学生感觉亲近且留下深刻印象的教师，我们需要随时注意自己的教态是否得体。可按照表 10-2 所列的评价内容为待评价的教态变化技能打分。

表 10-2　　　　　　　　　　　教态变化技能评价表

评 价 项 目	评 价 等 级			
	优	良	中	差
① 穿着端庄大方，打扮自然				
② 目光与学生的接触恰当自然，关注全体学生				
③ 面部表情严肃而又友善，有亲和力				
④ 神态自若、镇静，有幽默感				
⑤ 教态与教学内容协调一致				
⑥ 表情、目光、手势、体位等有变化				

三、板书技能

在现代化教学手段广泛使用的今天，教学板书仍然起着不可忽视的作用，板书设计的好坏直接影响教学效果。板书是教师进行教学的基本功之一，也是教师必须掌握的一项基本教学技能。

1. 板书的含义

板书是课堂教学的重要辅助手段，也是课堂教学的一大优势。板书是教师在教学过程中为了帮助学生理解和掌握知识而在黑板上以凝练的文字符号、图表等呈现的教学信息的总称。除了教师写在黑板上的授课内容的主要标题，教学板书还包括板演和板画两种形式。板演是指教师在黑板上推导的公式、演算的例题以及书写的方程式等，是理科教学中常用的一种形式，一般效果要优于计算机多媒体演示。板画是指教师在黑板上画的各种图形、符号和表格，在美术、生物、物理、化学等学科中常用。

2. 板书的类型

板书设计没有固定的模式，一节课采用哪种板书形式，主要取决于教学内容。内容决定形式，形式服务于内容。教师在备课时首先必须吃透教材，把握教材内容的特点；其次还要考虑教学目的，比如是让学生掌握基础知识还是培养实际能力；最后，课程特点以及学生的实际情况也是决定板书形式的因素。一般来说，教学板书可以分为基本板书和辅助板书。基本板书也叫作主板书，是体现教学目的和教学内容内在联系的重点、难点和关键点的板书，体现教学内容的基本事实、基本思想及结构形式。基本板书是整个课堂板书的骨架。辅助板书也叫副板书。辅助板书是教师为了引起学生的注意或为了解释一些学生难以理解的字、词、符号等，随机在黑板右侧写下的板书。依据具体表现形式，教学板书分为词语式、提纲式、结构造型式、表图示意式等类型。

3. 板书技能训练

训练目标：能够根据教学的实际需要，运用常见的板书类型进行规范的板书设计。

训练程序：包括以下几个环节。

① 知识准备：首先了解有关板书的基本知识，例如教学板书的作用有哪些，教学板书有哪些基本形式，如何根据教学实际恰当选择板书形式，板书设计应考虑哪些因素，运用板书时需要注意的问题有哪些。

② 提供示范：查找有关板书的典型实例，了解相同教学内容可以采用不同板书形式，分析不恰当的板书形式，进一步掌握板书设计的类型及需要注意的问题。

③ 教学实践：选择一个单元的教学内容，根据教学需要设计板书，要求为相同内容至少设计三种板书形式，并对设计的板书进行教学实践。步骤包括设计板书草稿、板书设计自评、板书设计他评、修改板书设计重新实践。

4. 板书技能评价

表10-3是一个有关板书的自我评价量表，可以对照相应内容进行自我评测。

表 10-3 　　　　　　　　　　　　　　　　　板书自我评价量表

课题名称：＿＿＿＿＿＿＿＿＿　日期：＿＿＿＿＿＿＿　评价人：＿＿＿＿＿＿

评 价 项 目	评 价 成 绩	参 考 权 重
① 文图准确，科学性		12
② 层次分明，条理性		12
③ 简明扼要，简洁性		12
④ 书写规范，示范性		10
⑤ 重点突出，计划性		12
⑥ 布局合理，艺术性		10
⑦ 形式多样，启发性		10
⑧ 讲写配合，适时性		12
⑨ 运用灵活，创新性		10
总评：A 优秀（85 分以上），B 良好（70～85 分）， C 合格（60～70 分），D 不合格（60 分以下）	总成绩：	

四、讲解技能

讲解是教学中常用的技能之一，几乎在每一堂课的教学活动中都有教师的讲解过程。教师的讲解技能的熟练程度直接影响教学效果。

1. 讲解技能的含义

讲解技能是指教师在课堂教学中运用讲解的方法完成教学任务，达到教学目的的教学行为方式。讲解技能是教师应具备的诸多教学技能中最基本的、运用频率最高的，也是运用最广泛的技能。讲解技能是教师传授知识、启发思维、表达情感、传播思想的一种教学行为，这种教学行为能充分发挥教师在教学中的主导作用，控制教学进程，掌握教学进度，且具有信息传输密度高、知识面宽等特点。正面的、系统的讲解可使学生少走弯路。

讲解技能有两个显著的特点：一是教学媒体的单一性，即以语言为唯一媒体；二是信息传递的单向性，即由教师传向学生。

2. 讲解技能的类型

根据不同的标准、层次，讲解技能一般分为解释式、描述式、原理中心式和问题中心式等几种类型。

（1）解释式

解释式又称说明式、翻译式，通过讲解把未知和已知联系起来，因其讲解内容的不同又可分为意义解释、结构/程序说明、翻译性解释和附加说明。

解释式一般适用于初级的、具体的、事件性的知识。对于抽象的、复杂的知识，单用解释方法难以收到好的效果。解释是经常、普遍运用的一种讲解方法。

（2）描述式

描述式又称叙述式或记述式。描述的对象是人、事和物，描述的内容是人、事、物的发生、发展变化过程和形象、结构、要素，描述的任务在于使学生对描述的事物、过程有一个完整的形象，有一定深度的认识和了解。描述又可分为以下两种。

① 结构要素性描述。要注意揭示事物的结构层次关系和要素间的关系，突出重点，抓住关键，注意运用生动、形象的比喻和类比方法。

② 顺序性描述。按事物发生、发展变化的先后顺序进行描述，可分为顺叙、倒叙、插叙等，但其时间顺序不能颠倒。对于此种描述，要注意事物发展的阶段性，注意抓事物发展的关节点，而不是无重点、无要点、流水账似的叙述。

由于描述式讲解的内容主要是事物的结构变化过程，因此所描述的知识多是形象性的、具体的，也是初级的。描述可以提供大量的材料，激发学生的形象思维（如联想、想象）的发展。但是，描述难以胜任抽象知识的传授，也难以培养学生的逻辑思维（或说概念和理论思维）能力。描述是大量应用的一种讲解方式。

（3）原理中心式

原理中心式讲解是以概念、规律、原理为中心内容的讲解，又可细分为概念中心式和规律中心式。原理中心式讲解是教学中最重要、最基本的一种教学方式，这是因为概念、规律的教学是基础教学中的核心部分。

（4）问题中心式

问题中心式讲解即以解答问题为中心的讲解。"问题"即未知，它从实际中来，以事实材料为背景。"解答"即由未知到已知的认知过程，认知的关键是方法。有了有效的方法，也就有了"过河的船和桥"，"过河"就不再是空话。选择方法和具体解决问题都离不开知识，也离不开思维能力。问题可能是一道练习题、作文题、智力测验题，也可能是带有实际意义的课题。总之，问题中心式讲解具有一定的探究性，处理得当对启发学生的思维、培养能力大有好处。当然，要取得好的效果，还需把讲解技能与其他技能结合起来运用。

3. 讲解技能训练

（1）实训目的

能综合运用讲解技能和技巧完整地讲解本专业的某一个知识点。

（2）实训要求

① 能够根据不同场合、情境恰当选择讲解技能的类型。

② 能够结合自己的学科知识恰当组合使用基本的讲解方法。

③ 能够使用各种讲解方法编写教案。

④ 综合运用体态语言，注意语音、语调的准确运用。

（3）实训材料

① 一套模拟教学内容的卡片。

② 多媒体教学设备及相应教学内容的影像资料或 PPT 课件。

③ 模拟学生问答。

（4）实训课时

实训课时为 1 学时。

（5）实训内容与步骤

① 学生分组，归类分析教师在不同场合下采用的讲解方法，体会综合运用不同方法的效果，并进行简要评价，加深对讲解方法的理解。

② 根据提供的教学影像资料或者选择具体的情境，选用适当的方法，组织教师进行策略性讲解。

③ 提出建设性反馈意见。

④ 交流分享。

4. 讲解技能评价

按照表 10-4 所列的评价内容为待评价的讲解技能打分。

表 10-4　　　　　　　　　　　讲解技能评价表

日　　期	任 课 教 师		
请您在听课后对以下各项进行评价，并在恰当的等级栏内画勾			
评 价 项 目	评 价 等 级		
	优	良	中	差
① 讲解内容准确，观点科学				
② 讲解目标明确，条理清楚				
③ 描述生动，富于感染力，有趣味				
④ 语言简练、清晰，普通话标准				
⑤ 音量、语调、语速、节奏合适且有变化				
⑥ 启发学生思考，戒除"满堂灌"				
您有什么建议，请写在下面：				

五、演示技能

目前大多数学校的教室都配备了多媒体柜，教师可以非常方便地利用现代化教学手段和教学媒体开展教学活动。优秀的教师可以灵活地利用丰富的演示材料充实课堂内容，加深学生对知识内容的理解，更好地完成教学任务。那么，教师如何有效地提高自己的演示技能呢？

演示是教师在传授知识时运用各种直观教具、实验以及现代教学媒体传递信息的一种教学行为方式。演示有时在新知识讲解之前进行，有时在讲解之后进行，但多数是与讲解同步进行的。无论采取哪一种形式，演示对教学都有直观强化作用。

1. 演示技能的含义

演示技能是指教师在课堂教学中，通过演示各种实物、教具、操作性行为或运用信息技术及相关资源为学生呈现教学信息等，引领和指导学生进行观察、体验、感悟，让他们形成正确的表象，产生感性认识，提升知识与技能的教学行为方式。

演示技能是课堂教学中常用的一种技能，教师可以通过演示呈现教学信息，帮助学生学习知识与技能。但是，教师所进行的一系列演示不是盲目的、随意的，而需要用自己个性化的演示技能指导自己的教学行为，需要用创造性劳动创建独特的教学情境，以获得较高的教学质量和效率。所以，要不断研究教学理论，使演示技能形成更精彩的教学行为。

2. 演示技能的类型

演示技能的类型主要有实物/标本/模型演示、挂图演示、幻灯/投影演示、电影/电视/计算机演示等几种类型。

（1）实物/标本/模型演示

在教学过程中，演示实物、标本和模型的目的是使学生充分感知教学内容所反映的主要事物，了解其形态和结构的基本特征，获得对有关事物的感性认识。为了使学生的观察更有效，教师在恰当地使用演示技能的同时，还要用简洁的语言适时地引导和启发学生思维，使其更好地掌握所观察的内容。具体来说，对于这类演示要注意以下问题。

① 材料演示要与语言讲解恰当结合。教师把实物、标本、模型等展示给学生之后，不做讲解而只让学生自己观察的做法是不正确的。同样，在学生观察时，教师滔滔不绝地进行讲解，不给学生留下思考的余地，也是不可取的。讲解与演示有机结合，讲解与学生的思维有机结合，体现了教师演示的教学艺术。

② 实物演示与其他演示手段恰当结合。实物和标本的结构界线有时不清，影响学生清晰而准确地感知。为了深化学生的直观感觉，加深他们对所学知识的理解，凡是外部结构界线不清的以及内部结构和生理过程难以观察的实物、标本和模型，都应配合挂图、板画、幻灯、投影、电视录像等演示手段，从而引导学生的观察向深入发展。

③ 对模型演示做必要的说明，一般可按标本的演示方法进行。但是有时它的大小、比例以及颜色等与实物有所不同，必须向学生交代清楚。

④ 必要时重复演示和观察。在教授新的教学内容后，学生已经获得了一定的知识，必要时可再次演示，以起到验证、巩固、检查、加深已获得的知识的作用。

（2）挂图演示

挂图是教学中最早使用的一种教学辅助手段。它不但制作简单，而且使用灵活方便，不受地点条件的限制。挂图一般包括两类：一类是正规的印刷挂图，另一类是教师自制的简略图、设计图、结构图、分类图、表格和象形图等。挂图是教学中最常用的直观教具，我们在演示时注意以下问题。

① 把握好演示时间。不能在课前就将挂图展示给学生，以免分散学生的注意力。上课前应把挂图背面朝外挂在挂图架或黑板上，需要时再挂在明显的位置上让学生观察，使用完毕后再把它翻过去或取下来放回原处。这样，学生就不致被挂图分散注意力，观察时也会有一种新鲜感。

② 挂图和语言文字有机结合。在演示过程中，教师一方面要进行必要的讲解，另一方面还要写板书，发挥多种符号的作用，帮助学生理解。为了使挂图与语言文字配合得既恰当又自然，教师应注意采取缩短挂图与板书间的距离的办法，在挂图的旁边对应于挂图中各部分的位置写板书。演示挂图时不写板书，总结时再写板书，使板书起到归纳总结的作用，做到讲解、演示和板书有主有次。

③ 画略图或使用辅助图配合主图。挂图的大小是有限的，尤其是在图形比较复杂的时候，不管多大的挂图都难免有个别细小的部分不易被学生看清楚。例如，地图中的某些地区不容易看清楚。如果挂图上没有局部放大的内容，教师就应当在讲解中在黑板上画一些略图，或使用辅助挂图，把局部放大，帮助学生配合主图看清那些细小而重要的部分。

（3）幻灯/投影演示

幻灯/投影演示就是使用幻灯机、投影仪进行的演示，能够化抽象为具体、化虚为实、化大为小，向学生提供相关事物丰富的感性材料。幻灯片、投影片的制作简单，成本低廉，容易掌握，因此幻灯机和投影仪在现代教学中的运用十分广泛。进行幻灯/投影演示时，应该注意以下问题。

① 要保证画面质量。幻灯、投影放映出来的画面质量直接影响教学效果。清晰、色彩鲜明、色调调和的画面能够引人入胜；反之，模糊、色调暗淡的画面会使人产生厌烦情绪。因此，演示前应对幻灯片、投影片进行精心设计，仔细挑选；放映时把焦点调节准确，画面大小适当。

② 演示时间不宜过长。幻灯、投影虽然容易引起学生的注意，激发学习兴趣，但长时间演示会使学生产生视觉疲劳，因此每次演示的时间不宜过长。另外，演示的次数要适当，不能过于频繁。

③ 室内局部遮光。幻灯机、投影仪的亮度较高，但在演示时仍需有一定的遮光条件。教室内长时间遮光会影响学生的视力，若明暗变化过大，不但教师操作不方便，还会影响学生的情绪。因此，一般采用局部遮光的办法，把靠近银幕的窗户遮挡起来。这样既不影响学生看书和做笔记，又不会太影响放映效果。

（4）电影/电视/计算机演示

这类演示利用电影放映机、电视机或计算机等现代化教学媒体进行。电影、电视具有图像鲜明生动、形象直观的特点，并且图像和声音同步。计算机演示是指运用电子投影仪放映演示文稿或教学课件，这类演示能使教学内容得到充分表达，有助于激发学生的学习动机和集中注意力，加深学生对知识的理解。

电影/电视/计算机演示与课堂教学配合，是目前国内外普遍重视的一种教学方法。这种演示方式给学生提供了感性材料，在加深对抽象知识的理解、拓宽学生的知识面和发展他们的思维能力等方面都有重要作用。使用电影、电视、计算机等媒体进行演示时，必须做好以下几方面的工作。

① 课前准备。这主要包括选择媒体软件，了解媒体软件展示的详细内容；安排课程进度，把媒体软件的内容和课堂教学活动有机地结合起来；准备演示前必要的说明、关于媒体软件所展示内容的提示以及在观看中应思考的问题，和有关部门进行联系，等等。

② 辅助课堂教学。在用电影、电视、计算机辅助教学时，可在概念、原理的讲解之前进行演示，也可以在此之后进行演示，为学生对概念和原理的理解提供感性材料。具体程序是：教师讲解概念或原理；利用媒体软件提供感性材料；结合讲过的概念、原理对媒体软件所展示的内容进行系统分析，促进学生认识的深化；继续讲解新的教学内容。

（5）实验演示

在课堂教学中，为了使学生对教学内容获得直观的感性认识，有时也采用实验演示的方式。实验演示有 3 个突出的特点，即科学性、直观性和启发性。实验演示可分为获取新知识的实验演示和验证、巩固知识的实验演示两种。

获取新知识的实验演示是教师向学生讲解、传授新知识之前所进行的有关实验演示。在演示时，教师要先详细说明实验条件，在学生看到实验现象后，启发、引导学生对实验现象进行分析、解释，从而得到正确的结论。而验证、巩固知识的实验演示是指教师先向学生讲解知识，学生掌握这些知识以后，教师再进行实验演示。演示之前，教师要向学生说明要做什么实验，引导学生运用刚学过的知识预测将产生什么结果，再开始实验。实验完毕后，让学生说明为什么会产生这样的结果，并用所学的知识解释实验现象。

3. 演示技能评价

针对如何合理地运用演示技能，可以利用表 10-5 进行自我测试。

表 10-5　　　　　　　　　　　演示技能评价表

日期	任课教师			
请您在听完课后对以下各项进行评价，并在恰当的等级栏内画勾				
评价项目	评价等级			
	优	良	中	差
① 演示体现的教学目的、内容与课程内容配合紧密				
② 演示操作规范、熟练，效果清楚、明显				
③ 激发学生的兴趣，积极探索				
④ 指引观察及时恰当				
⑤ 归纳总结，形成概念				
⑥ 演示简便易行				
您有什么建议，请写在下面：				

第二节　微课教学技能的运用

在微课教学过程中，各种教学技能的合理运用是提高教学质量和教学效率的重要因素，也是选择适合学科内容和教学对象的教学方法的关键环节。教学语言技能、板书技能和讲解技能在教学过程中又是如何运用的呢？

一、教学语言技能的运用

课堂教学要求语言简练生动、富有感染力、逻辑性强。和普通的课堂语言相比，微课教学语言还要在短时间内吸引学生的注意，快速实现教学目标，这对教师提出了更高的要求。微课教学语言更需要做到条理清晰、逻辑性强，既要简明扼要，语义明确清晰，又要口语化、通俗易懂。

在微课教学中，第一要注意语言的应用规范。教学和写文章一样，要有铺垫，有发展，有高潮和低谷。一定要注意长短搭配，多用通俗易懂、具有画面感的语言。语调讲究高低，语速讲究快慢。

第二要注意语言的现场感。微课教学和传统教学不同，通常没有学生参与。在这种情况下，教师应避免个人独白式的机械讲解。设问式的语言最具现场感，可以多加运用。教师要做到目中有人，就像学生坐在对面正在与自己互动。

第三要注意语言的节奏。由于在微课教学中学生分散在各处进行学习，环境的干扰较小，教学语言的节奏显得更为明显。在讲解重点和难点时，语速可以慢一点；在讲解学生容易理解的部分时，语速可以快一点。

第四要注意语言的引导性。教师要引导学生向自己期望的方向思考问题，引导学生对问题的深层次理解，引导学生主动发现规律。

第五要注意语言的启发性。在微课教学中，可以通过以下方式启发学生思考：一是设"问"，围绕教学内容提出各种问题；二是设"点"，对难以理解的问题进行适当点拨；三是设"停"，在关键的地方停顿，为学生留下一定的思考时间。

第六要注意背景音乐的处理。微课教学中背景音乐的音量不能太大，也不要用学生熟悉的曲调，以免干扰学生的学习。

二、板书技能的运用

写板书是课堂教学的一个必要环节，板书的最大优势是可以长时间地向学生传递信息，强化学生对知识的记忆，提高认知水平。

在微课教学中，通过板书可以清晰地展示教学内容的层次结构。板书既是教学内容的凝练和浓缩，也是教学内容的导读图示。屏幕代替不了黑板，计算机也代替不了板书。教学板书要求讲写结合，不要使讲与写脱节。板书要精心设计，不能随心所欲。板书中的每一个词语和每一条线的位置与形式都要事先计划好。

板书可以应用在课堂教学中的任何一个节点。例如，在讲解知识点时，可以用板书呈现重要的概念；在进行小结时，可以用板书呈现概念中的关键词；在讲解操作过程时，可以用板书呈现具体的步骤；在最后总结时，可以用板书呈现知识网络。这样既能体现板书的价值，又能与现代教学媒体相互补充。

在微课教学中，板书要简约，要真正起到对教学要点的提示作用。多媒体课件与板书的有效结合不仅可以再现教师用语言难以描述的过程，而且可以揭示各个知识点的内在规律及其相互间的联系与区别，激发学生的学习兴趣。

例如，PPT课件可以展示教学中的一些复杂和抽象的内容，板书可以分析和拓展PPT课件所展示的重点和难点内容，起到承上启下和画龙点睛的作用。

除此之外，还要对板书进行整体设计。可以将标题与教学内容组成一个有机的整体，使标题在板书中处于统摄地位，教学内容在板书中处于主体地位。这种设计可以将标题与内容组成一定的几何图形，使学生在感受几何图形之美的过程中理解和把握教学内容。

多媒体课件和板书都是教学手段。多媒体课件可以使教学内容具有更强的表现力，扩充教学容量。精心设计的板书可以直观地展示教学内容的脉络，突出重点和关键点。

三、讲解技能的运用

有经验的教师可以用轻松简洁的语言把复杂的问题向学生讲解清楚。在课堂教学中，教师用语言向学生描述、分析各种现象或问题，讲解概念、公式、定理、法则，指导学生分析和解决问题的过程称为讲解。讲解又称讲授，它是指运用语言对知识进行解释和分析，充分剖析事实的外在条件，描述事实的内涵，揭示不同事物间的内在联系，帮助学生领会、理解、掌握教学内容的本质和规律。

讲解技能是最基本的教学技能之一，其优点在于能在较短的时间内向学生传授大量的知识，及时向学生提出问题，指出解决问题的途径。

在微课教学中，除了把握好发音和语速外，也要关注讲授线索的清晰度。在传统课堂教学中，有时有两条甚至多条线索。在微课教学的有限时间内，多条线索可能会造成表意不清，适得其反。因此，在微课的设计中，要求尽可能只有一条线索，在这条线索上突出重点内容。在讲授重点内容时，如需罗列论据，则必须做到精而简，力求论据充分、准确，不会引发新的疑问。除此之外，还要做到以下几点。

① 有清晰的讲解结构。在明确新旧知识相互联系的基础上，形成清晰的讲解框架，引导学生理解、巩固和应用新知识。

② 形成认识能力。在讲解中帮助学生归纳总结得出结论的思维过程和方法，促进学生对新知识的认识。

③ 形成启发性思维。把握讲解的时机，给学生留有一定的思考余地。对直观、具体的现象进行分析和概括，将其升华为理性的概念和规律。

第三节　微课教学中的互动与课件的应用

一、微课教学中的互动

在传统教学中，交互式教学强调以学生为中心，实现两个交互：教师指导和学生学习之间的交互；学生的学习策略、技能和知识之间的交互。交互式教学通过师生交流以及教与学之间的相互联动、相互促进，教师主导施教，学生主动认知。

运用交互教学法，不仅可以让学生在实践中主动获取知识，形成能力，还可以激发学生的学习兴趣，提高学生的自学能力。交互式教学是指在教学过程中，师生充分发挥各自的主观能动性，进而在师生之间、生生之间和群体之间进行讨论和交流，相互启发，相互促进。

微课作为一种新型学习资源，其核心就是微视频，但由于一般微视频在录制时没有学生参与，播放时师生之间又不能进行交互，这就给微课带来了交互性缺乏这一先天不足，严重影响了微课的学习效率。为了弥补没有学生参与的不足，在微课教学中可采用以下互动方法。

1. 实现人与教学资源间的互动

教与学的"时空分离"是微课设计与应用的一大特色，即教师提前录制微课，学生在课前、课后自主选择，开展个性化学习。

为了弥补微课缺少的交互性，在设计微课内容时，可以在微课中插入一些交互内容，让学生主动与教学内容进行交互。通过与教学资源间的有效互动，学生可以更好地理解和掌握知识，提高学习效率。例如，在微课中设置相关知识点的交互式练习题，让学生自主做题，自主纠正错误；也可以在微课中插入一些思考题、选择题等具有游戏功能的交互内容。学生在学习时，不仅可以观看教学视频，而且可以根据视频中提供的交互试题对学习内容进行巩固与强化，还可以返回到前段视频内容再次进行学习。通过不断引导，可以使教学视频的利用最大化，有助于培养学生的自主学习能力。

2. 增加互动元素

在设计微课时，增加互动元素，让学生带着问题听课，能提高课堂学习的效率。教学时重视问题与回答方式的设计，可以提高学生的主体参与程度。高水平的问题能引发学生进行有效的思考，理解事物之间的关系与规律。例如，在教学的导入环节，提出一个问题或布置一项任务。要恰当安排基本问题和核心问题，通过多样化的提问策略促进学生思考。

微课不是单纯的视频，也包括微练习等。没有设计练习和提出问题的微课，其学习效果只能是满足学生的视觉感受。在教学内容中，可以加入进阶练习，在恰当的时机提出问题，包括教师口头提问、板书提问和字幕提问等。

二、教学课件的运用

多媒体课件利用图像、动画等媒体技术，使抽象的、难以理解的知识变成直观、生动、形象的视觉信息，具有制作简便、容易操作等优点，因此成为了课堂教学中最常用的一种教学工具。

在微课教学中，教师在使用多媒体课件时，首先要认识到多媒体课件只是实施教学的一种手段，它的作用只是"辅助"，要以服务教学为前提。提高教学效率是计算机辅助教学的最终目的。从教师的角度说，借助多媒体课件进行教学更轻松省力。从学生的角度说，他们可以在最短的时间内学到最多的东西。学习兴趣是学生学习的直接动力，而多媒体课件的合理运用能更好地激发学生的学习兴趣。

在微课教学中怎样才能有效地运用多媒体课件呢？

第一，多媒体课件要与传统教学相结合，教师应根据教学内容选择合适的手段和方法。对于简单内容，只需要选用有效的传统教学方法，让学生主动思考和解决问题，而用多媒体课件会让学生形成思维定式，否则不利于学生的想象力和创造力的发展。

第二，教师要根据授课内容和教学目标，将辅助教学的图像、声音、文字、动画或者视频按照逻辑顺序组织起来，而不是所有教学内容都适合或有必要用多媒体课件来表现。教师要明确运用多媒体技术解决教学中的什么问题，达到什么要求。

第三，对于学生不容易理解的难点问题和教学中的重要内容，可以使用多媒体创设情境，通过直观、形象的课件辅助学生更加有效地理解教学内容。在理工类学科中，多媒体课件一般起的作用是突破难点，突出重点，启发想象力，激发学习兴趣。在文史类学科中，运用多媒体课件可以吸引学生的注意力，创设情境，还可以增大教学密度，丰富教学内容，扩大知识面。

第四，在制作多媒体课件时，直接大段复制教材中的内容会形成文字的简单堆砌，容易引发学生的厌烦情绪。而与之相对，过度注重课件的趣味性、技术性会分散学生的注意力。

第五，运用多媒体是为了辅助教学，其出发点和落脚点都是为了改善教学效果，但运用多媒体不是改善教学效果的唯一途径和手段，教师还应针对教学内容采取相应的教学方法、方式，合理地利用各种教学媒体，尤其是板书，取长补短。

微课有两大信息载体：一是画面，二是声音。清晰、明快而富有激情的教学语言能够拉近学生与教师的距离，打破显示器的阻隔。动态画面能使课件更加精彩动人，静态画面可以给人更大的思考空间。静态画面与动态画面相结合，可以进一步改善课件的教学效果。

微课的特点在于"微"。对于微课教学中的多媒体课件来说则在于精，要精准定位教学内容，所以课件的内容要精确，突出教学中的重点、难点。多媒体课件上的文字通常都是提炼出来的关于教学重点的关键字。

教师在微课教学中不能完全依赖课件。教师的语言讲解独具魅力，将教学语言、板书与课件完美结合才能达到更好的教学效果。

第四节　高校微课教学的相关要素

微课教学设计与开发是大规模在线课程健康发展的重要保障，学习效果的最优化是高校微课程建设的最终目标。由于高校微课不具有同质性，关注和重视其差异性是非常重要的。

一、高校微课间的差异

高校是多样性的，体现为学校类型、教学对象和学科性质的不同，这些差异形成了丰富的高校教育体系。尽管作为一种与现代教育技术相关联的新课程类型，高校微课有众多相同的特征，但高校微课不具有同质性，众多的高校微课会因为高校类型的差异而体现出差异。分析高校微课的差异，对微课的建设和评价是必不可少的。

1. 由教学对象导致的差异

尽管微课适用于不同的教学类型，中小学、高校都可以采用微课讲授教学内容，但高校微课因为教学对象不同而产生了差异。很容易理解，高校微课教学与中小学微课教学有差异，因为高校教学注重知识的深度和前沿性，注重理性思维的培养，而中小学教学则注重知识的基础性、理解性和接受性。进一步而言，即使同是高校微课教学，因高校类型的差异，微课教学亦有差异。研究型高校、应用型高校与高职院校因培养目标不同，教学思维、教学内容以及教学图媒技术的选择和应用皆有差异。以微课中现代教育技术的应用为例，研究型高校的教学内容突出抽象性和理论性，现代教育技术的应用应有利于加快教学节奏，增大教学信息的饱和度，增强学生的问题意识，提高理论思维能力。高职院校的教学内容突出实践性和操作性，现代教育技术的应用应有利于提升各种操作技能的熟练程度，通过图媒技术加深学生对基本原理的理解，强化学生的操作记忆，提高操作思维能力。

2.　由学科性质导致的差异

总体而言，所有的学科都可以进行微课建设，即便是最抽象的数学，只要微课应用恰当，还是很有必要的，不仅能加深学生对知识的理解，还能增进学生对专业知识的学习注意、学习兴趣和思考。例如，"根的存在性定理"是很难讲授的抽象内容，表述了在某些条件下方程的根必定存在于给定的范围内。贾岛的《寻隐者不遇》中的诗句"松下问童子，言师采药去。只在此山中，云深不知处"正反映了这一数学定理的某些特点。在微课建设中，通过图媒技术将二者的关联予以表述，可以实现数学与文学的结合、感性与理性的结合、形象与抽象的结合。由此，再激励学生从生活实践中寻找、分析、概括同类知识的关联，就能达到由此及彼、触类旁通、举一反三的效果。可见，普遍联系的思维方式能使教学效果充分得到提升。这说明了微课的普遍适应性。千万不可忽视的是，学科差异必然导致微课教学的差异。例如，对于数学和广告这两门课程，前者具有抽象性，所以现代教育技术的应用在保证基本原理得到清晰演绎和推导的前提下，力求达到教学容量最大化和教学效果最优化的目的；后者则具有实践性和应用性，和市场密切相关，所以现代教育技术的应用重在将原理与实践、市场相结合，促进学生对广告与市场的关系的认知，提升实践应用能力。可以说，学科的差异性决定了高校微课的教学效果。

3.　由微课的技术展现形式导致的差异

即使是学科性质相同的微课，因教学设计和教学策略不同，学生的视听感受和自主学习的能动性也可能大不相同。不同技术在微课制作中的运用以及同一技术与不同设计方法的结合都会产生不同的教学效果。在微课设计制作过程中使用不同的教学资源会导致微课教学的差异。可见，设计微课的艺术和制作微课的技术的展现形式会导致微课的差异。在以录屏方式制作微课时，授课教师一直不在画面中出现；在制作与京剧相关的微课时，在整个教学过程中没有出现诸如 PPT 课件之类的辅助教学媒体。这就说明微课具体以什么样的形式展现，不能采用统一的标准，应该提倡"百花齐放、百家争鸣"。能够达到良好的教学效果是微课教学的最终目的。

从以上分析可以看出，对于微课教学效果的评估，要充分注意教学对象、学科性质和技术展现形式，并以此为基础进行灵活处理。

二、高校微课的教学要素

高校微课教学相对于传统教学的主要特点就是运用现代教育技术手段设计制作的教学视频不受时空环境的限制，便于学生自主进行个性化学习。智能微课还具有智能诊断和智能提分功能。尽管高校微课具有差异性，但微课教学是培养人才的一种方式，必然要体现高等教育的本质，在传授知识的同时要着力培养学生的创新能力。因此，一节成功的微课必然有可以评价的教学要素。

高校微课教学包含科学性、艺术性、情感性、特质性和技术性五个要素。从这些要素出发，教学文本的质量、现代教育技术的运用和教学风格是高校微课教学效果量化评价的几个主要方面。

1. 高校微课教学中的科学性要素

高校教学的科学性主要通过教师的教学文本（即讲稿或教案）来保障。文科要有讲稿，理科要有详细的教案。它们必须包含如下内容：专业课程知识的经典内容、学科专业的前沿研究动向和成果、教师本人的相关研究成果。如果青年教师对所讲述的问题缺乏研究，至少应有对本学科前沿研究的思考与评价，这样才能显示教师已经了解本学科研究的前沿。在微课教学中，除了讲授学科知识的经典内容外，教师应提供与教学内容相关的新资料、新观点、新方法，引导学生关注前沿研究的新动向，促进学生对知识的深度理解和理论思维能力的提升，否则就谈不上"研究和创新"，偏离了高校教学的本质要求。撰写逻辑严密、概念清晰、内容丰富、重点突出、难点清楚、分析深刻、概括全面、知识前沿的讲稿（或教案）是保证微课教学科学性的前提。现代教育技术不能替代应有的教学设计。有些教师只撰写讲课提纲或简单的教案，主要通过复制、粘贴画面，再配以音响进行教学，过于追求感官刺激，这不仅违背了高校微课教学的科学性，也不符合在线教学的要求。

2. 高校微课教学中的艺术性要素

教学的艺术性关系到知识能否得到有效传播以及教学目的能否达到。没有教学艺术的保障，教学的科学性就难以达到。教学艺术水平较高的教学过程能产生事半功倍的教学效果，而缺乏教学艺术的教学过程会大大降低教学的科学性。当然，艺术性与科学性在教学要素中并不是等同关系。科学性是主要要求，艺术性为科学性服务，二者是主从关系。在高校微课中，教育技术的应用属于教学艺术的范畴，是为实现最优的教学效果服务的。所以，图媒技术（包括拍摄技术）的应用原则是保证教学容量饱和，教学内容能被学生充分接受，而且接受的难度相对于传统教学而言应当显著降低。如果教育技术"稀释"了教学内容，影响了教学节奏，甚至干扰了学生的思维和注意力，结果就会降低现代教育技术的效能，违背教育的艺术性原则。

3. 高校微课教学中的情感性要素

众所周知，"以情优教"是重要的教学原理。但是，相当一部分高校教师认为这一教学原理主要适用于中小学教学，而高校教学的对象是大学生，他们比较理性，教学中的情感因素不重要，加上微课教学时间短（15分钟左右），无须考虑教学中情感因素的作用。其实不然，教师在微课教学视频中有无亲和力，情绪是否饱满，语言有无感染力，是否有激情，不仅直接影响教学效果，还事关教师的教学形象。如果一个教师一面使用现代教育技术展示教学内容，另一面语速平缓，语言苍白，表情冷漠，在这样的教学过程中，教师就沦为了教学课件的操作者，不仅教学效果差，而且对学生毫无激励作用，最终会大大弱化教学效能。人有认知与动力两大心理系统，情感属于动力心理系统，教师仅仅依靠现代教育技术不能有效唤醒学生的学习情感。情感犹如人的感知渠道的"阀门"，当情感低落时，学生的认知能力必然低下。在这种教学情境下，要达到教学目的无从谈起。此外，任何教学都是在知识与情感两条主线相互作用、相互制约下完成的。微课教学除了知识对流主线外，还有一条情感对流主线。知识有了情感的媒介作用，才能大大促进学生的感知，提升思维能力。所以，对于高校微课教学（包括所有网络教学），必须重视情感要素在教学中的作用。

4. 高校微课教学中的特质性要素

教师因神经类型、个性的差异，在语频、语速、语音、肢体动作、教学节奏等方面会形成特定的教学风格。这些特定的教学风格和现代教育技术融合后，也就形成了不同的微课教学效果。教学实践不能也不可能强求教学风格一致，不能要求一个内向文静的教师充满激情地讲课，但是与教师个性相应的教学风格是教学过程中的宝贵资源。为了实现教学效果的最优化，高校微课教学风格是有共性要求的。如果语速过于缓慢，音调无起伏变化，肢体动作刻板单调，教学效果就无法保证，教学信息量也难以饱和，甚至会引起学生的知觉疲劳，产生困顿感。在这种条件下，即使现代教育技术得到了恰当应用，也难以达到微课教学的目的。语速适当，音调富于变化，字正腔圆，仪态端庄，肢体语言丰富恰当，无疑是对教师的基本要求。另外，不同教师因个性差异所形成的不同教学风格也可以产生互补效应，即教师应最大限度地发挥自身有利于教学的个性特征，以弥补教学风格的不足。例如，虽然一位教师在微课教学中的肢体语言单调，音调缺少起伏变化，但是如果他的教学用语准确、规范、精练，表述系统，条理清晰，逻辑性强，能做到言不烦、少而精，再加上恰当应用现代教育技术，也能较好地达到微课教学的目的。

5. 高校微课教学中的技术性要素

高校微课教学与传统教学的一大差异就是应用现代教育技术，通过音频、视频向学生提供在线学习资源，这也是高校微课出现的基础。但是，如果没有把握现代教育技术为教学服务这一要求，过度使用现代教育技术，就会对微课教学产生负面作用。在全国综合性大学教务处长联席会上，清华大学的一位教授呼吁高校教师应慎用高科技。这反映了有关专家对现代教育技术的应用是否恰当的担忧。所以，高校微课教学中现代教育技术的应用必须对教学效果起到正面促进作用。同时，我们要看到现代教育技术的应用效果主要取决于教师的教学理念和教学思想，而不是技术的先进程度。唯有认清和把握这一关系，方能避免一味追求"技术效应"而影响微课教学的效果。

当然，在高校微课教学中，除了上述要素外，在条件允许时还应尽可能体现教学的思想性、教育性、实践应用性等特征。这里因学科的差异不一一赘述。

第五节　微课教学效果评价

一、微课教学量化评价的依据

微课在高校教学中起到了一定的作用，高校微课比赛也在全国逐步开展，这说明高校微课受到了教师和学生的欢迎。因此，如何评价高校微课的教学效果就成为了一个现实问题。

可以从以下三个方面来对高校微课的教学效果进行评价。

1. 教学文本方面

通过高校微课教学要素分析，可以明确微课教学效果首先取决于教学文本的准备，核心就是讲稿（或教案）的撰写。一台戏剧没有好的剧本，演员的演技再好也不能产生良好的演出效果。至于微课教学中出现的教师"照屏宣课"和"控详片"现象，那不是现代教育技术的过错，恰恰反映了教师的教学文本准备不足。过度依赖课件，课件制作缺少创作成分，靠下载、复制、粘贴相关资料拼凑教学文本，这些会使现代教育技术成了教师减轻教学责任和教学准备不到位的负面因素。所以，教师的教学文本无疑是高校微课教学评价的核心依据。教学文本要体现从教学目标制定、学习者分析、内容需求分析和教学媒体选择等方面进行设计的理念，这样教师才能在较短的时间内运用恰当的教学方法和策略讲清讲透每一个知识点，确保微课能够满足学生的需求。

2. 教育技术方面

现代教育技术在微课教学中的应用效果是评价高校微课的主要依据。微课的本质是依据建构主义，利用现代教育技术，开展以学生自主在线学习或移动学习为目的的教学活动。在微课教学中，无论是图媒制作、视频教学、网络环境、拍摄技术，还是教师的形象、仪态和教学语言素质等，无一不以现代教育技术的应用效果为基础。因此，教育技术的应用失误可能影响微课的教学效果。如果一门课程的教学设计科学、完好，资料选择正确、恰当，但图像不稳，画面不清，或者教学视频的噪声明显，那么不仅会影响学生在线学习的感知，也有损教师的形象，教学效果可想而知。如果教师的教学理念不正确，不能明确自身的主导地位，过度使用现代教育技术，甚至各种图媒音响遮蔽了教师的讲授，那么这种"技术"含量较高的微课的教学效果也不会理想。

3. 教学风格方面

在高校微课教学中，教师的教学仪态、语速、语频、音调、肢体动作等一系列要素构成了其个人的教学风格。教学风格会对学生产生整体的知觉印象，直接影响学生的在线学习效率，对微课教学目标的实现产生正面的激励促进作用或负面的瓦解作用。此外，在微课教学过程中，因为现代教育技术的作用，教师的教学风格会产生一种"放大"效应。可见，教师的教学风格是高校微课教学效果评价的重要依据。

二、微课教学效果的量化评价标准

我们认为，教学文本、现代教育技术的运用和教学风格是高校微课教学效果评价的核心要素，可以说是高校微课教学效果评价的三个一级指标。相对而言，在高校微课教学效果评价中，教学文本是基础指标，比教育技术的运用和教学风格更重要。以此为基础，我们提出了评价高校微课教学效果的参考标准，如表 10-6 所示。

表 10-6　　　　　　　　　高校微课教学效果评价参考标准

一 级 指 标	二 级 指 标	详 细 描 述
教学文本（60%）	教学内容（20%）	符合高校教学要求，体现学科专业知识的经典内容；提供新资料、新观点、新方法，具有前沿性、创新性、实践应用性，反映学术新动向；有教师自身的研究、思考、评价
	教学信息量（10%）	在规定的教学时间内，实现教学容量的最大化

一 级 指 标	二 级 指 标	详 细 描 述
教学文本（60%）	教学知识结构（10%）	选题恰当，知识系统，逻辑严密，思想深刻，条理清晰，层次分明，公式演绎推导无认知障碍
	口语表达（5%）	教学口语准确、规范、精练、形象、生动，富于启发性、激励作用和感染力（具有积极的心理特征）
	教学环节（5%）	新课导入简捷明快，重点突出，难点清晰，易于理解；结束部分的概括精练，有助于记忆
	教学内容方法处理（10%）	对教学内容的表述富于想象力，能处理好感性与理性、理论与实践、新知与旧知、待讲授知识与相关知识的关系，促进学生产生知识联想，有助于建立知识间的联系，具有由此及彼、举一反三、触类旁通、普遍联系的思维特征
现代教育技术的运用（30%）	对教学效果的增强作用（15%）	各种图媒技术的应用较好地显示了教师的教学主体地位，图媒材料的选择与讲授内容一致，教学信息量得到有效扩充，促进学生对重点、难点知识的理解和认知
	制作技术规范（15%）	画面清晰，图像稳定，音响、画面与教师的讲授同步；各项技术内容（音响、画面、色彩、形状）新颖、和谐，对讲授内容产生良好的诠释效果；视听清晰，无杂音干扰；画面变化频率、音量、声光刺激适中，图媒与教师讲授内容的转换合理，有助于抓住学生的注意力，符合教学要求
教学风格（10%）	教学仪态（2%）	肢体语言规范，着装得体，端庄大方，富于表现力
	教学情感（3%）	教学神态富有亲和力，教学情绪饱满，富于感染力，传递正能量
	教学语言（5%）	普通话标准，语速适中，语调有起伏变化，字正腔圆，抑扬顿挫，有效调动学生的注意力；教学用语准确，无泛化现象；思想深刻，教学重点得到强调

下面以北京市属高校"创想杯"多媒体课件制作与微课程大奖赛中"《消费者权益保护法》的立法目的"微课为例，运用上述量化评价标准进行评价，如表 10-7 所示。

表 10-7　　　　　　　　　　　　量化评价标准表实例

教学文本（60）						现代教育技术的运用（30）		教学风格（10）		
教学内容（20）	教学信息量（10）	教学知识结构（10）	口语表达（5）	教学环节（5）	教学内容方法处理（10）	对教学效果的增强作用（15）	制作技术规范（15）	教学仪态（2）	教学情感（3）	教学语言（5）
19	10	9	4	5	9	14	14	2	2	4

根据上述量化评价标准，分别从教学文本、现代教育技术的运用和教学风格三个方面对"《消费者权益保护法》的立法目的"微课的教学设计方案和实录的教学内容进行量化评价。

从教学文本来看，授课教师选择的主题简明合理，教学内容重点突出，较为翔实。在教学知识结构方面，注重学科知识之间的关联和比较。在教学环节和教学方法方面突出了以学生为中心的教学思想，教学形式新颖，教学模式多样，教学方法有一定的创新。该微课在以60 分为满分的教学文本指标中得了 56 分。

从现代教育技术的运用来看，该微课通过教学视频、PPT 和情境式教学实例，加强了学生对知识的感性认识，奠定了领会相关理论的基础。良好的师生互动以及教学形式的变化与创新，引发了学生的深层次思考，取得了较为显著的教学效果。图媒技术运用恰当，画面清晰稳定，语音清晰，进一步促进学生深入思考，有利于学生进行探究式学习。该微课在以30分为满分的现代教育技术的运用指标中得到了28分。

在教学风格方面，教师的肢体语言大方得体，教态端庄，课堂语言流畅自然，用语规范、生动活泼，富有感染力。该微课在以10分为满分的教学风格指标中得到了8分。从教学文本、现代教育技术的运用和教学风格三个方面进行综合评定，该微课共得分92分，达到了优秀微课的评价标准。

当然，这只是一个参考标准。在高校微课的评价过程中，如何量化，每一个指标的权重如何，不能一概而论，而应该根据高校微课的差异性来确定。

第三部分

多媒体课件的制作与规范

第十一章　多媒体课件的整体设计

在现代教学中，多媒体技术的图文并茂的特点可以使教学过程变得生动活泼，提高学习者的感知水平，激发其学习兴趣；它的图形演示功能可以为教师提供形象表述的工具，使许多抽象的问题变得具体形象，提高知识的可接受性；尤其是它的模拟仿真功能可以使传统教学中一些无法实现的演示轻而易举地得以实现。

第一节　多媒体课件的类型与网络版多媒体课件

根据划分规则的不同，多媒体课件可分为不同的类型，通常可根据内容、作用、使用对象、使用环境和教学功能等进行分类。

一、多媒体课件的类型

根据内容与作用的不同，多媒体课件可以分为以下几种类型。

1. 助教型

助教型多媒体课件是为了解决某一课程的教学重点与难点而开发的，知识点可以不连续，主要用于课堂演示教学，也称课堂演示型多媒体课件。助教型多媒体课件注重对学习者的启发、提示，或帮助学习者进行理解，或促进学习者进行记忆，或激发学习者的兴趣，有利于学习者变被动学习为主动学习。

助教型多媒体课件一般是由教师自行编制的，常见的类型有两种：一种是利用工具软件 PowerPoint 制作的演示幻灯片，也称电子教案；另一种是利用多媒体创作工具软件 Authorware 制作的教学软件。无论哪一种均能在直线式演示的基础上，根据需要实现跳转和链接功能，在合成图、文、声、像等多种媒体元素的同时体现多媒体课件的交互性。助教型多媒体课件适于各学科演示重点内容、难点内容、数据图表、动态现象等，可用来配合课堂上的讲授、讨论、练习和示范。

2. 助学型

助学型多媒体课件是通过体现在界面上的交互式设计，让学习者进行人机交互，可以让学习者自主进行学习，所以也称自主学习型多媒体课件。

助学型多媒体课件具有完整的知识结构，反映一定的教学过程和教学策略，提供相应的形成性练习供学习者进行学习评价。助学型多媒体课件的结构与助教型多媒体课件有所不同，它的主要结构不是线性的，而是非线性网状结构，学习者通过链接来选择信息。

在设计功能较全、需要组织和利用大量信息或对学习者进行有效监控的助学型多媒体课件时，要用数据库来支持课件的运行。在小型课件中，也应该按照数据库的规范组织信息。

由于非线性数据结构容易使学习者在信息浏览中迷失方向，偏离学习目标，因此我们还需要用多种导航方法相互配合，构成课件的导航系统。

3. 训练与练习型

训练与练习型多媒体课件以试题的形式强化学习者某方面的知识和能力，其中显示的教学信息主要由数据库来提供。这种类型的课件在设计时要保证具有一定的知识点覆盖率，以便全面地提升和考核学习者的能力水平。

训练与练习型多媒体课件可给学生提供与所学到的例子相似的练习项目，通常是一次一个项目，对每个项目给予反馈，反馈内容取决于学生的输入，反馈形式包括简单的对错判定、提示继续尝试、动画演示以及语言解释等。有的课件是当学生的回答正确时直接进入下一个练习项目。

4. 实验型

实验型多媒体课件利用计算机仿真技术，提供可更改参数的指标，供学习者进行模拟实验或操作。学习者使用实验型多媒体课件输入不同的参数时，能随时模拟实验对象的状态和特征，例如模拟各种仪器的使用、多种技能的训练等。实验型多媒体课件强调学习所模拟的特定系统，而不是学习普遍的解决问题的技能和策略。

5. 模拟型

模拟是指用多媒体技术再现真实的或想象的系统，用于展示系统如何运作。根据模拟的目的和内容，模拟型多媒体课件可分为物理模拟型课件和过程模拟型课件。物理模拟型课件是指在屏幕上呈现物体或现象，主要用于事实、概念等陈述性知识的学习。例如，让学生连接电路，观看电路的通断现象。过程模拟是指加快或减慢通常不便于观察的过程，或者把抽象的变化发展过程可视化。过程模拟型课件可以让学习者多次运行模拟步骤，每次运行时选择变量值，观察所发生的现象，并解释结果。

6. 资料积件型

资料积件型多媒体课件包括各种电子书、词典等，一般仅提供某种教学功能和某类教学资料，并不反映完整的教学过程。学习者和教师可以利用这类课件查阅资料，也可以根据教学需要，对其中的资料进行编辑和集成，形成新的更加适用的多媒体课件。

二、网络版多媒体课件

随着互联网技术的发展，基于网络的教育技术逐渐成为现代教育的支撑技术。网络版多媒体课件具有存储的资料丰富、拓展更新便捷、可实现超越时空的共享等很多优势，解决了很多单机版课件无法解决的问题。

网络版多媒体课件是基于 Browser/Server（浏览器/服务器）模式开发的、能在互联网或局域网上发布的课件，其本质是一种 Web 应用程序。网络版多媒体课件运行在服务器上，学习者只需要用浏览器访问就行了。现在很多在网络上运行的课件，其开发都没有脱离单机版的影响，仅仅对教学内容进行演示，这不能说是真正意义上的网络版多媒体课件，只能说是具有网络功能的单机版课件。

1. 网络版多媒体课件的特点

（1）开放性

网络具有很强的信息容纳能力、传递能力和组织检索能力。网络版多媒体课件应发挥网络的这些优势，尽可能满足学习者自主求知的要求，为学习者的个别化学习提供丰富的资源。这种课件应具有充足的信息量，教材、背景材料展示完整，相关资源成系列化，能够帮助学习者全面掌握教学内容。这种课件能为学习者和教师提供讨论和交流的空间，为学习者的讨论式学习、探究式学习提供可能性。

（2）动态性

网络版多媒体课件以动态的网络为载体，可以随时更新。课件可以从较少的内容开始，不断充实、完善，随时调整，以满足各方面的要求。同时，网络版多媒体课件应尽量发挥动态网页的优势，具有管理功能和及时更新功能。

（3）交互性

交互性是互联网最明显的优势之一。基于互联网的网络版课件除具有自身的交互功能外，还可以通过超链接与外界网络交互，通过 BBS 等实现人与人的交互。网络这个信息平台提供的浏览器、电子邮件等工具在普及性、通用性等方面优于任何单独开发的单机版课件中的交互工具。

（4）自主性

自主性是指网络版课件为学习者提供自主学习的平台，学习者不但可以自主学习课件提供的学习内容，还可以通过课件链接到更多的数据库和相关资料，根据需要不断完善自己的知识体系。所以，网络版课件更强调将教学大纲、学习目标等明确地告诉学习者，使学习者的学习过程有章可循。

2. 网络版多媒体课件与单机版多媒体课件的区别

不需要任何网络服务，安装到一台计算机上使用的多媒体课件称为单机版多媒体课件。长期以来，单机版多媒体课件在计算机辅助教学领域充当着重要角色，教师在多媒体教室中上课时用的课件一般都属于单机版多媒体课件。随着互联网的迅速发展与广泛运用，网络版多媒体课件应运而生，它是计算机多媒体技术与网络技术相结合的产物，具有信息共享、交流便捷等诸多优点。这两种课件的区别如下。

① 开发环境不同。单机版多媒体课件主要采用 Flash、Authorware、Director、PowerPoint 及一些软件公司提供的通用多媒体软件生成工具进行开发。网络版多媒体课件的开发主要采用基于 Web 的技术来实现，通过网页开发工具（如 Frontpage、Dreamweaver）以 ASP+后台数据库或 JSP+后台数据库等方式加强和用户的交互处理，方便远程用户使用。

② 运行环境不同。单机版多媒体课件可在一台计算机上运行，不要求网络环境；网络版多媒体课件首先要求具备网络环境并受网络传输速率的限制，但不需要安装。这种课件在服务器上运行，用户只需用浏览器访问就行了，使用起来简便快捷。

③ 资源使用情况不同。单机版多媒体课件难以实现资源共享，网络版多媒体课件可以通过互联网实现资源共享。单机版多媒体课件只能使用本地资源，对媒体资源的数据量的限制

不是很严格；网络版多媒体课件运行在服务器上，媒体资源需要通过网络传输到本地机浏览器中进行显示或被下载到本地机上，媒体资源的数据量受网络传输速率的较大限制。

④ 资源更新能力不同。单机版多媒体课件升级比较麻烦，更新比较困难，而网络版多媒体课件可以通过数据库及时更新。网络版多媒体课件中可能包含单机版多媒体课件。

⑤ 学习管理能力不同。单机版多媒体课件在技术上较难实现对学习者的跟踪和管理，不能实现协同学习和动态管理。网络版多媒体课件在这方面比较擅长，它能够及时收集信息，支持点对点的沟通，也使得教师能够方便地掌握学习者的学习情况。

⑥ 交互能力不同。由于单机版多媒体课件在制作技术和运行环境方面的限制，学习者往往要跟着课件走，难以选择适合自己的学习策略。网络版多媒体课件更新资源的速度快，内容多，交互极为便捷，为学习者提供了主动选择学习内容的环境，学习者具有更多的自主权，学习者之间、学习者与教师之间、学习者与外界之间有了更多的协同学习的机会和渠道。

⑦ 界面设计不同。单机版多媒体课件的界面设计追求和谐美观、使用方便，更强调艺术性。网络版多媒体课件需要在浏览器上运行，整体感再强的界面设计也要与浏览器的菜单、工具栏同时显示在屏幕上。另外，由于网络传输速率的问题，页面的数据量受到一定限制。网络版多媒体课件以资源丰富、使用方便取胜。

教师在选择开发单机版多媒体课件或网络版多媒体课件时，不仅要考虑到应用领域，还要考虑到这两种课件的媒体表现力、教学功能等方面的问题。

第二节　多媒体课件的设计思想和编制原则

为了规范多媒体课件的内容和形式，提高课件的制作水平，改善课堂教学的效果，在设计制作多媒体课件时，首先要研究学科教学中课件的设计问题，即遵循什么样的设计思想和原则。多媒体课件的制作有其自身的规律。在课件制作过程中，我们只有遵循这些规律，才能使课件为教学服务，提高教学效率。

一、多媒体课件的设计思想

多媒体课件是一种根据教学目标进行设计，表现特定的教学内容，反映一定的教学策略的计算机教学程序。它可以供教师进行辅助教学，也可以供学习者进行自主学习，并对学习者的学习做出评价。多媒体课件的设计要体现以下思想。

① 体现知识的意义建构过程，使多媒体课件成为学习者进行探索和发现式学习的认知工具。由于传统观念和设备条件的影响，目前多媒体课件在教学中的应用层次大多只停留在课堂演示教学上，只是作为教师课堂教学的一种演示工具，各类学科的多媒体教学还是采用传统的教学模式，没有发生根本性的改变。随着教学改革的深入，现代教育技术已经成为教学改革的突破口，多媒体课件在新的教学模式中已成为学习者的一种认知工具。因此，在多媒体课件的设计中，既要注重教师的教学过程，也要重视学习者的认知结构。

② 重视问题与回答方式的设计，提高学习者的参与程度。高水平的问题能引发学习者进

行有效的思考，理解事物之间的关系。灵活多样的回答方式（如电子笔记本、电子邮件以及各种各样的练习题等），可以为学习者提供发表意见的环境，充分体现学习者的主体地位。

③ 加强对学习者的引导和帮助，促进学习者对知识的意义建构。在导航策略的设计中，通过对学习者自主学习的引导、协商学习中所提供的帮助以及评价练习中所出现的提示语言，可以促进学习者对知识的意义建构。

④ 提供丰富的多媒体资源，创设有意义的学习情境。丰富的多媒体资源可以为学习者创设有意义的学习情境，扩大学习者的知识面。各种各样的多媒体资源，如"资料箱""工具箱""资料架"等，使多媒体课件成为学习者的认知工具。

⑤ 设计强大的超链接结构，训练学习者的联想思维。超链接结构可以实现教学信息的灵活获取以及教学过程和教学结构的重新组织，满足不同水平的学习者的学习需要，有利于因材施教。另外，课件的超链接结构还可以引发学习者的联想，提升思维能力。

⑥ 体现知识点之间的关系。内容结构设计要正确体现知识之间的关系，涵盖所有的知识点。

⑦ 体现学科教学的规律。知识点之间的关系要体现学科教学的特点，反映学科教学的规律。

⑧ 重视诊断评价设计。多媒体课件的诊断评价设计包括向学习者提出问题，等待学习者回答，向学习者提供反馈信息。提问和等待学习者回答，一方面能检查学习者对所讲授内容的掌握情况；另一方面通过各种提问，能促进学习者进行深入的思考，使学习者对问题的理解逐渐深化。此外，还要通过提出大量的重复性问题，让学习者熟练运用所学知识和规律，把短时记忆变成长期记忆，建立起联想式的知识结构。

及时反馈可以帮助学习者在尝试的过程中修正自己的认识。不论是补救性反馈还是鼓励性反馈，都可以使学习者加深认识和记忆。提问-回答-反馈的教学过程能促进学习者围绕教学目标进行思考，做出反应，并获得新的认识。

① 提问：提出的问题是否为学习者所理解将直接影响学习者的回答。因此，提出的问题必须明确，意义完整，能促进学习者的思考。提问时可以采用是非题、选择题等形式。

② 回答：按照提出的问题，将学习者可能做出的反应全部罗列出来（或由学习者自己输入），可以采用一题一答的形式，易于实现。在学习者回答问题时，应适当给予提示，让他们有较多的成功机会。

③ 反馈：对于学习者的回答，应给予相应的反馈。对于正确答案，应给予鼓励性反馈；对于错误答案，应予以指正，并根据不同的情况分别做出"指出错误""要求重答""给出答案""辅导提示"等不同形式的反馈。

二、多媒体课件的编制原则

1. 教育性原则

任何教学活动都必须围绕一定的教学目标进行，应有利于学习者掌握某门课程的基础知识和基本技能，开发学习者的智力，提升教学质量。教育性是指教学内容应符合认知规律，有明确的教学目标，有助于学习者加深对知识的理解。另外，可以通过各种媒体的合理运用和巧妙组合来增强教学内容的新颖性和趣味性，激发学习者的求知欲。教学内容的展示要符合心理学规律，教师应充分分析和研究教学对象的心理状态，利用巧妙的构思和不同的节奏推动学习思维活动，帮助学习者进行分析、对比、判断、综合，把抽象的概念转化为具体的认识。

2. 科学性原则

要正确地传递科学知识，就必须要求所制作的课件具有很高的科学性。对于传授科学知识的课件，必须保证内容正确无误、逻辑严谨。进行模拟仿真时，动画特技要合情合理，所展现的图像及色彩要反映客观事实，不能使学习者对学习内容产生误解或不准确的理解。

3. 集成性原则

所谓集成性，一方面是指多种信息设备的集成，如视频设备、音频设备、存储设备和计算机的集成；另一方面则是指多种信息载体的集成，如文字、图形、图像、动画和声音的集成。在保证教育性和科学性的前提下，多媒体课件的编制主要体现在多种信息载体的集成上，即如何对文字、图形、图像、动画、声音等进行艺术加工和处理，使其具有较强的表现力和感染力。

一部好的课件必须要有好的媒体设计，这就要求制作者掌握多种信息载体的集成方法，了解各种媒体的特性与功能，恰当地选择与科学地使用媒体。

教学媒体是根据不同的教学要求进行选择的，不同的媒体各有优势，没有一种媒体可以适用于任何对象与内容的教学。在实际制作中，应合理地选择与集成媒体，而不能偏爱哪一种就用哪一种，熟悉谁就多用谁。比如，有的教师一味地采用动画或者到处插入视频，没有认真分析教学内容的性质，不重视媒体设计，所用的媒体不能充分、有效地展示教学内容，从而影响教学效果。因此，应充分考虑到各种媒体的特点，通过科学选择和优化组合，使其发挥各自的优势，充分展示教学内容。

4. 交互性原则

交互性是多媒体课件区别于其他教学材料的重要特征之一。目前，常用的电视教材是由多种媒体形式组成的，但并不是多媒体教材，其原因在于电视教材的教学信息在时间和空间上是线性的、不可逆的，不便于学习者任意选择与组合，更无法为学习者的自学和自测提供良好的交互功能。

交互性是指媒体操作方便、控制灵活，学习者可根据自己的学习程度与需要随时搜索、寻求帮助与评定，人与机器一问一答，相互交流信息。

在编制多媒体课件时怎样实现交互呢？通常课件的制作者向学习者提供一个容易接受和掌握、使用性能优良的交互界面，它是人与计算机系统进行信息交流的通道。学习者可以通过交互界面输入一定的信息，而计算机则通过交互界面向学习者呈现一定的信息。交互界面的主要表现形式有窗口、菜单、按钮、图标等。

要使课件具有足够的交互性，制作者一定要摆脱传统的线性思维模式以及单向的时空观念，要充分考虑使用者的处境及需要。在教学内容的设计中就应考虑设置交互功能。

5. 实用性原则

实用性是指课件的选择与设计要考虑到教材与学习者的实际情况，并非所有的课堂教学都需要用到多媒体计算机。对于几句话能讲清楚的教学内容都要用计算机进行教学，或者为了"装饰"课堂而使用与教学内容没有密切联系的软件都是不恰当的。

在选择或设计多媒体课件时，需要考虑到实用性。如果教学内容采用传统的教学方式或媒体就能取得良好的效果，就可以采用传统的教学方式或媒体。如果一堂课采用传统的教学方式不能有效地突破教学难点，引起学习者的兴趣，达到较为理想的教学效果，则可考虑选用或设计相应的多媒体课件。

6. 个别化原则

人们在认知方面存在个性差异，这种个性差异可分为三种类型：视觉型、听觉型和触觉型。因此，不同认知类型的学习者应采用不同的学习方式。

个别化是多媒体课件较为重要的特征之一。多媒体课件要突出体现个别化特点，应能适应学习者的个人特性。对于视觉型学习者，应多提供视觉方面的图文；对于听觉型学习者，要提供更多的音响或语音；对于触觉型学习者，除了视听外，还要提供诸如操纵之类的使用方式；对于认知能力不同的学习者，要提供不同层次的学习内容和不同的学习路径等。另外，多媒体课件还应使学习者根据个人的需要和兴趣，方便地选择学习时间、学习内容，调整学习进度。

7. 经济性原则

多媒体课件的制作需要花费大量的人力和物力，因此以最少的投入制作出高质量的多媒体课件应是我们追求的目标。

在实际教学过程中，一部较好的多媒体课件的主要特征应体现在教学内涵丰富和技艺感受强烈两大方面。其中，教学信息量的大小，科学性、教学性的好坏，交互性、实用性的强弱是衡量一部多媒体课件内在质量的核心要素。而媒体是否多样，形式是否新颖，表现是否生动，图像与运动是否多样、清晰、流畅是衡量其外在技艺的关键。多媒体课件的经济性是指在教学内容不变的情况下，使用的媒体越简单、方便、经济越好。

上述多媒体课件与制作原则还需要教师在制作过程中不断进行修改和总结，以便更好地为教学服务。

第三节　多媒体课件设计中的心理策略

将心理学理论和规律用于指导教学课件的制作，是完成高质量课件的重要保证。因此，只有把握学习者的心理特点，在课件设计中注意心理策略的运用，才能达到最佳的教学效果。

一、媒体设计中的心理策略

引起注意、促进感知、引发美感情绪、加深理解和增强记忆是影响心理策略选择的多种要素。有效、合理地设计这些要素，可进一步改善多媒体课件的使用效果。

1. 引起注意

注意是对一定对象的指向和集中，显示人们对认识活动的客体进行了选择。多媒体课件所引起的注意既有审美注意也有认知注意。对于学习目标主要是认知目标的教学内容来说，审美注意是感性的，属于无意注意，是出于对美的画面的欣赏自发产生的注意，具有适度的冲击力，但持续性不强。认知注意是理性的，属于有意注意，是人们对教学内容自觉产生的注意，持续性较强。在学习的初始阶段，审美注意可以加强或减弱学习者的认知注意，而认知注意则使学习者的审美注意稳定，达到大脑皮层适中的兴奋水平，进入学习状态。在学习过程中，认知注意将压倒审美注意，但审美注意仍然在潜意识中支持着学习过程。当认知产生疲惫的时候，审美注意能够随时浮出并对认知注意加以调节。

① 在界面设计中，将保守要素与创新要素相结合。刻板的、一成不变的画面难以引发学习者的兴趣，绝对新异的东西也不能得到学习者的认可。只有二者相结合，才能既引发学习者的注意，使学习者快速、愉悦地进入学习状态。

② 动静结合。动态媒体的适时提起有利于强化注意。

③ 不同界面统一中的变化也有利于注意的产生和延续。

④ 课件功能完善、使用便捷也是稳定学习过程的主要因素。学习者半天找不到操作按钮，想退出时退不出来，都不利于集中注意力。

2. 促进感知

感觉是审美和认知的共同基础。一方面，感觉应是生理上的舒适，来源于色彩、构图等纯粹的画面形式。另一方面，感觉来源于学习者固有的心理图式。心理图式可以解释为人类经过漫长的历史进程而产生的心理结构，如绿色使人联想到山林草原，蓝色使人联想到天空、科技等。在感觉阶段，多媒体画面引发的愉悦心境，对于调整学习者的情绪、集中学习者的注意力、增加教学内容的亲和力等都具有不可低估的作用。

知觉是对画面或媒体的整体把握，包含对完整画面所具有的含义和情感的把握。期望在知觉中发挥重要作用，某一个元素在不同的情况下会被知觉为不同的物体。比如，一个蓝色的圆在地理课的媒体中可以代表地球，在化学课的媒体中可以代表氧原子，学习者应根据环境和当前的目的性行为进行判断。

① 在构图、色彩、装饰等要素中挖掘对某一学习群体具有亲和力的要素。

② 知觉具有整体性。只有画面中所有的要素平衡时，知觉才能够达到平衡。不平衡的媒体造型或界面设计会导致学习者心理失衡，产生担心和焦虑情绪。

③ 知觉具有理解性。知觉的理解性是指以过去的经验和现实情况对画面（或元素）做出某种解释（如上文提到的"蓝色的圆"）。根据知觉的理解性，可以设计制作多样性、艺术性的教学媒体。

④ 知觉易于把握规则的形式，又对较为复杂的形式感兴趣。教学媒体的形式不能过于单调，也不能过于复杂多变，要以多样统一为原则，达到知觉上的均衡、舒适。

3. 引发美感情绪

情绪受外界刺激所具有的价值和意义的制约。教学媒体是一种刺激，它能否满足学习者的各种需要决定了学习者产生何种情绪，而所产生的情绪又会影响学习过程。教学媒体引发的美感情绪是底层的心理因素，默默地影响着整个学习过程。能够满足学习者审美要求的媒体可引发学习者产生良好的情绪。在这种状态下进行学习，学习者的思路开阔，思维敏捷，解决问题迅速。同时，学习者对知识的理解和掌握会增强自信心，也会进一步激发其对本门课程的兴趣和继续学习的愿望。这种情绪在接下来的学习中将发挥正面作用。反之，学习者不能理解和掌握媒体传达的教学内容时，则会产生逆反心理。

① 尽量选择能给学习者带来愉悦心理感受的构成要素；构图尽量开阔畅通，不要形成"堵"的心理感受；尽量选择能带来稳定、愉快情绪的色彩和色彩搭配模式。

② 作为唤起道德情感的教学媒体，视频画面是最有效的，静态图像次之，语言、文字的有效性依次减弱。

③ 以促进知识点的学习为目的，媒体设计尽量简单。

4. 加深理解

直观性是多媒体促进理解的根本属性。多媒体有使文字符号的内容丰满起来，使枯燥的概念、命题鲜明生动起来的作用。视听教育的理论核心是戴尔的"经验之塔"，其中"做的经验"比"观察的经验"和"抽象的经验"更容易被学习者理解和掌握。"做"对信息的理解属于直接理解的范畴，而"观察"和"抽象"属于间接理解的范畴。间接理解要通过语言、演示等中介进行，中介越抽象，理解的效果就越差。多媒体是一种较直观的中介，能够弥补学习者的直接经验的不足，同时又比单纯的文字、语言等抽象媒体容易被理解和掌握。

多媒体的非线性表达也可以促进理解。语言和文字都是在时间轴上展开的，是线性的，理解过程必然包含对刚刚讲述的话语的记忆，这就增加了大脑的负担；而多媒体表述是线性与非线性相结合，又在时间轴上结合了空间轴的表示方式，相关知识有可能一次性地展现在学习者面前，减轻了短期记忆的负担，促进了理解。

① 努力提供"做的经验"和"观察的经验"，尽量少提供文字等抽象的经验。

② 提供清晰的图像或视频，选用的媒体应尽量具有艺术性。

③ 注意留出时间或空间上的空白，留出学习者想象的空间。

5. 增强记忆

记忆是学习的基础，学习是在记忆的基础上培养能力。记忆分为无意记忆和有意记忆两种。无意记忆的优点是消耗的精力少，维持的时间长；缺点是难以控制。无意记忆倾向于有重大意义的、能够引起兴趣的或能激发强烈情感的事物。多媒体课件丰富多彩、形象生动，能够表现情节，符合无意记忆的选择规律。有意记忆要经过一定的努力才能形成，其过程一般是由短时记忆进入长时记忆。长时记忆是指信息经过充分加工后，在头脑中长时间地保留下来。短时记忆是信息进入长时记忆的一个容量有限的缓冲器，信息在此的保留时间是5秒钟到2分钟，通过复述进入长时记忆。

当学习者注意到学习内容时，这些信息就存在于短时记忆之中了。短时记忆的容量一般为（7±2）个组块，这里的组块既可指一个小的认知单位，也可指由若干个较小的单位组合成的较大的认知单位。例如，对于一个过程性的知识点，通过教师的语言描述，一个较小的分解动作是一个组块。如果将其落实到动态媒体中去，则该分解动作的长度会以动作表象的形式增加，产生的组块比语言描述少得多，从而减轻了短时记忆的负担，有利于知识的记忆。

在记忆过程中，往往有一个信息转化为表象的阶段。多媒体可为学习者提供表象，并能通过夸张、强调等手段突出教学内容的某一部分或某一要素，直接促进理解和记忆。

① 尽量设计情节化的教学内容。

② 注意短时记忆的组块原理，不能在一个界面中安排过多的知识点，也不能将整体性的知识点分散安排在过多的界面中。

③ 知识点的表达要明确，减少不必要的干扰。对于重要内容，可以通过夸张、对比、强调等设计手段进行突出。

④ 在画面中设计多种刺激来阐述知识点。多种媒体刺激可为识记提供多条感知通道，对知识点的保持更加有利。

二、教学信息组织与结构设计中的心理策略

认知心理学的物理符号系统理论对人类的认知过程与计算机的信息加工过程进行了类比，根据计算机加工信息的精度和速度，对人类的认知过程中信息加工的阶段性、信息转换方式、信息流等进行推论研究，以揭示人脑和计算机的某些差异与相似性。虽然认知心理学中的信息不等于计算机科学中的数据、文本信息，但是计算机呈现信息的结构和编排方式合乎人类的认知方式时，认知主体就容易接受计算机呈现的信息。

多媒体计算机因表现形式丰富、交互功能强大和存储量大等特点迅速进入教育领域，成为备受青睐的新型教育媒体。多媒体教学信息的结构与组织形式必须具备和学习者的认知规律相统一的特点。

1. 语义层次网络与多媒体教学信息设计

语义层次网络作为一种知识的表征方式，由许多节点及其间的连线构成，每个节点代表一个概念、对象或情境，节点之间的线条表示节点之间的关系。语义网络是一种知识的有向图。

语义层次网络从一定的角度揭示了主体加工信息、转换信息的方式。多媒体教学软件的信息结构应将各个知识点之间的上下位关系、从属关系、并列关系等清晰地反映出来。具有上下位关系、从属关系的知识点按其内在的联系前后出现，用线条加以联结，形成了按时间轴排列的信息链；并列的、无包容关系的知识点按其类别形成空间上的排列，可通过一定的跳转关系进行联结。学习者能自主、灵活地学习，学习顺序可任意改变，不需要一页页地查找所要学习的内容。语义层次网络以时间和空间为主要线索反映知识的结构，即形成了联想式的、非线性的超媒体文本结构，这和学习者联想、跳跃的思维方式相吻合。

文字的线性结构对同一命题的表征形式是单一的，而多媒体教学信息可以用文本、图像、动画、视频、音频等多种形式加以表征，可在某个节点上对同一内容进行广度上的延伸。这种多重编码的方式既能让学习者多角度地重复某一内容的学习，也可使学习者学到某一知识点的多重属性。采用与文本内容相关的图形、视频、动画、声音等来呈现知识信息，可丰富其表现手段，为某一知识点创设情境，提供丰富的语境信息，促进信息的加工和转化。多媒体教学信息的结构及特性改变了人们逐行阅读的习惯，拓宽了人们的视觉广度和认知广度。语义层次网络结构便于开展发现式的主动学习。生动的视觉表象可启动情绪机制，有利于知

识的内化与深化，使学习变得轻松容易。

2. 认知记忆理论与多媒体教学信息设计

认知记忆理论不仅从信息特性的角度进行研究，同时也注重对相关因素的研究，为多媒体教学信息的设计提供了许多有意义的指导。

如果主体加工信息时有特定的记忆任务，那么随着信息的不断接收，主体在工作记忆中不断将词的"节点"联结起来形成新命题，从而实现解码过程。这时进行的是一般联结性意义记忆，记忆效果服从"首尾效应"。若在没有任务的自然状态下加工信息，主体进行的则是运算性的信息加工过程，记忆效果服从"趋中效应"。以上说明记忆任务不同时主体采用的信息加工方式也不同。

在进行多媒体教学信息设计时，可根据这一特点，拟定明确的教学目标，满足具体的任务要求；在编排内容时，可将重点内容置于开头与结尾，辅助内容、过渡性内容置于中间位置。教学软件的类型不同，有的教学软件适于给出目标要求，有的教学软件是供学习者在自然条件下进行学习的。根据记忆保持效果规律安排教学内容，有利于学习者记忆效果的改善。新奇的语义信息易形成独立而清晰的记忆痕迹，记忆效果明显优于一般的语义信息；提示性、评价性语义信息涉及自己的利益、荣誉，主体的关注度高，投入的能量多，因此新奇、涉己的内容更易被学习者轻松记忆。

进行多媒体教学信息设计时，要尽可能利用这些心理策略：一是利用多媒体丰富的表现手法，突出教学内容中已有的具有新颖性的信息和对学习者的情绪具有正面激励作用的信息；二是将重点内容（如关键词句、概念、原理等）通过多媒体高效的集成环境以及色彩、动画等技术与其他信息区别开来；三是精心设计反馈练习，使学习者及时强化已掌握的内容，充分体现多媒体的交互优势。

3. 认知容量与速度和多媒体教学信息设计

认知容量是有限的，心理学实验中得到公认的短时记忆容量为（7±2）个组块。人们在认知时利用已有的知识经验将要接受的信息组合为有意义的单位，这无疑在短时记忆时增加了信息容量。多媒体教学信息中文本内容的显示有4种基本方式：换页式、移动式、滚动式和快速序列视觉呈现式。由于显示时间可以自由控制，文本内容与转瞬即逝的画面有很大区别，但在一般情况下，一行字数最好不超过25个字，如文字多而长，最好采用滚动或移动等方式呈现文本。若采用快速序列视觉呈现方式，则应考虑窗口面积的大小，每行字数应在25个字之内，因为阅读速度、记忆效率随文字面积的增大而下降。

认知速度方面的研究结果表明，年龄和信息成分对认知速度有直接影响。多媒体教学信息设计在内容呈现速度上应符合年龄特征，尤其是面向低年级学习者时，呈现速度应慢一些。可利用多媒体的资源优势，在知识的广度上加以延伸，扩大知识面，产生积极的联想和想象。精心设计视觉信息，反映事物的结构和特征，储备丰富的视觉表象，形成通过视觉特征直接转换的加工方法，均可帮助学习者提高信息加工速度。多媒体视觉信息的构成主要包括图、文两大类，学习者对图像的加工速度快于对文字的加工速度，但有时图像所传达内容的确切程度会受到其他因素的影响，此时还需简洁的文字提示。

第四节 多媒体课件的制作过程

多媒体课件是教学、技术和艺术相结合的产物。一个较高质量的多媒体课件，需要由教学人员、课件设计制作人员和美术设计人员协作完成。任课教师通过学习多媒体课件的基本构成，掌握课件设计与开发的基本要领，也可以自行设计制作简单的多媒体课件，以满足课堂教学需求。

一、多媒体课件的开发流程

多媒体课件的设计与制作不等同于一般的计算机应用软件开发，它必须符合教育性的要求，要以教学设计理论为指导，符合教学规律，才能使教学效果达到最优。

多媒体课件的设计与制作是一项富有创造性的工作，既可以交给专业部门制作，也可以由学校教师自行承担，一般需要以下工作步骤。

1. 选题的确定

选题是多媒体课件设计与制作的第一步，通常由教学第一线的教师根据教学的需要来确定。

2. 制作小组的组成

多媒体课件的制作是一项综合性工作，费时费力，单靠一个人显然不能满足各方面的要求，往往会出现顾此失彼的情况，因此在制作前要成立一个制作小组。小组成员主要包括任课教师、课件设计制作人员和美术设计人员。

3. 多媒体课件稿本的编写

多媒体课件稿本的编写包括两部分内容：一部分是文字稿本的编写；另一部分是制作稿本的结构设计，也称系统结构设计。

稿本在多媒体课件的制作中占有重要的地位，规范的稿本对保证课件质量、提高课件制作效率会起到积极的作用。其中，文字稿本由有经验的任课教师完成，编写人员按照教学过程的先后顺序，将教学内容及其呈现方式描述出来。文字稿本强调的是教学结构设计，涉及教学内容、教学方法、教学形式等，不能用作多媒体课件制作的依据。制作稿本的结构设计是在文字稿本的基础上进行的，是由制作人员和教师共同完成的。结构设计强调的是界面设计，包括界面布局、色彩搭配、人机交互方式的设计、教学信息的呈现、各知识点的链接以及解说词和音乐的设置等。这是进行多媒体课件制作的依据。

4. 素材的搜集与制作

稿本设计对多媒体课件制作提出了具体要求，主要工作是为多媒体课件制作准备各种素材，这些素材包括文字、图像、动画、视频、音频等。在素材搜集与制作过程中，要用到多媒体计算机、扫描仪、数码相机、数码摄录像机以及各种工具软件等。

5. 多媒体课件的制作

多媒体课件制作是将前面所说的各项工作在计算机上实现的过程。多媒体课件制作可使用程序设计语言和多媒体创作工具来完成。程序设计语言对制作人员的要求较高，不适宜一般教师使用。普通专业教师可利用多媒体创作工具制作多媒体课件。多媒体创作工具不需要编程，操作简单，这使许多非计算机专业的教师也可以根据教学需要自己制作课件。

二、多媒体课件稿本的设计

1. 多媒体课件文字稿本的编写

多媒体课件的文字稿本一般由经验丰富的学科教师编写。编写多媒体课件的文字稿本，就是把准备制作成多媒体课件的全部内容用文字、画面和解说词密切配合的形式，按照教学过程的先后顺序系统地描述出来。

在编写多媒体课件的文字稿本时，要明确教学目标，熟悉教学对象，分析教学内容，选择教学媒体。除此之外，还要掌握以下基本方法。

（1）文字稿本的编写顺序

文字稿本一般按顺序来编写，而在使用时，学习者可以根据自己的知识背景和学习需要自由选择。

（2）画面内容的层次

多媒体课件的画面可以由多层组成，其上的许多元素都可以引起新的画面出现。写作时，可将知识点划分成若干个层次，逐层展开内容。

（3）教学内容的重点建立

一般一开始就应把重点内容放在突出位置，用不同的方法强调重点内容，以便为学习者所掌握。

（4）教学内容的难点化解

化解难点是指根据多媒体课件的特点，将那些平时教师用语言讲解时费力、学习者接受时费解的难点问题转化为容易理解、便于记忆的画面和文字，将抽象思维变成形象思维。

（5）教学内容的要点呈现

呈现要点是指在文字稿本的开头描述本课件的主要内容，使学习者的心中有一个总体印象。可直接标明哪些问题需要重点掌握，哪些问题需要一般了解，这样可使学习者有针对性、有计划地学习。

（6）教学内容的支点设置

设置支点是指通过重要的画面、文字、声音等来强调知识点，尤其是重点、难点和学习者的兴趣点。支点可设置在主干结构中，也可以安排在分支结构中。

各种知识点的排列组合要讲究内在的逻辑，便于透视知识点之间的有机联系，从而有助于形成符合科学逻辑的知识体系，使之转化为学习者的认知结构。

2. 多媒体课件制作稿本的设计

多媒体课件制作稿本的设计也称作系统结构设计，主要包括知识结构设计、画面结构设计和画面内容设计三个方面。系统结构设计是在文字稿本的基础上的再创作，是文字稿本的具体化表现。由于多媒体课件是多维的、非线性的网状结构，它在任何时间、任何位置都可以暂停、跳转、退出。

多媒体课件界面上的信息比电视画面多，形式多样，可以是视频，也可以是动画、静态图片，甚至解说词也可以完整地出现在界面上，参与界面的构图，所以多媒体课件的系统结构设计与电视教材的设计有所不同。在多媒体课件的系统结构设计中，最主要的是知识结构设计。

多媒体课件的系统结构是指教学软件中各部分教学内容的相互关系及其呈现方式，它反映了教学软件的主要框架和教学功能。多媒体课件的系统结构可以理解为多媒体信息的组织结构，通常采用非线性的超文本结构。知识结构设计主要是将教学内容划分成若干个教学单元，确定每个教学单元所包含的知识点，形成超文本的网络结构。

节点、链、网络是定义超文本结构的三个基本要素。

① 节点。节点是存储数据或信息的单元。节点中信息的载体可以是文字，也可以是图像、动画、声音或它们的组合。每个节点表示一个特定的主题，我们可以将它理解为细化的知识点。它的大小根据教学的实际要求而定，一般没有严格的限制。

② 链。链表示不同节点中所存放的信息间的联系。链的具体形态体现在教学课件的跳转关系上，可以通过"热键""图标""按钮"等形式实现节点间的跳转。链是由一个节点指向其他节点，或从其他节点指向该节点的指针。因为信息间的联系是丰富多彩的，所以链也是复杂多样的，有单方向链、双方向链等。链的功能强弱可直接影响节点的表现力，也影响信息网络的结构。利用这些跳转关系，可完成顺序运行、结构联系、交叉索引、信息查询、程序运行等关系的变化。

③ 网络结构。节点和链组成网状结构（见图 11-1），其中信息之间的联系应充分体现教学中的设计思想。

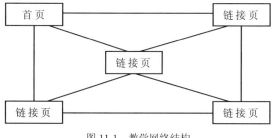

图 11-1　教学网络结构

如何划分教学单元并确定每个教学单元的知识点构成，主要表现在网络结构中的主题与知识单元之间、主题与知识点之间、知识点与知识单元之间的逻辑关系、层次关系和跳转关系上。

根据知识结构流程图及其在实际教学中的应用，首先要建立多媒体课件的框架结构，如图 11-2 所示。图中的圆角矩形区域为课件的界面，一般以图形方式来体现；"进入方式"和"退出方式"规定了该界面与哪些界面之间有链接关系；"本界面内容说明"部分以文字的形式说明该界面所要传达的信息内容和一些设计要求。

多媒体课件可以看作由一些并列或顺序链接的基本模块构成，在模块内部由多个页构成既没有起点也没有终点的链接关系。设计多媒体课件时，首先要明确各模块之间的关系。

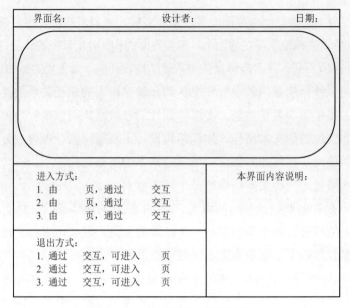

图 11-2　多媒体课件的框架结构

根据多媒体课件的框架结构，可以设计各框架的链接关系。在设计链接关系之前，要给各框架命名或编号，然后从多媒体课件的首页开始，设置它直接链接的页面为一级页面，然后逐层添加，直到设计出所有的页面。

第五节　多媒体课件的基本组成

多媒体课件是一种能够辅助教师完成一定教学任务或为学习者提供自主学习资源的多媒体教学软件。多媒体课件采用非线性结构，它由许多页面组成，每一个页面中包含若干对象，如文本、图像、声音等。这些对象被链接到其他的对象或页面上。其中作为链接起点的对象称为链接源（或简称为链接），作为链接终点的对象称为链接目标。多媒体课件的基本组成部分包括课件引入部分、学习者控制部分、教学内容呈现部分和使用者帮助部分。每个部分在不同类型的课件中的重要性和表现形式并不完全相同，设计者在编制课件时可以省略或简化某些部分。

一、课件引入部分

该部分包括封页、使用说明和学习者确认页面。

1. 封页

封页也称为封面或标题页，是指打开多媒体课件时呈现在学习者面前的第一幅画面，相当于电视节目的片头，一般包含课件的标题、出版者等信息，有时也包含简洁的宣传语。封页能够起到吸引学习者的注意力的作用，使学习者做好进一步了解课件内容的准备。所以，封页的设计要求视觉冲击力较强，个性风格明显，以期在第一时间吸引学习者的注意。设计封页时，可以让其持续显示几秒钟后自动进入主界面，也可以设计略过和继续播放功能。因为同一课件可能要被同一学习者使用多次，如果每次都播放过长的或相同的开头，会使学习者感到不舒服。切记不要把使用说明、菜单、学习内容放在封页中。多媒体课件"画面构图与拍摄技巧"的封页如图 11-3 所示。

图 11-3　多媒体课件"画面构图与拍摄技巧"的封页

2. 使用说明

多媒体课件的使用说明是为首次使用课件的学习者准备的，内容通常是开始使用课件时必须掌握的操作，例如通过单击某种形式的按钮能够进行什么操作。使用说明并不是所有的学习者都需要看，学习到一定程度才用到的操作说明（例如怎样进行测验）应在它该出现的地方出现。说明中没有必要包含计算机操作技能，例如如何单击鼠标、回车键在什么位置等。使用说明所强调的是对本课件的使用。切记不要把教学目标、教学内容、编制人员名单等放在使用说明中。

3. 学习者确认

许多课件要求学习者输入姓名和密码进行确认。通常学习者确认只需用一个页面，使用较少的输入字符。学习者输入错误时应允许更改，输入密码等保密信息时应能够隐蔽。确认过程和方法要简单明了，不需要进一步提示。

二、学习者控制部分

多媒体课件有两种控制方式：一种是学习者控制，另一种是程序自动控制。对于学习者控制，要考虑的问题主要是：允许学习者控制什么，控制到什么程度，控制的对象和方式是什么。

1. 学习者控制的内容与程度

多媒体课件是非线性的网络结构，需要用多层次的界面来体现彼此之间的逻辑和跳转关系。界面中的人机交互功能用来体现课件中不同界面的跳转关系，可以通过单击"热字""图标""按钮"等方式实现节点间的跳转。

学习者控制与交互相互联系，控制过程就是交互过程，以学习者为中心的教学思想要求给学习者更多的控制权限，强调有意义的交互。除了反映内容界面之间的交互以外，由各种条件以及学习者的各种操作和输入引发的交互也是需要考虑的。

学习者可以用按键或鼠标控制页面的停顿和继续运行。课件应允许学习者控制向前进一步学习，也允许返回重学或暂时中止学习，而不是程序自动运行和暂停。利用鼠标操纵按钮、菜单和链接等屏幕元素已成为多媒体课件普遍采用的控制方式，键盘控制也是必不可少的方式，尤其适合频繁的单一操作，例如翻页等。

2. 学习者控制的对象与方式

学习者控制是通过屏幕元素进行的，控制对象主要有按钮、菜单、链接等。

（1）按钮

按钮用于控制当前页面的显示方式以及页面内容间的跳转。按钮引起的动作通常有：到下一页、回到前一页、播放声音或视频，以及动态内容播放过程中的暂停、后退、前进等。每个按钮通常都要有文字说明，也可以采用当鼠标指针移动到某一按钮上时该按钮改变颜色、亮度甚至形状的方式，使学习者知道哪个按钮已经被操作过了。使用按钮的优点是直观明了，方便操作。

在设计按钮时，避免屏幕上出现过多的按钮，尽量使按钮的艺术设计和当前界面的整体风格一致。如果控制动作较多，或者在课件中的每一处都用到全局控制，则往往需要使用菜单配合按钮来完成。

（2）菜单

菜单可以分为全屏菜单、隐藏菜单和框架菜单三种。

全屏菜单占据整个屏幕或大部分屏幕，列出了需要学习者进行控制的命令。菜单中的文字详细说明了每个命令的作用。学习者通过选择菜单中的命令，就可以进入课件的相应部分。

菜单有下拉式、上滚式、隐藏式等形式。它们都是在用鼠标单击或将鼠标指针移至某个位置时显示命令，以便学习者进行选择。

框架菜单通常用在网络型课件中。框架菜单通常将屏幕窗口分为左右两部分：左框为菜单命令列表，一直保留在屏幕上；右框是选择某一命令后显示的内容。框架菜单可以使用文字、图标、图像，可以有层次、字体、颜色等的变化，具有全屏菜单的所有特征。框架菜单可以使学习者一直看到菜单命令和内容结构，同时不影响学习者对当前页的学习，有助于导航和定向。

（3）链接

这里所说的链接主要是指除按钮和菜单外的各种热点链接。链接可以是文字、图标、图像或图像的一部分等，最普遍的形式是热字和热图像。当用鼠标单击有下划线的文字、特定颜色的文字或图像时，就可进入下一层，看到其他信息，通常是打开另一个页面。

三、教学内容呈现部分

教学内容呈现部分即课件中包含教学内容的各个页面，这是多媒体课件的核心部分。这部分既包括教学内容的显示元素（如文字），又包括辅助教学内容的冗余元素（如页面背景）。所有这些元素的呈现形式不外乎图、文、声、像四大类。属于图范畴的元素包括背景、交互形象、装饰、图片、图形、表格等；属于文范畴的元素包括内容文字、装饰性文字、说明性文字等；属于像范畴的元素包括动画及视频等。它们在界面中通过某种方式组织起来，而从某种程度上讲，一系列界面就代表多媒体课件本身，是课件最终的呈现形式和效果，直接决定了教学信息传播的通畅性。

多媒体课件采用非线性的网络结构，需要多层次的界面来体现主题与知识单元之间、主题与知识点之间、知识点与知识单元之间的逻辑和跳转关系。课件结构层次是指主界面与次界面、主界面与内容界面、内容界面与次界面之间的关系。课件结构层次的多少决定于所表现的教学内容的层次的多少，而文字稿本的内容决定了课件的规模。课件结构层次的多少与课件的规模往往成正比，但也有特殊情况。

对于具体知识点来说，有时一个层次就能说明问题，有时需要三四个甚至更多的层次才能说明清楚。

多媒体课件的界面也叫多媒体课件画面，是呈现在计算机显示器屏幕上、在学习者与多媒体课件之间传递信息的介质。多媒体课件的界面通常由主界面、次界面和内容界面所组成。

1. 主界面

主界面又叫主页，学习者通过主界面可以了解多媒体课件的所有章节和内容。它是一个课件的缩影。通常，多媒体课件的主界面只有一个。主界面具有导航作用，学习者需要通过它来总体把握课件的结构和内容，所以主界面的设计要求是界面布局有条不紊、超链接形式清晰明确。多媒体课件"画面构图与拍摄技巧"的主界面如图 11-4 所示。

图 11-4　多媒体课件"画面构图与拍摄技巧"的主界面

2. 次界面

主界面的下层界面是次界面，用来体现课件中次一级的知识单元与知识单元之间的关系或知识点与知识点之间的关系，可以理解为体现节与节之间的关系，往往不包含具体教学内容。次界面可以只有一个，也可以有多个，主要根据教学内容的多少而定。次界面的设计要求与主界面相同。多媒体课件"画面构图与拍摄技巧"的次界面如图 11-5 所示。

3. 内容界面

内容界面是指传达多媒体课件具体教学信息的界面，是多媒体课件的主体。根据不同的课件结构，可以有多层次的内容界面，即一个知识点可以由多个层次的内容界面来展现。内容界面主要体现知识点的具体内容，通常由教学内容区、人机交互区、信息导航区和背景所组成。内容界面具有传达具体教学信息的作用，所以内容界面的设计要求是突出具体内容，超链接明确友好。多媒体课件"画面构图与拍摄技巧"的内容界面中的画面主体层次如图 11-6 所示。

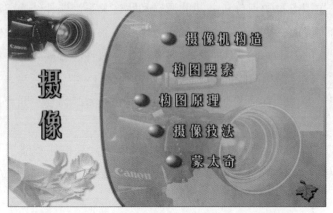

图 11-5　多媒体课件"画面构图与拍摄技巧"的次界面

图 11-6　多媒体课件"画面构图与拍摄技巧"内容界面中的画面主体层次

（1）教学内容区

教学内容区在不同的界面中会展现不同的内容。主界面中的教学内容区用来展现课件中各主题之间的整体关系，相当于书本中章和章之间的关系；次界面中的教学内容区展现了课件中次级主题之间的相互关系，相当于书本中节和节之间的关系；而内容界面中的教学内容区则用来具体展现课件中基本知识点的内容，相当于书中的具体内容。在教学内容区中，可以根据需要安排各种媒体。

（2）人机交互区

交互是指学习者能够在主观上控制某一部分内容的能力，例如学习者由当前页跳转到下一页、由当前内容跳转到其他横向的内容、终止程序运行、随时退出等。这种交互是多媒体课件的基本要求，交互性的好坏对学习者有很大的影响。交互性好，学习者使用方便，有利于学习者主观能动性的发挥，有利于知识的掌握；反之，使用者只能按设计者的思路被动地学习。内容界面中的人机交互区是用来体现课件中不同界面之间的跳转关系的,它由按钮、热区、热字、图标等组成。多媒体课件"画面构图与拍摄技巧"的交互区如图11-7所示。

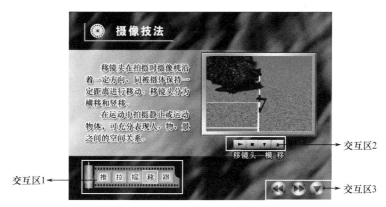

图 11-7 多媒体课件"画面构图与拍摄技巧"的交互区

在设计多媒体课件的交互功能时,其一是确定课件中界面与界面之间的跳转关系,这种跳转将使教学内容由当前所在的界面跳转到另一个界面;其二是确定由当前界面返回主界面或上一级界面,每一个界面可根据需要向主界面或上一级界面跳转。除此之外,还需要确定界面向结束部分的跳转。教学软件在运行过程中能够随时结束退出,这样才能方便使用。

交互的方式、多少以及复杂程度是由层次的多少和课件的制作模式来决定的。例如,书页式交互的条理一般比较清晰,它实现起来比较简单,但形式单调。复杂的树状式交互可以延伸和扩展知识,适合不同层次的学习者,就像大树由树干、树枝和树叶组成。学习者可根据自己的知识背景和学习兴趣自由选择学习内容。

(3)信息导航区

多媒体课件界面中的信息导航区是为学习者在非线性结构的课件界面中指引方向的指路牌,指出学习者在课件中所处的具体位置。信息导航通常有检索导航、帮助导航、浏览导航和演示导航等几种形式。

检索导航:系统提供一套检索方法供学习者使用,可以按关键词、标题、时间顺序等进行设置。

帮助导航:系统设置有专门的帮助菜单并出现在几乎每一个页面内。学习者在学习过程中遇到问题和困难时,能够随时到帮助菜单中找到解决问题的办法和途径。

浏览导航:系统设置导航图,学习者可以利用导航图导航。导航图以图形化的方式表示课件的结构层次和界面间的关系,有点像 Dreamweaver 中的站点结构图。学习者可以直接进入某个界面进行学习。导航图的形式如图11-8所示。

演示导航:系统提供一种演示方式来指导学习者学习,把主要内容按一定的顺序向学习者演示。

(4)背景

多媒体课件组合了用多种媒体表现的教学内容,它与用户的最终交流是通过显示器屏幕或投影幕布进行的。界面中的背景是位于主体之后的衬底。

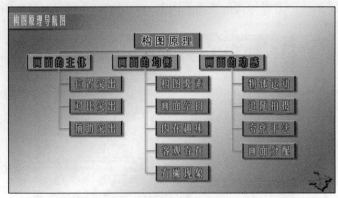

图 11-8　导航图

4. 解说词与音效的设计方法

解说词一般从属于画面，要做到声画对位，使用普通话。同时，要求解说词准确无误，通俗易懂，简洁精练。

音乐和音效是听觉元素的一部分。在多媒体课件中适当安排一些音乐和音效，可以配合画面，深化教学内容，烘托气氛，渲染情绪，增强感染力。在选择音乐时，应以说明性的音乐为主，最好不要使用大家都熟悉的音乐，以免分散学习者的注意力。音乐要用开关进行控制，想听时打开，不想听时可调小音量或关闭。

四、学习者帮助部分

学习者在学习中遇到困难时，应该能随时获得帮助。有的帮助信息可以在最初的使用说明中提供，也有的帮助信息是在课件界面内部随时提供的，也就是当鼠标指针移到屏幕上的某一区域（如按钮、图标）时出现的文字提示或声音提示，说明进一步操作将产生的结果。

第六节　画面设计的色彩基础

色彩是对人的视觉最具冲击力的元素之一。当学习者初次接触某课件时，课件界面的色彩将先于图像和文字引起其注意。色彩是形成课件界面的外部风貌、构成形式美的重要元素，是促进学习者接受课件教学内容的重要方面。了解色彩的运用规律在课件界面设计中具有十分重要的意义。

一、认识色彩

色彩是人眼在接收光的刺激后，将视网膜的兴奋传送到神经中枢而产生的感觉。1666 年，英国物理学家牛顿第一次通过三棱镜的折射，将太阳光解析为包括红、橙、黄、绿、青、蓝、紫的彩色光带，揭开了色彩的秘密。

色彩是构成画面的重要元素，我们只有懂得色彩知识，掌握色彩的组合规律，才能得心应手地加以运用，增强画面的表现力和感染力。在自然界中，光线能分解成红、绿、蓝三种颜色，这三种颜色的光按一定比例混合，形成光谱中其他颜色的光。我们将这三种颜色叫作三基色。如果两种颜色混合后形成了白色，这两种颜色就互为补色。例如，蓝色是黄色的补色，红色是青色的补色，绿色是紫色的补色。色彩的基本属性包括色相、饱和度（纯度）和明度，如图 11-9 所示。

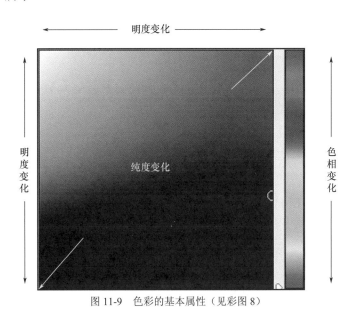

图 11-9　色彩的基本属性（见彩图 8）

二、色相

色轮是表示最基本的色相关系的色表，如图 11-10 所示。色轮上 5°角内的色彩称作同一色相；45°角内的色彩称作同类色，也叫近邻色；相距 90°到 120°的色彩称为对比色；色轮上相对位置（180°）上的色彩叫补色，也叫相反色。在色轮上，以紫色和绿色两种中性色为界，可以将色彩分成暖色系和冷色系。暖色使人感觉温暖，有积极的效果，偏重，密度高，有前进感，透明感差；冷色使人感觉寒冷，有镇静的效果，偏轻，密度低，有后退感和透明感。中性暖色和中性冷色用于配色时，可以起到协调作用。

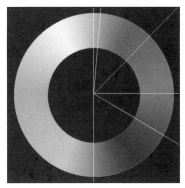

图 11-10　色轮（见彩图 9）

1. 色彩性格

各种色彩都有其独特的性格，简称色性。它们与人类对色彩的生理、心理体验相联系，从而使客观存在的色彩仿佛有了复杂的性格。

（1）红色

红色的波长最长，穿透力强，感知度高。它易使人联想起太阳、火焰、热血、花卉等，给人以温暖、兴奋、活泼、热情、积极、希望、忠诚、健康、充实、饱满、幸福等感觉。

深红色及带紫色的红色给人的感觉是庄严、稳重而又热情，常见于欢迎贵宾的场合。含白的高明度粉红色则给人以柔美、甜蜜、梦幻、愉快、幸福、温雅等感觉，几乎成为女性的专用色彩。

（2）橙色

橙色与红色同属暖色，具有红色与黄色之间的色性，属于激奋色彩，使人联想起火焰、灯光、霞光、水果等物象，是最温暖的色彩。橙色给人的感觉是活泼、华丽、辉煌、跃动、炽热、温情、甜蜜、愉快、幸福等。

（3）黄色

黄色是明度最高的色彩，给人以轻快、光辉、透明、活泼、光明、充满希望等感觉。含白的淡黄色给人以平和、温柔等感觉，含大量淡灰的米色则是很好的休闲自然色，深黄色有高贵、庄严感。因为黄色极易被人发现，还被用作安全色。

（4）绿色

在大自然中，绿色所占的面积很大，如草、树木，几乎到处可见。人们称绿色为生命之色，它象征生命、青春、和平、安详、新鲜等。人的视觉最能适应绿色光的刺激，绿色最适宜人眼的注视，有消除疲劳的调节功能。

绿色带给人们春天的气息，颇受儿童及年轻人的欢迎。蓝绿色、深绿色是海洋、森林的色彩，有着深远、睿智等含义。含灰的绿色（如青绿色、墨绿色等色彩）给人以成熟、沉稳、深沉的感觉。

（5）蓝色

蓝色与红色、橙色相反，是典型的冷色，象征沉静、理智、高深、透明等。随着人类太空探索事业的不断发展，它又有了象征高科技的强烈现代感。蓝色另一面的性格则是刻板、冷漠、悲哀等。

浅蓝色明朗而富有青春朝气，为年轻人所钟爱，但也有不够成熟的感觉。深蓝色给人以沉着、稳定的感觉，为中年人普遍喜爱的色彩。靛蓝、普蓝因在民间广泛应用，似乎成了民族特色的象征。

（6）紫色

紫色具有神秘、高贵、优美、庄重、奢华等气质。含浅灰的紫色有着类似于太空色彩的幽雅、神秘之感，为现代生活所广泛采用。紫色有时也给人以孤寂、消极之感。较暗或含深灰的紫色易给人以不祥的印象。

（7）黑色

黑色为无色相、无纯度之色，给人以神秘、严肃、庄重等感觉，也易让人产生悲哀、恐怖、罪恶等消极印象。黑色的适应性极强，属于极好的衬托色。很多色彩与其搭配，都能取得赏心悦目的效果。但与深色搭配时，最好不要大面积使用黑色，否则会产生压抑、阴沉的恐怖感。

（8）白色

白色给人的印象是洁净、光明、纯真、清白、朴素、卫生、恬静等。在它的衬托下，其他色彩会显得更鲜亮、更明朗。但白色还可能产生平淡无味的单调、空虚之感。

（9）灰色

灰色是中性色，给人的突出感觉是柔和、细致、平稳、朴素、大方。任何色彩都可以和灰色搭配。略有色相感的灰色能给人以高雅、细腻、含蓄、稳重、精致、文明、有素养的感觉。过多的灰色也易暴露其乏味、寂寞、忧郁、无激情、无兴趣的一面。

（10）土褐色

含一定灰色的中、低明度的各种色彩（如土黄色、咖啡色、驼色、茶褐色等）都显得不太强烈，可烘托温暖、慈祥和怀旧气氛，易与其他色彩配合，特别是和鲜色相伴时效果更佳。

2. 色相组合

多媒体画面颜色对视觉的影响是靠色相组合产生的，色相组合产生的效果可分为以下几种。

（1）稳定效果

无彩色即无色相的颜色，它的组合效果是大方、庄重、高雅而富有现代感，但也易产生过于素净的单调感，如图 11-11 所示。

无彩色与有彩色配合使用，如黑色与红色、白色与蓝色等，显得大方而又活泼。无彩色面积大时使人感觉高雅、庄重，有彩色面积大时活泼感加强。

同一种色相的不同明度或不同纯度的颜色搭配俗称姐妹色组合，如蓝色与浅蓝色、粉

图 11-11　无彩色（黑色、白色及各种明度的灰色）

红色与紫色等，给人以统一、文静、雅致、含蓄、稳重等感觉，但也易产生单调、呆板等感觉。

（2）调和效果

① 邻接色相配合使用。两种颜色在色相环上的距离约为 30°，为弱对比类型，如图 11-12 所示。这种搭配给人以柔和、和谐、雅致、文静等感觉，但也会产生单调、模糊、乏味、无力等感觉，必须通过调节明度差来改善。

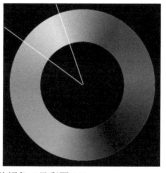

图 11-12　色相环上相距约 30°的两种颜色（见彩图 10）

② 类似色相配合使用。两种颜色在色相环上的距离为 60°左右，为较弱对比类型，如图 11-13 所示。这种搭配给人以丰富、活泼等感觉，但又不失统一、雅致、和谐。

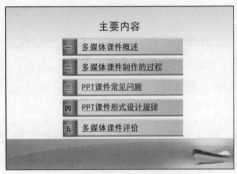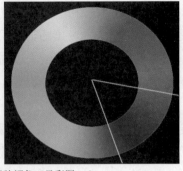

图 11-13　色相环上相距约 60° 的两种颜色（见彩图 11）

③ 色相环上相距为 90° 左右的两种颜色搭配为中对比类型，如图 11-14 所示。这种搭配使人感觉明快、活泼、饱满，对比既有相当力度又不失调和之感。

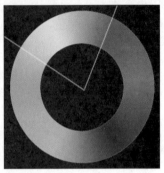

图 11-14　色相环上相距约 90° 的两种颜色（见彩图 12）

（3）对比效果

① 对比色相配合使用。两种颜色在色相环上的距离约为 120°，为强对比类型，如图 11-15 所示。这种搭配给人以强烈、醒目、有力、活泼、丰富等感觉，但也因不易统一而有杂乱、刺激之感，易造成视觉疲劳，需要采用多种调和手段来改善对比效果。

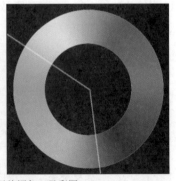

图 11-15　色相环上相距约 120° 的两种颜色（见彩图 13）

② 补色相配合使用。两种颜色在色相环上的距离约为 180°，为极端对比类型，如图 11-16 所示。这种搭配给人以强烈、炫目、响亮、极有力之感，但若处理不当，易产生幼稚、原始、粗俗、不安定、不协调等不良感觉。补色的使用应以一种颜色为主色调，辅以另一种颜色，起到点缀作用。

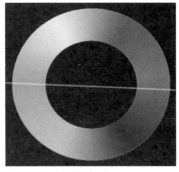

图 11-16　色相环上相距约 180°的两种颜色（见彩图 14）

色彩能够通过视觉刺激，诱发人们产生某些生理上的感觉和心理上的效应，唤起某种想象和某种情感，因此我们在画面设计的过程中一定要特别注意。比如，色彩学家墨林发现，当人眼受到红色光刺激之后，人眼内的感红细胞就会兴奋而与感绿细胞暂时失去平衡。外科医生在手术中长时间看到红色血液，当其视线转移到白色工作台或墙面上时，眼中就会出现绿色眩像。所以，现在医院手术室一般采用浅绿色，医生在手术室内所穿的工作服改用浅蓝色。由于人们对色彩的感受并不会仅仅停留在生理的初级阶段，当视神经接收色彩刺激并将其传递到神经中枢时，人们还会产生深层的心理反应，通过想象、联想等形象思维，产生不同的情感、爱好和欲望，从而赋予色彩丰富的情感内涵。色彩的情感问题是一个复杂而又微妙的问题，它不具有绝对的、固定不变的因素，与人类的长期生活实践有关。同一色彩，因人、因时、因地不同，会引起不同的情感变化。但是对于文化背景相同、心态正常的一群人而言，这些感觉大体上是相似的。比如，人们看到大红色就会联想到喜庆、热闹等。

三、饱和度

色彩的饱和度即色彩的纯度，指物像颜色纯正的程度，或者说一种颜色中掺入的灰色的多少。所掺入的灰色越少，饱和度越高，颜色越鲜艳；所掺入的灰色越多，饱和度越低，颜色越暗淡。色相环上的各种颜色都是纯色，其纯度最高。

虽然饱和度高的颜色具有很强的吸引力，但人眼长时间盯着看时会产生疲惫，心理上也会产生诸如烦躁、倦怠等情绪。比如，大红色是一种饱和度较高的红色，由于人的生理和心理上的原因，在画面设计中不宜大面积使用大红色（如有特殊需要，另当别论）。凡高在其画作中对高饱和度颜色的大胆运用使其成为最伟大的后印象派画家，他那狂热而张扬的内心世界只能通过明艳的色块来表达，画作带给欣赏者的是情感冲击，这在多媒体画面设计中是不合适的。多媒体教学软件开发的主要目的是促进学生的认知，对画面的主要要求是赏心悦目，能够带来长时间的情感上的平静与愉悦，而并非一时的刺激。在界面设计中，背景是映衬承载教学内容的视觉要素的基底，高饱和度色彩强硬抢眼，坐镇不住。从这一点来说，应提倡低饱和度色彩在界面中的运用，可以在细节上适当运用高饱和度色彩进行装饰点染。

四、明度

色彩的明度是指物像颜色的明暗程度，它与光线的强弱密切相关。光线越强，颜色越亮；光线越弱，颜色越暗。色彩的明度取决于混色中白色和黑色的含量。在有彩色系中，明度越高的色彩的重量感越轻，能够给人以松软感和膨胀感。对于纯度相同而明度不同的色彩，明度高的色彩对人所产生的刺激比明度低的色彩大。一般而言，设计中主色的高明度基调给人的感觉是轻快、明朗、娇媚、纯洁等，然而应用不当又易引起冷漠、柔弱、浮躁、疲劳等感觉；中明度基调给人以朴实、沉稳、庄重之感，然而同时又可能带来呆板、贫穷、乏味之感；低明度基调给人的感觉则是沉重、浑厚、强硬、神秘，但也可能造成黑暗、阴险、哀伤等感觉。在实际运用中，明度对比所产生的视觉作用高于纯度对比所产生的视觉作用。

五、综合对比和色调倾向

多媒体课件画面中的色彩往往不是单独存在的，色相、纯度、明度中各种元素有规律的变化与搭配值得注意。多种色彩组合后，由于色相、明度、纯度等不同，所产生的整体效果才是最终作用于视觉的因素。这种多属性、多差别搭配的效果显然要比单项对比搭配丰富、复杂得多。设计人员在进行多种色彩综合对比时要强调、突出色调倾向，或以色相为主，或以明度为主，或以纯度为主，使某一方面处于主要地位，强调对比的某一侧面。画面的色调倾向大致可归纳为鲜色调、灰色调、深色调、浅色调、中间色调等。

1. 鲜色调

在确定色相对比的角度、距离后，尤其是对于在色相环上相距 90°以上的对比，必须搭配无彩色的黑色、白色、灰色，起到间隔、缓冲、调节等作用，达到既有变化又有统一的效果，使人感觉生动、华丽、兴奋、自由、积极、健康等。

2. 灰色调

在确定色相对比的角度、距离后，在各色相的颜色之中调入不同程度、不同数量的灰色，使大面积的整体色彩向低纯度方向发展。为了强化这种灰色调倾向，最好组配无彩色特别是灰色，给人以高雅、大方、沉着、古朴、柔弱等感觉。

3. 深色调

在确定色相对比的角度、距离时，首先考虑多选用低明度的颜色（如蓝色、紫色、蓝绿色、蓝紫色、紫红色等），然后在各种颜色之中调入不同数量的黑色或深白色。同时，为了强化这种深色调倾向，最好组配无彩色中的黑色，给人以老练、充实、古雅、朴实、强硬、稳重、男性化等感觉。

4. 浅色调

在确定色相对比的角度、距离时，首先考虑多选用高明度的颜色（如黄色、橙色、黄绿色等），然后在各种颜色之中调入不同数量的白色或浅灰色。同时，为了强化这种浅色调倾向，最好组配无彩色中的白色，给人以天真、柔和、娇嫩、文雅、甜美、女性化等感觉。

5. 中间色调

这是一种应用最普遍的配色倾向。在确定色相对比的角度、距离后，在各种颜色中都加入一定数量的黑色、白色或灰色，使大面积的整体色彩呈现既不太浅也不太深、既不太艳也不太素的中间状态，使人感觉随和、朴实、大方、稳定等。

优化或调整课件界面的整体色调时，最主要的是先确立基调色的面积统治优势。在一幅由多种颜色组合成的界面中，大面积使用鲜色时势必形成鲜调，大面积使用灰色时势必形成灰调，其他色调依此类推。这种优势在整体的变化中能使色调产生明显的统一感。同时，要设置小面积、对比强烈的点缀色、强调色、醒目色。由于其不同的色彩感觉，整个画面烘托的气氛会变得活跃。但是整体与局部是矛盾的统一体，如果对比色变化过大或面积过大，易破坏整体，失去统一效果而显得杂乱无章；反之，若对比色的面积太小，则它易被四周包围的色彩同化、融合而失去预期的作用。

第七节　多媒体画面的色彩搭配

在制作多媒体课件时，如何使课件的色彩搭配效果出众（也可称为色彩搭配和谐）呢？实际上，色彩搭配是有规律可循的。

一、色彩搭配的方法

在设计多媒体课件时，应按照设计的目的和要求来制定色彩搭配方案，可以通过处理图形色与背景色、调整画面色调和运用配色技巧三种方法来控制画面的色彩效果。

1. 图形色与背景色的处理

多媒体画面中涉及两种色彩，即图形色和背景色。图形色也称前景色，在设计中给人的感觉通常是前进和积极，而背景色给人的感觉则是后退和消极。在设计多媒体画面时，背景色及其上面的图形、文字由于受到配色关系的制约，会产生明度和纯度上的差异。首先，在处理明度关系（即处理二者的亮度）时，要求图形色鲜艳明亮，而背景色暗淡浑浊。其次，在面积大小的处理上，图形色鲜艳时面积要小，而对于纯度较低的图形，则要求面积大。除此之外，在配色的数量上，图形色要求复杂多变，背景色则要求单一或淡雅。

2. 画面色调的调整

色调是画面颜色基调的简称，是关于画面色彩结构的整体构思。画面的整体色调通常是由主色调决定的。使用暖色系时，色调显得柔和、温暖；使用冷色系时，色调则显得洁净、清新。当使用明度高的色彩为主色时，画面显得清晰、透亮；反之，则显得深沉。

3. 配色技巧的运用

由于主色调会对画面产生整体影响，所以需要根据画面的主题进行选择。除了选择主色调之外，画面上还有其他色彩作为搭配色，用以烘托主色调或与主色调形成反差。

二、色彩搭配方案的选择

1. 按区域进行配色

根据色相距离的远近，将色相环分成若干区域，再对各个区域中不同色相的色彩进行搭配。

对于相同色相的配色，主要靠明度的变化进行色彩搭配。如果色彩的明度和纯度的对比过弱，会使色彩搭配过于单调。类似色相的配色范围较为广泛，当所选色彩的色相的差异较大时，会产生较强的刺激。需要注意的是，在配色时，明度和纯度的对比要柔和，以便产生和谐的画面感觉。

在使用对比色与互补色时，可以通过降低色彩的明度和纯度来缓和不同色彩间的冲突。

2. 通过纯度对比进行配色

在多媒体画面中，所用色彩的纯度越高，色彩越鲜艳；纯度越低，色彩则越暗淡。弱纯度对比配色是色彩纯度差异不大的配色，在考虑色相和明度对比的情况下，具有柔和、淡雅的色彩效果。强纯度对比配色是色彩纯度差异较大的配色，在考虑色相和明度对比的变化时，具有鲜艳的色彩效果。

3. 通过明度变化进行配色

按色彩明度配色时，明暗差异大的对比强烈，明暗差异小的对比较弱。为了明确明度差异的大小，可对明度进行分级，由亮至暗分为最亮、亮、次亮、次暗、暗和最暗六级。

三、课件色彩与和谐心理

和谐是色彩造型处理的根本要求。色彩和谐针对的是两种或两种以上的色彩在画面中的配置状况。色彩的和谐包括类似色的和谐、互补色的和谐以及中间色调的和谐。

1. 类似色的和谐

① 同一色调的和谐：画面上出现同一色调的色彩，只是其明暗程度不同。例如，浅红色、大红色、暗红色的共同点是它们都是红色，但是它们之间有明度的差别。

② 相近色的和谐：由于类似色的色相相似甚至相同，所以我们要处理好它们的明度与饱和度，从而使画面中的色彩和谐。

2. 互补色的和谐

互补色的和谐是指互补色在画面中的组织、配置产生和谐效果，如红色与青色、蓝色与黄色等。互补色的特点是色彩反差大，在画面中可以形成强烈的色彩对比。

对于互补色的处理，要注意色彩的面积与明度之间的关系，最重要的一点是要看它们之间的搭配是否均衡。颜色的明暗在人们的心理上会形成一定的重量感。例如，人们会感觉明亮的颜色轻些，深暗的颜色重些。明度高的色彩要有相当的面积才能和明度低的色彩构成心理上的平衡。例如，红色和青色是互补色，若红色的明度远高于青色时，青色就要有足够大的面积才能和红色平衡。

3. 中间色调的和谐

中间色调是指白色、灰色和黑色。在对比强烈的色彩中出现中间色调，可以缓和对比效果，富有层次感；在对比弱的色彩中出现中间色调，可以增加颜色的层次，更加醒目。

四、运用色彩时的注意事项

在色彩对比方面，还有一些因素影响生理和心理上的感觉，在设计制作多媒体课件画面时应当引起注意。

1. 视觉残像

由于各种色彩相互作用的缘故，对比色所产生的视觉效果与单独一种色彩不一样，这种现象是由视觉残像引起的。长时间注视某一色彩的图像后，再看白色背景时，会看到与其大体相仿的补色图像。如果背景是有彩色，残像就与背景混色。这两种颜色在同一画面中并置，就会相互影响，越接近二者的交界线，影响越强烈，引起色彩渗漏现象。进行多媒体课件画面的配色设计时，应当考虑视觉残像的影响，并进行相应的处理。

例如，在灰色背景上画黑线纹样时，会感觉灰色背景偏黑。在同样的灰色背景上画白色纹样时，会感觉灰色背景偏白。这是视觉残像中的同化现象，在纹样细小、面积小的时候就会出现。当配色的色相、明度接近时，同化现象更加明显。

2. 色彩的可视认性

色彩的可视认性是指在一定背景中的色彩在多大距离内能够被看清楚和在多长时间内能够被辨别。对色彩的可视认性的影响最大的是色彩和背景之间的明度差。同一明度的色彩，在白色背景上会显得暗，而在黑色背景上显得亮。在课件界面设计中，经常要处理文字颜色和背景颜色的关系，如图 11-17 所示。使用黑色背景时，灰白色文字看起来很清晰，而采用其他颜色的背景时，学习者就要仔细辨认才能看清楚。

易辨认的色彩

背景颜色	黑	黄	黑	紫	紫	蓝	绿	白	黄	黄
文字颜色	黄	黑	白	黄	白	白	白	黑	绿	蓝

难辨认的色彩

背景颜色	黄	白	红	红	黑	紫	灰	红	绿	黑
文字颜色	白	黄	绿	蓝	紫	黑	绿	紫	红	蓝

图 11-17　文字颜色和背景颜色的关系

色彩的知识和运用技巧固然重要，但它所要传达的教学内容是根本，设计者必须明确想要表达的是什么，真正要突出的是什么。色彩是外表，真正的灵魂是设计者的理念。只有把课件内容融入界面色彩设计中，画面才有灵魂。教学中的课件界面不是单纯的艺术品，我们在运用色彩的过程中需要更多的理性分析。

第十二章　多媒体课件的界面设计

界面设计是多媒体课件制作过程中需要认真对待的重要环节。从某种程度上讲，多媒体课件中的一系列界面就代表了课件本身。对于多媒体课件来说，构成界面的文字和图像就是教学内容的载体，其表现形式直接决定了教学信息传播的通畅性。合理的界面设计不仅可以提升课件的艺术品位，而且会改善授课效果。

第一节　多媒体课件的构图

课件的屏幕构图方式有很多种，好的构图能够完美地体现创作意图，形象贴切地诠释所要表现的主题，提升课件的表现力和感染力。

一、构图与构思的概念

1. 构图

构图一词是英语单词 composition 的意译，为造型艺术的术语。它的含义是：通过对各部分进行组合、配置并加以整理形成艺术性较高的画面。在《辞海》中，构图的意思是艺术家为了表现作品的主题思想和美感效果，在一定的空间内安排和处理人、物的关系和位置，用个别或局部的形象组成艺术的整体。从广义上讲，构图是指设计者从选材、构思到造型的整个创作过程；从狭义上讲，构图主要是指画面的布局与构成，也就是说在一定的空间或平面上对自己所要体现的形象进行选择、组织和安排，通过对全部造型要素之间的关系的调整和处理，达到突出主题的目的，使其成为具有艺术性的整体。

2. 构思

构思是艺术家在孕育作品的过程当中所进行的思维活动。它的任务是选取、提炼素材，酝酿、确定主题，探索最恰当的艺术表现形式。构思对于构图来说是先导，而构图是画面构成或形式结构的具体表现。构图随着构思的进行而开始，随着构思的确立而展开，而构思则随着构图的进行而不断深化。二者相互联系、相互依存、不可分割。

构图对设计与制作多媒体课件来说是必不可少的基础，就像节奏、旋律对于音乐创作一样。对于设计与制作课件，构图的目的是把传达教学信息的主体加以强调、突出，恰当地安排陪体，选择环境，舍弃烦琐的与所传递信息无关的东西，使出现在学生面前的多媒体画面的艺术感更强，其上的教学信息更集中，更有冲击力。只要涉及制作教学媒体，无论是幻灯片、电视教学片还是多媒体课件，我们在工作中首先接触且时时刻刻都要与之打交道的就是构图。所以，学习和掌握构图规律是十分必要的。

二、构图法则

形式美法则是画面设计的理论基础，美的画面必然具备合乎逻辑的形式。在多媒体画面设计实践中，掌握形式美的法则，并依据这些法则进行设计是画面构图的基础。

构图属于形式的范畴，它是通过各种元素有规律的组合来给人以美感的。这种组合规律就是构图的基本法则。

1. 变化与统一

变化与统一是客观事物本身所具有的特性。"变化"体现了各个事物个性的差异，"统一"则体现了各个事物的共性或联系。变化与统一是形式美法则的最高体现。

一幅画面的构图只有变化而没有统一，就会让人感到杂乱无章，如图 12-1 所示；只有统一而无变化，就会缺少节奏与韵律，使人感到呆板、乏味，容易造成视觉疲劳，直接影响观看者的接受效果，如图 12-2 所示。

图 12-1　构图只有变化而没有统一　　　　图 12-2　构图只有统一而无变化

变化与统一体现在构图当中就是将所需要的视觉形象安排成有变化、有秩序、有节奏的和谐统一的整体，如图 12-3 所示。

变化是一种智慧、想象的表现，强调各元素之间的差异，会造成视觉上的跳跃。统一强调构图中各元素的一致性，这些元素的彼此呼应和联系造就了画面的整体感。

2. 疏密与留白

疏与密的变化，也是构图中的一个重要法则。疏与密在中国画中也叫开合或争让。在构图过程中需要把某些物象集中起来，这叫作密；也需要把某些物象分散开去，这叫作疏。只有疏而没有密，画面就会显得散，如图 12-4 所示。只有密而没有疏，画面就会显得挤，如图 12-5 所示。疏中有密，密中有疏，疏密得当，才能够形成节奏，如图 12-6 所示。中国画有"疏可走马，密不透风"的比喻，这样才能给人以美感。但有时为了表现严肃或装饰趣味，不强调疏密变化，从而得到一种秩序美或者特殊的个性美。

图 12-3　体现变化与统一的构图　　　　图 12-4　只有疏而没有密的构图

图 12-5　只有密而没有疏的构图

图 12-6　疏中有密、密中有疏的构图

中国传统美学中还有"计白守黑"的说法，也就是将编排的内容实体看作"黑"，将空白的区域看作"白"。"白"也可以是细弱的文字、图形以及浅淡的色彩等。一般的画面均有留白的空间和虚实对比，留白的形式、比例往往决定着画面的空间层次和质量，而其最大的作用就是引人注意，更好地衬托主体，使观看者将视线集中于主要内容。

3. 重复与节奏

在画面中，如果不断重复的基本图形的形状、大小、方向都是相同的，就会产生安定、整齐、有规律的感觉，但容易显得平淡，或缺乏趣味性的变化。这种图形往往用来设计界面背景，作为主体的陪衬，如图 12-7 所示。

节奏是由构成元素按照一定的秩序重复排列形成的，有等距离的排列，也有大小、明暗、

图 12-7　平淡的背景作为主体的陪衬

形状、高低等不同的排列。在画面设计中，经常将一些辅助性元素（如按钮、装饰等）进行有变化、有节奏感的排列，这能够提升画面的艺术性，如图 12-8 所示。

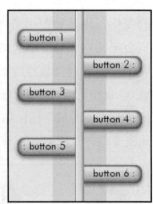

图 12-8　有变化、有节奏感的排列方式

4. 对称与均衡

均衡也称平衡。平衡在我们的生活中处处都能看到，如体操运动员、冰上舞蹈运动员以及杂技演员所做的优美动作都是靠掌握平衡才能完成的。人们的视觉心理都习惯于平衡，所

以画面中的形象以及它们之间的联系也要符合人们的习惯，才会使人们感到自然舒适，否则就会造成心理上的不平衡和不稳定。当然，如果画面传达的意味就是不平衡、不稳定，也可以运用构图中的不均衡处理法。

两个相同图形的并列与对齐就是最简单的对称形式。对称是同等同量的平衡。对称的形式有以中轴线为对称轴的左右对称（见图 12-9）、以水平线为对称轴的上下对称和以放射点为中心的放射对称，其特点是稳定、整齐、庄严、安宁，在实际画面设计中的运用并不广泛。

 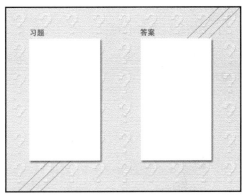

图 12-9　以中轴线为对称轴的左右对称

在非对称的平衡布局中，构图形式打破了对称格局，在不对称中创造平衡之势，以求画面的稳定感，如图 12-10 所示。

均衡是一种有变化的平衡，它利用一种等量不等形的方式来表现矛盾的统一性，阐述内在的、含蓄的秩序和平衡，达到一种静中有动或动中有静的条理美和动态美。均衡的形式富于变化，具有有趣、生动等特点。

图 12-10　非对称的平衡布局

在把画面的各个部分组成一个整体的过程中，最重要的是画面是否均衡。均衡是人们在长期生活中形成的一种心理要求和形式感觉，画面均衡与否和学生的心理有着紧密的联系。一幅多媒体教学画面在一般情况下应该是均衡、安定的，使学生感到稳定、和谐、完整。

5. 对比与调和

对比是对差异性的强调。把构图元素放在一起，就产生了大小、明暗、粗细、疏密、高低、远近、直曲、浓淡、轻重等对比。对比是画面设计中必然用到的形式法则，作用是突出主从关系和显示变化与统一的艺术效果。

和对比相反，调和是指适合、安定、统一，是对近似性的强调，体现两个或两个以上要素的共性。对比和调和是相辅相成的，局部的对比往往是为了整体的调和。

6. 比例与面积

比例是指整体与部分或部分与部分之间的一种比率。成功的构图首先取决于合适的比例。

比如，黄金分割能够达到最大限度的和谐，使画面的不同部分产生联系。画面的分割要在视觉上满足观看者的心理要求，比例适度能给人一种有序、明朗的感觉。

三、构图形式与方法

由于人们在长期的生活中对各种物象有了深刻的印象，积累了丰富的经验，所以画面中的某种构图方式就会使观看者产生一定的心理定式，激发相应的联想。在构图过程中，要充分利用人们的心理因素增强画面的感染力。

1. 构图形式与心理

① 横向构图会形成平静而宽广的形式感，水平线的偏移还会产生上升或下沉的感觉，如图 12-11 所示。

图 12-11　横向构图

② 垂线对画面的分割会造成稳定而高耸的形式感。当垂线偏向一侧时，较大的部分压向较小的部分，有明显的运动趋势，视觉中心都是向较大的部分集中，如图 12-12 所示。

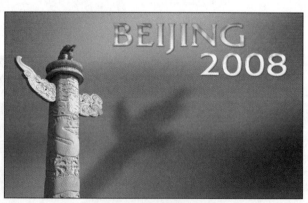

图 12-12　垂直构图

③ 曲线构图是较为活泼的分割方式，有较强的动感。圆形构图可造成完美、柔和的感觉，对画面的圆形分割不仅具有流动感，而且会使人的视线向圆心集中，因此有收拢、闭合的感觉，如图 12-13 所示。

④ 两条以上的水平线或垂线分割画面，分割后上下两部分或左右两侧压向中间，会产生向内的压迫感，视觉中心集中于较大的部分，如图 12-14 所示。

⑤ 斜线构图给人以运动感或不稳定感。适当运用斜线构图能造成画面和谐中的变化，如图 12-15 所示。

图 12-13 曲线构图

 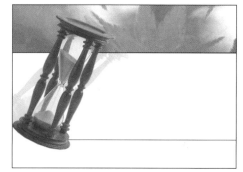

图 12-14 水平线分割构图　　　　　　　　图 12-15 斜线构图

⑥ 十字均衡构图有凝滞感，其交叉点会成为视觉中心，如图 12-16 所示。

⑦ S 形构图具有流动感，更具韵味、节奏感和曲线美。曲线微妙而复杂，可概括为弧线形"C"和回旋形"S"。弧线形构图给人以饱满、扩张的感觉和一定的方向感，如图 12-17 所示。

图 12-16 十字均衡构图　　　　　　　　图 12-17 弧线形构图

2. 屏幕构图的区域分布

（1）区域的特征与注目度

一般将屏幕划分为图 12-18 所示的 6 个区域。这 6 个区域对观看者的心理影响是有区别的。

A 区：离观看者的心理距离最近，是构图中最显著的一块，能引起高度注意和强烈的情绪，如图 12-19 所示。

B 区：有严肃、庄重、超脱的心理作用，出现在这里的一般是提纲挈领性的元素（如标题、菜单等），如图 12-20 所示。

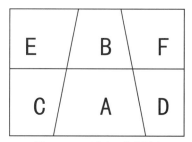

图 12-18 区域注目度的划分

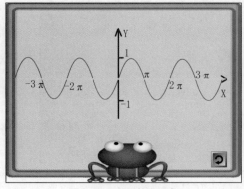

图 12-19　A 区的注目度

图 12-20　B 区的注目度

C 区：心理作用是温暖、随意，多用于展示不拘形式、无须过分关注的元素，如图 12-21 所示。

图 12-21　C 区的注目度

D 区：心理作用较为温暖（仅次于 C 区），但经常给人以索然无味的感觉，如图 12-22 所示。一些小的装饰和功能性的交互元素可以设置在此处，一般不影响观看者对主体的注意。

E 区和 F 区：有柔和、退缩的心理作用，注目度不高，如图 12-23 所示。这个区域在多媒体画面设计中可放置子界面的标题、总的交互菜单和装饰性元素。一般来说，E 区的吸引力总比 F 区的吸引力强，即强势在左，弱势在右。在实际设计中，E 区和 F 区是两个不常用的区域，往往留出空白，让画面"透气"。

图 12-22　D 区的注目度

图 12-23　E 区和 F 区的注目度

（2）画面要素的位置与表现力

在对视觉元素进行整体编排时，要考虑各视觉元素所在的位置及其表现力，将承载教学内容的视觉元素安排在注目度高的位置。一般来讲，上部给人以轻快、飘浮、积极、高昂之感，下部给人以压抑、沉重、消沉、限制、低矮和稳定的印象，左侧给人以轻便、自由、舒展，富于活力等感觉，右侧给人以紧促、局限而又庄重的感觉。一般认为，在软件的界面中，不同位置的注目度如图 12-24 所示。

   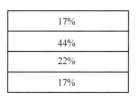

图 12-24　界面上不同位置的注目度

当主体居于画面的几何中心时，上下、左右空间对称，视觉张力均等，显得庄重、呆板。主体居于画面的视觉中心时，在视觉心理上给人以平衡与舒适之感。当主体偏左或偏右时，将产生向心移动趋势，但过于靠边也会产生离心的动感。主体放置在上边或下边时，有上升或下沉的心理感受。

第二节　多媒体课件的界面形式

可以根据教学需要，将课件界面设计成各种各样的页面形式，以体现特定的教学思想，呈现特定的教学内容。对于任何课件，我们都要根据教与学的需要来安排教学内容的呈现顺序，制定控制策略。

一、多媒体课件界面的视觉要素

界面是多媒体课件的视觉表现形式，是课件背景、交互形象、文字内容、图像表格等各视觉要素的组合，是课件最终的呈现模式和效果。

1. 视觉中心的形成

人们对于"视觉中心"通常有两种不同的理解：其一是指画面构图中的主体，比如达·芬奇的《最后的晚餐》中的主体耶稣；其二是指人的视线在画面上集中交汇的地方，也就是一幅画上最引人注目的部分。当画面构图的形式有所不同时，视觉中心的位置也会相应地发生变化。从下面的例子中可以看出，对于不同的画面，视觉中心也是不同的。

如图 12-25 所示，画面上出现的点形成了一个视觉焦点，成为了整个画面的视觉中心。

如图 12-26 所示，画面上的两条线十字交叉，其交叉点就是整个画面的视觉中心。

将画面分为大小两部分，根据需要选择垂直或水平分布方式，视觉将集中在面积较大的部分，如图 12-27 所示。

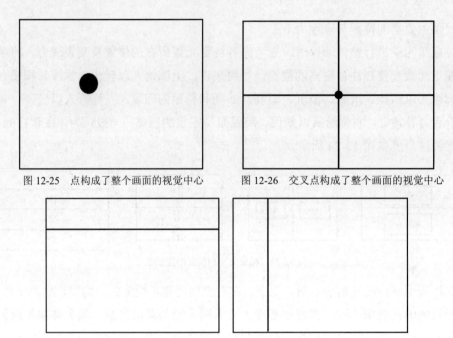

图 12-25　点构成了整个画面的视觉中心　　　图 12-26　交叉点构成了整个画面的视觉中心

图 12-27　面积大的部分是整个画面的视觉中心

　　垂直或者水平的平行线将画面分割成互相平行的几个区域，视觉中心将位于分割线上，如图 12-28 所示。

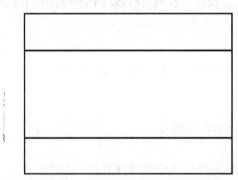

图 12-28　分割线是整个画面的视觉中心

　　如图 12-29 所示，视线将集中在画面中心的椭圆形区域内。如果椭圆上有缺口，则视觉中心将向缺口偏移，如图 12-30 所示。

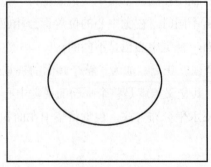
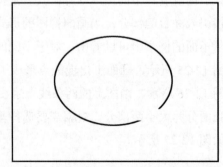

图 12-29　椭圆形区域是整个画面的视觉中心　　　图 12-30　椭圆上的缺口是整个画面的视觉中心

画面的各部分形成了一个"之"字形，使人产生视觉上的次序与流动感，如图 12-31 所示。这时，人的视线将由远及近或由近及远在画面上徘徊。

从上述的例子可以看出，当画面的构图方式发生变化时，视觉中心的位置也会相应地发生变化。所以，在设计多媒体课件时，可以改变画面的构图方式，以引起学习者的注意。

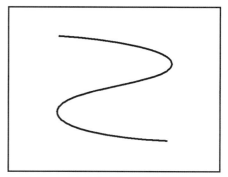

图 12-31　"之"字形构成画面的视觉中心

2. 视觉流程

视觉流程的形成是由人类的视觉特性所决定的。受生理结构限制，人眼只能产生一个焦点，不能同时把视线停留在两个或更多的地方。我们可以做的只有先看什么，后看什么，依照一定的顺序进行浏览、观察。人们在阅读时，视觉有一种自然的流动习惯，一般是从上到下、从左到右、从点到线，而这种视觉习惯可以被视觉要素所影响。

例如，在一张白纸的中心画一个苹果。当观看这幅画时，许多人会认为最先看到的是苹果。但是事实上，我们首先看到了这张纸。通过纸的 4 个边角的导引，我们才自然地看到了画面中心的苹果。

又如，我们在观看一个空白平面（如纸）时，首先会注意到平面（如纸）的 4 个角（从左上角开始沿顺时针方向绕行一周），然后视线自然地停留在平面中心偏上一点的地方。上述例子说明，视觉流程是通过视觉要素的排列来展开的。下面介绍几种视觉流程。

① 单向视觉流程：流动线简明，直接传达教学内容，有简洁而强烈的视觉效果，适用于内容较为简单、形式较为单一的课件。横向的流动线给人以稳定、恬静等感觉，斜向的流动线给人以不稳定的动感，竖向的流动线给人以坚定、直观等感觉。

② 曲线视觉流程：各视觉要素沿弧线或回旋线而运动变化。曲线视觉流程不如单向视觉流程直接、简明，但更具韵味、节奏感和曲线美。

③ 导向视觉流程：通过诱导元素，主动引导学生的视线向一定方向运动，由主及次，把界面上的各视觉要素串联起来，形成一个有机的整体，使重点突出、条理清晰，如图 12-32 所示。导线可以虚实结合、形式多样，如文字向导、手势向导、形象向导以及视线向导等。

④ 散点视觉流程：界面中的图、文等视觉要素自由分散编排，如图 12-33 所示。散点排列强调感性、自由随机性、偶合性，强调空间感和动感，追求新奇、刺激。

在多媒体课件界面设计中，空间的视觉流动线往往容易被忽略。事实上，我们在观看某个界面时，视线总是随着各视觉要素的运动流程而移动，只是我们不习惯注意自己构筑在视觉心理上的这条既虚又实的线罢了。对于设计者来讲，这条视觉流动线相当重要，它意味着让学生的眼睛先看到什么和后看到什么，视线将多次徘徊于哪些部分，又对哪些部分一扫而过。它能够造成界面中某一部分的视觉优势，可以用来突出教学内容。

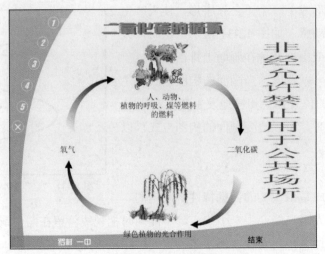

图 12-32 导向视觉流程

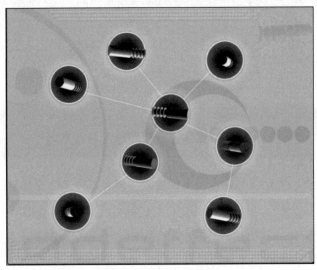

图 12-33 散点视觉流程

二、界面构图中的文图布局

多媒体课件界面的文图布局就像撰写文章一样，不仅要准确和简明，还要结构合理、彼此协调。所谓协调就是对界面上各种元素之间的关系进行统一处理、合理搭配，使之构成和谐统一的整体。具体地说，无非是文字的安排、图像的安排和文图关系的处理。

1. 界面上各种元素之间的协调

除了同一界面中各种元素的协调，我们还要注意不同界面中各种元素的协调。

首先，在界面中要明确表示出主从关系。只有当主角和配角的关系明确时，学习者才会关注主要信息，内心才会安定下来。如果二者的关系模糊，便会让人无所适从。所以，主从关系是界面设计时需要考虑的基本因素。

其次，要注意动态部分和静态部分的配合。动态部分包括动态的画面和事物的发展过程，静态部分则常指界面上的按钮、图像和文字等。一般来说，动态部分和静态部分要配置于相对位置。动态部分占界面的大部分，静态部分所占的面积小一些，在周边留出适当的空白，以强调各自的独立性。这样的安排可以吸引学习者，便于呈现内容。尽管静态部分只占较小的面积，却有很强的存在感。

最后，界面的入点和出点要彼此呼应、协调。二者间的距离愈远，效果愈显著，而且可以充分利用界面的两端。不过，出点和入点要平衡，必须有适当的强弱变化，如一方太软弱无力，就不能引起共鸣。例如，可以让总标题从界面的中心逐步放射开来，最终静止在整个界面上，也可以让它从屏幕的一端推出，转向屏幕的另一端，最终落在界面上的某处。这两种方式都有出点和入点，有一定的艺术效果。

2. 界面中文字的安排

对于文字的安排，除了与公文相同的格式（字间距小于行间距，段首空两格，标点占一格等）外，还要注意其大小、在屏幕上的位置及疏密关系。对于文字的大小，不好做硬性规定，应视一屏所展示内容的多少而定。对于两屏以上内容相连的文字设计，各屏应当一致。

对于单屏文字，可以灵活处置。字多时字就小，字少时字就大。但由于字小时容易看不清楚，所以安排时应有意识让文字的点画细一些或适当加大字间距和行间距；而字少时则相反，应适当加粗文字的点画或使文字稍微密集一些。无论字多字少、字大字小，整屏都要留足够的天地和侧边。在安排文字的位置时，对于全屏只有一行文字的情况，应尽量将文字安排在近中线稍偏上的位置，目的是突出文字和不感到空缺。

3. 界面中图像的安排

多媒体课件的制作常常需要图像，而且有时图像很多，甚至占主体地位。如何设置图像的大小、位置和形状，对课件的质量及使用效果的影响很大。从使用效果上看，应尽量将图像放大，有可能时就用满屏展示一幅图像。这种满屏图一般无须再设置外框和花边等，以减少干扰。

一屏同时展示几幅图像时，就要区别主次、顺序和大小。以主图为主，附属图为次，排列顺序通常是从上至下、从左至右、从前至后。主图一般要大一些，以每幅图像都能看清为原则。另外，将同一内容的几个图像放在一起，而不同内容的图像之间需要隔开。

在同一屏中安排多个图像时，还要考虑视觉上的平衡。不管采用对称布局或不规则的布局，都要使整屏画面安稳平妥，不失和谐与稳定。

4. 界面中文图关系的处理

多媒体课件的每一个界面往往不是单一的文字或图像，而常常文图皆有，通过二者的相互配合来说明一定的问题。因此，文与图的关系就成了设计课件时必须解决的课题。

在多媒体课件中，我们较为重视图像的作用，往往把图像置于主要位置。所以，在文图皆有的界面中，总是先对图像进行定位，然后安排文字。在文图配合关系上，宁可将文字安排得紧凑一些或少一些，也不能侵占图像四周的空白。注意，若文图靠得很近，看上去就会让人憋闷，透不过气来。正确的安排是在图像的四周留有天地和侧边，必要时还要相当宽松一些。图像下有文字注释时，文字下面还要再留空地，这是眼睛进入图像的"通道"。

多媒体课件的设计要求是便于使用、容易学习，它不是课本内容的简单堆砌。友好界面的简洁明快体现在信息输入、输出的简便上。每一门课程都有大量信息，如何合理地输出是关键。要精心设计每一个页面的内容，避免拖沓冗余、胡乱堆砌。

三、界面构图的艺术风格

多媒体课件的制作讲究艺术风格一致。所谓艺术风格就是艺术特点，是指艺术形式所具有的某种品格和情调，因此有人称它为艺术格调。艺术风格的选择是一个复杂的思维过程，包含多方面的内容，诸如颜色的运用、字体的选用、图形的搭配及其之间的联系。另外，还有转换和运动方式的影响等。

一个课件的界面必须具备统一的风格。所谓统一的风格就是在背景的处理、菜单的安排、按钮的形式等方面保持同一种格调。比如，在整个课件中，"上一页""下一页""返回""停止音乐"等按钮的风格必须一致。

风格、布局的统一，可避免学习者误操作，也使人感到和谐优美。上面强调的一致性并不代表古板、一成不变。恰恰相反，在格调统一的基础上，应提倡灵活多变。没有人会对界面设计呆板、枯燥无味的课件感兴趣。

1. 界面颜色基调

颜色的种类很多，对它们的运用不能毫无目的，不能随意拼凑，而要注意它们的属性及其之间的联系，特别要注意同类色、近似色的关系。善于重复、连续使用某种颜色、某些同类色和近似色，可以形成一种基本色调。这种基本色调在视觉上给人以稳定自然的效果，在情调上给人以和谐一致的感觉。我们要利用基调的这种稳定效果和一致感觉，帮助读者更好地认识教学内容的连续性和各部分之间的关系的紧密性。例如，对于页面底色（背景）的设置（选择），应认真设计基调。展现同一课题或同一内容的页面，其底色要相对稳定一致，最好不要换来换去，以免使读者的认知受到色感转移的不良影响。

当然，所要讲授的内容篇幅很长或其中分立内容有明显的差别时，页面底色应该调整变化，不然会让人感到乏味和劳累，或不能引起新的注意，但是变化必须合情合理和自然。变色不变调，变中有不变，即用同类色或类似色进行调整，或者改变颜色的纯度，或者改变颜色的明度，或者改变底板（背景）的图案，其中颜色和图案二者中要有不变的。另外，这种变化还要照顾到内容的整体性，至少应以内容的大结构为变化范围，如果每个小问题都改变背景或颜色，就显得零乱，缺乏整体感。

2. 界面图像配伍

多媒体课件界面上的图像配伍也需要保持艺术风格的一致性。首先，要使用风格统一的背景。在大多数情况下，课件中不同界面的背景应当有一定的变化，这种变化可以体现在背景所应用的图案上，但处理方法和色调一定要统一。其次，图像处理方式统一。图像在多媒体课件中得到了大量运用，为了追求整体风格的统一，我们可以对所有的图像进行同样的处理。在制作同一课题或同一章节内容的课件时，应采用同样形式或类似形式的配图，比如都是立体的或平面的，都是线描的（用单色线条画的），都是用边框框起来的或无边框的，都是无文字标注的或有文字标注的，题目衬底图案都是相似的或图案不同而颜色一样的，等等。

总之，要形成类别，进而格式化。除此之外，按钮、装饰物等的风格也要统一。按钮不仅能够实现操作功能，还可以成为一种富于个性的装饰物。如将课件中的按钮设计成一系列图案统一的图形符号，则有利于形成课件的风格。装饰物也是如此。注意，不同界面中按钮、装饰物的形象、提示音等应相对固定。

3. 界面字体的运用

对汉字字体的运用更要讲究艺术风格的一致性。同一层次的标题（如总标题、大标题、小标题等）要采用同样的字体、同样的大小以及同样的颜色等，这样可以达到层次分明、条理清晰的视觉效果。

标题之外的汉字也不例外，同样要受到风格的限制。概念、定义、引文、图解文字、图注等都要符合一定的规范，都要相对统一，能够用文字表示的就不另设图示和色块，能够用编号区分的就不要改变字体。从艺术的高度来说，既需要变化，也需要完整统一，更需要简洁。

清晰、可靠是保证界面使用效果良好的重要因素。界面必然涉及输入、输出，所以界面提供的指令及信息要准确、清晰、可靠，只有这样才能让使用者看懂设计者的用意和内容安排。相反，界面信息含糊不清会导致用户操作错误，既影响计算机的工作效率，也影响教学效果。在设计界面时，文字信息力求简练、意义明确、易读易懂，尽量使用学习者习惯的语言，给学习者一种亲切感，吸引他们的注意力。

4. 界面的艺术美感

是否具有欣赏价值是学习者对多媒体课件的第一感觉。界面设计者应将计算机技术的特性和美学特性巧妙地融合在一起，使之不露痕迹地贯穿于课件的始终，令学习者在学习过程中得到美的熏陶。

在界面构图上，力求做到主体突出、内容简洁、视觉明确、观察点集中，充分考虑到各物体的基本构造和空间位置的平衡，符合美学构图的基本原则。

在设计色彩时，应考虑到内容表现的需要和教学对象的心理特征。若设计的课件面对的是中小学生，则选择对比强烈的色彩较为合适，例如红色与绿色、红色与蓝色、黄色与蓝色等都是好的搭配。如果课件面对的对象是大学生，那么以上的对比色就不是好的选择了。在我们的教学课件中，选择较为淡雅、柔和的色彩系列来处理背景底色，比较符合现代大学生的心理特征。

第三节　多媒体课件的界面设计

多媒体课件的界面具有定位软件风格和辅助信息传达的功能，界面形象的风格代表了课件的整体风貌。准确、个性化的风格定位能够给学习者以深刻的印象，学习者愿意进一步使用课件，而风格定位不明确的课件会给学习者造成困惑，学习者进而产生不稳定的情绪，影响信息的接收。

教学信息包含于多媒体课件内部，以一个个界面的形式呈现在学习者面前。优秀的界面设计要求突出主要教学内容，能够将内容"推"到学习者眼前；同时还要求美观和谐，使学习者在赏心悦目的界面引起的良好情绪中主动接受课件所要传达的信息。

一、多媒体课件界面的设计原则

界面设计是课件系统设计的重要部分，也是计算机与学习者进行交互的基础。一致性、适用性和易学性是课件界面设计的主要原则。

1. 一致性原则

在设计课件界面时，为了减轻学习者的认知负担，使其将有限的精力用在对教学内容的学习上，要使课件界面的风格保持一致。对于功能相同的操作对象，在形象和格式上要力求保持一致，即使使用一致的术语、一致的操作步骤和一致的动作。

2. 适用性原则

在设计课件时，要充分考虑学习者的认知差异，为不同认知风格的学习者提供不同的操作方法。也可将学习内容划分为若干层次，以便学习者根据自己的知识结构来选择不同的学习路径。

3. 易学性原则

设计课件时，要使学习者很容易学会和使用课件，一个容易使用的课件才是一个好课件。可以设计导航功能来引导学习者使用课件，方便找到学习内容。

二、多媒体课件界面的结构设计

在设计多媒体课件时，界面的层次、布局和交互功能是界面设计的主要内容。

1. 界面的层次设计

一个完整的多媒体课件包括主界面、次界面和内容界面。在每次打开课件时，学习者先进入主界面，经由主界面进入次界面和内容界面。因此，界面的层次设计是课件界面设计的关键所在。

首先，根据教学内容，将界面划分为主界面、次界面和内容界面。其次，确定界面元素的位置。界面由若干元素组成，不是所有元素都重要。设计时，要将重要的或频繁使用的元素放在显眼的位置。例如，主界面上的主要元素是导航栏，因此我们就要保证导航清晰明确。

2. 界面的布局设计

课件的操作界面要求简洁、操作方便，避免烦琐。课件的安装、启动应力求简单，通过鼠标和键盘的简单操作即可完成。根据教学需要，可将教学内容划分成若干层次，利用菜单技术来实现多层结构。各级菜单可逐层深入，直至覆盖全部教学内容。每级菜单都要设置返回按钮，可随时返回到上一级菜单。

3. 界面的交互设计

课件的交互设计通常有菜单导航式框架和分布式框架两种方式。分布式框架的设计较为简单，一个完整的页面式课件包含封面、主目录和子目录等，它们之间的跳转可以通过文字或图像进行控制，并通过超链接联系在一起，形成分布式框架结构。

三、多媒体课件界面构成要素的设计

多媒体课件的界面由多种画面要素组合而成，属于"控制"范畴的画面要素包括菜单、按钮、热字、热图等，属于"内容"范畴的画面要素包括图像、文字、视频与动画，属于"其他"范畴的画面要素包括背景、装饰物、画面间的过渡与图像文字的缓出等。

1. 控制要素

与传统教学媒体相比，多媒体课件的突出特点就是能够实现人机交互，所以多媒体课件必然具有纷复错杂的网状结构。交互有时有表现形象（如菜单），有时没有表现形象（如条件函数智能判断）。交互形象设计的原则是简洁明了，操作方便，与界面风格融为一体。在整体层次性交互引导的设计上，常见的交互方式有菜单交互、按钮交互、热字交互、热图交互等。

（1）菜单交互

一般将菜单栏放置在课件界面的边缘。菜单交互的优点是使用简便，可隐可现，基本不影响界面整体的美观性；缺点是永远位于界面上的某个位置，不能融入界面设计的整体中去，或多或少地对界面的整体形象有一些影响。

（2）按钮交互

按钮交互在实际制作中是使用得最多的一种交互方式，其优点是制作简便，可以根据界面的整体风格和形象来制作与界面融于一体的按钮；缺点是必须占用一定的平面空间，在某些情况下不得不为它考虑栖身之地。按钮交互的这个缺点在实际运用时能够避免，方法是制作隐形按钮，在学生学习本界面上的教学内容时按钮组不出现，需要跳转到其他层次和内容时按钮组以某种方式（如鼠标指针滑动到界面下方）出现。

为了使整体界面更加生动以及使用户的视觉心理感受更好，按钮本身必须变化或具有一定的动感。产生变化和动感效果一般不外乎以下几种方式：按钮悬浮时下部有阴影，鼠标按下时阴影消失；按钮悬浮时呈现一种外凸的浮雕效果，鼠标按下时呈现凹陷的浮雕效果；按钮悬浮时较大，鼠标按下时按钮较小；指针指向时按钮变色、发光、发声或出现相应的文字。图 12-34 展示了符合整体风格、可隐形的按钮。图 12-35 展示了几种不同形式的按钮。

图 12-34　符合整体风格、可隐形的按钮

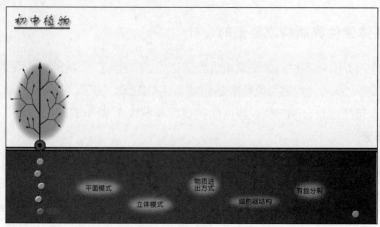

图 12-35　几种不同形式的按钮

掌握了以上方法，配合鼠标指针的变化，就会设计出生动的按钮形象。

（3）热字交互

热字交互在多媒体课件中的应用也相当普遍，与其在网页中的应用不同的是：在单机版多媒体课件中，热字交互大多起辅助作用，即不用于整体的层次跳转，只用于对定义、名词等的解释和高层次章节目录的跳转。热字设计的原则是：突出于其他没有跳转链接的文字而又不影响文字块的整体性，一般保持字体、字号不变，只稍微改变文字的颜色。改变文字的颜色时要参照界面的整体风格和颜色，以不影响本界面整体形象的完整性为准。在课件交互设计中，遇到有热字的情况时，应使鼠标指针有所变化，提醒用户这里是热字交互区域。在可能的情况下，热字的呈现方式可以采用部分重叠的弹出式窗口，用户阅读后可随时消失。如果热字跳转到其他层次中，还应能够方便地跳转回来，如图 12-36 所示。

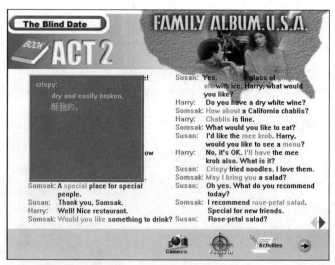

图 12-36　典型的解释性热字交互

（4）热图交互

热图交互的应用方式有两种：其中一种是图像本身就是教学内容（见图 12-37），通过交互操作可以调出本图像的解释文字，可以局部放大进行说明，也可以跳转到相关内容，目的是方便操作；另一种是为了美观，图像本身不包含教学内容，只不过是交互形象的一种变化，目的是使界面更加完整，富有吸引力。

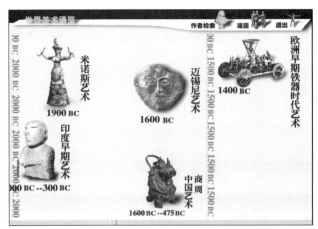

图 12-37　图像交互的应用，界面直观友好

2. 内容要素

（1）图形和图片

这里所说的图形和图片属于教学内容的范畴，具有生动形象、信息量大、现场感强、容易记忆、便于理解和发挥想象力等特点。图形、图片与文字的优势互补，丰富了教学内容，提高了教学质量，能够激发起学生的学习兴趣。

图形和图片出现在多媒体课件的界面上时有两层含义：第一它们传达的教学信息是必不可少的，第二要尽量使其形象美观并与整体界面融为一体。

先说图形。图形包括各种柱状图、饼状图以及矢量图等。科学明确性是图形的基本属性，我们在设计和制作时要以保证基本属性为前提，达到可辨认性和美观性的统一。可辨认性是指学生在学习时能够将图形看清楚，制作者要考虑线条的粗细、构成元素的对比、界面的容量以及局部放大的必要性等问题。矢量图作为传递信息的手段，常常比图片更为有效，因为完全如实的位图画面常常含有太多的视觉信息，会分散学生的注意力。从作为画面要素的单纯图形的角度看，在保证科学准确性和可辨认性的前提下，美观性就只剩下了颜色调配的问题，色彩搭配和谐是我们追求的目标。对色彩的把握不是一朝一夕所能达到的，但可以把握的要领是色彩搭配和谐。

再说图片。图片可理解为诸如照片之类的色彩细节丰富细腻的平面静止媒体。图片是真实度仅次于实物的一种画面要素，学生很容易获得直观信息。但是，有研究表明，学生的注意力往往集中于图片本身，而忽略了对其更深层次的思考。图片对学生的感官刺激较大，但学生的思维并不活跃。针对目前图片作为重要的画面要素在多媒体课件中大量使用的情况，我们必须看到它的弊端，做出理性选择和判断，不能滥用。图片的来源有两种，其中一种是资料图片，另一种是根据教学要求由制作人员拍摄或制作的图片。对于图片输入计算机后的拼接、修改，要根据具体要求具体分析，这里不再赘述，而只谈一个普遍存在的问题。数字化了的图片，无论是数码相机拍摄的、扫描仪扫描的还是截取动态画面的单帧，其构图、清晰度、对比度、色彩表现等有时不能满足要求，不能直接运用到课件中，需要进行一定的修改。我们可以在 Photoshop 中进行色阶调整，具体方法可参考专门的书籍。如果经过处理后效果仍然不好，则主要是清晰度的问题。画面清晰度低的衡量标准是看不清楚。这不利于教学内容的传递，也会使学生产生烦躁情绪，影响学习效果。尽量不要用不清楚的画面，宁缺毋滥。

（2）文字

在多媒体课件中，文字用来表述教学内容，是非常重要的画面要素。文字的设计编排是赋予界面审美价值、增强教学效果的一种重要手段。

先看字体选择的审美倾向。常用字体可以分为以下几大类：端庄稳重的，如宋体、黑体、魏碑等；清秀挺拔的，如仿宋、行楷、圆体等；欢快轻盈的，如文鼎广告、方正少儿等；古朴凝重的，如隶书、颜体、文鼎古印等；新颖独特的，如文鼎酷字集中的字体等。字体的运用要服从界面的风格特征，不能和整个界面的风格相悖；字体与文字所表达的内容要有暗合点，二者相辅相成。

再看文字的编排组合。多媒体课件界面中文字的主要功能是向学生传递教学内容以及辅助信息。要达到这一目的，就必须考虑文字的整体效果。文字的编排非常重要，如果编排不当，不仅会影响界面本身的美感，也不利于学生进行有效的阅读，难以产生良好的教学效果。

标题文字可以各种形式出现：可与界面的艺术设计融为一体，富于装饰性；也可以标志的形式出现——标志的装饰风格相同，仅仅改变文字内容；还可以与正文成为一体，突出教学内容，如图 12-38 所示。

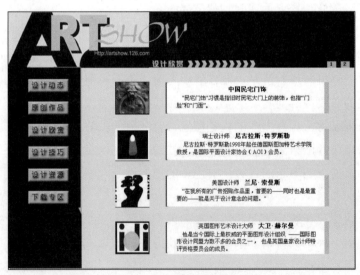

图 12-38 富于装饰风格的标题文字

要让正文文字给人以清晰的视觉印象，切忌只考虑美观而忽略功能，避免人眼辨认费力，要注意文字笔画的粗细以及文字颜色与背景颜色的反差。以 Word 中的宋体为例，辅学型软件正文文字的字号不要小于 10 号，辅教型软件正文文字的字号不要小于 14 号，笔画最好加粗。每行限制在 25 个汉字以内，每个界面内的文字内容尽可能少，简洁明了。必须使用大量文字时，尽量不要集中在一起。用计算机输入文字时，字距一般用缺省值，行间距多为 1～1.5 倍。如果行间距过小，上下两行文字相互干扰，学生容易跳行读错；如行间距过大，太多的空白显得松散，学生不能有效地保持阅读的延续性。文字的行间距应大于字间距，否则学生难以按一定的方向和顺序进行阅读。仍以 Word 中的宋体为例，10 号字的行间距应调整为11～16 磅，14 号字的行间距应调整为 16～24 磅。图 12-39 和图 12-40 分别为文字过多和字体选用不当的画面。

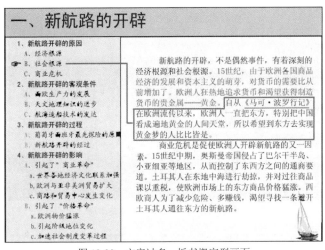

图 12-39　文字过多，板书搬家型画面

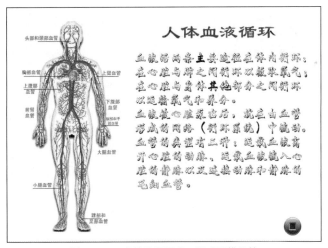

图 12-40　字体选用不当，影响可辨认性

　　说明文字是指解释课件内容、功能及操作的文字，一般可按正文文字处理，体现信息传递的清晰性。对于一些必须出现在教学内容界面中的即时性说明文字（比如某个按钮的用途），则要尽量采用隐形方式，避免影响界面的美观。

　　同一界面中的字体数量不得多于三种，文字的颜色也不得超过三种，否则界面显得花哨，主次不明，教学效果不好。

　　（3）视频与动画

　　视频和动画展现了一个更加富有吸引力的动态空间，给多媒体课件带来了动感和活力，提高了课件的质量。用动画和视频呈现信息灵活方便，自由度大，能够在时间上浓缩百年风云，在空间上展现常人无法观察的微观世界和宇宙空间，实用性很强。

　　心理学研究早就告诉我们，无论是在日常的三维空间里还是在平面上，动态的物象都比静态的物象具有更强的吸引力。在多媒体课件中，对于一些知识点，我们会着意运用一些二维动画、三维动画和视频来表现，如图 12-41 和图 12-42 所示。

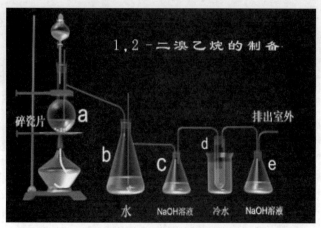

图 12-41　化学实验中的漂亮动画

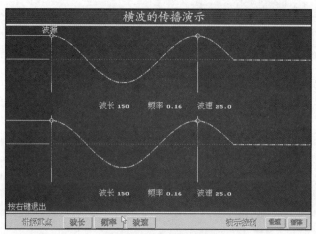

图 12-42　动态演示机械波

　　视频和动画的运动包括对象的运动、摄像机的运动和蒙太奇运动三种。

　　对象的运动是指画面中人和物的运动，包括画面中人和物在空间和时间上的形态和位置等的变化，如运动员的动作过程、机械运动等。除了这些运动外，视频和动画还可以表现那些平时难以看到的运动，如电流运动、细胞分裂、植物发芽生长等。

　　摄像机的运动是指借助摄像机的推、拉、摇、移、跟、升、降等，通过机位和焦距的变化形拍摄动态画面。传统的模拟视频拍摄需要用到各种摄像机的运动，三维动画软件 3ds Max 中摄像机的运动被特别强调了出来，它代表观察者从不同角度观察某种事物。二维动画的制作者也越来越多地认识到这一点，并希望借此使这一媒体艺术形式的画面表现更加丰富多彩。

　　蒙太奇运动是指通过画面的剪辑、衔接产生的运动，主要优势在于表现叙事结构，在电影美学中突出表现画面与画面之间的联系，而在以说明为主的教学视频和动画中更多地用来丰富视觉表现，造成某组画面的节奏感，使视频和动画画面有所变化，不致过于呆板。

实际上，这三种运动方式往往结合在一起。在教师讲课时，学生应当关注的是教师所讲的内容，此时摄像机的运动会造成学生的心理不稳定，分散注意力。画面中包含摄像机的推、拉、摇、移等运动时，要在运动完成至少3秒钟后才可以进行画面的切换，以免导致学生疲劳紧张。教学片中画面的剪辑切换不能太频繁，反映教学主体的画面的持续时间要在6秒钟以上，相对静止、展示内容相似的画面不宜过多。

对于某一个界面来说，动态画面更能吸引学生的注意力。在理论上，运动速度快的比运动速度慢的更能吸引学生的注意力，面积大的比面积小的更能吸引学生的注意力。在实际操作中，尽量避免表现教学内容的画面要素和其他画面要素"撞车"，原则是形式服务于内容，在教学内容以二维动画、三维动画和视频的形式进行展现的界面中尽量不使用动态的界面设计，而在由静态的文字、图像等表现教学内容的界面中，则可以根据设计风格有目的地选择一些动态的画面要素。比如，能够融入背景的动画可以较大面积地使用，此时节奏必须放慢；较小的装饰性动画可以起到画龙点睛的作用；动态的交互设计（如隐形菜单等）能够增强课件的趣味性和界面的统一感。

3. 其他要素

（1）背景

多媒体课件界面设计的第一步就是确定用户窗口的大小及其长宽比例。通常，人们的视觉心理习惯于水平边缘大于竖直边缘的矩形（如显示器屏幕的形状）。在设计中，这种矩形的长宽比例可以根据具体情况有一些变化。一般情况下，多用与显示器屏幕相同的比例，而表现平稳、庄重风格的作品则可以采用更大甚至夸张的比例。

多媒体课件包含用多种媒体表现的信息内容，它与用户的交互是通过显示器屏幕进行的。所以，为了美观，也为了主体的表现不使人感觉突兀，安排适当的背景非常有必要。背景的颜色、图案要根据课件的整体风格来制作。背景的设计原则是：色彩尽量单一，形象尽量简洁，避免喧宾夺主。

背景可以是图案的简单排列，可以是某种环境，也可以是在其他构成要素（如标题、主体文字、图像、按钮等）之中突出显示的某种图案，如图12-43至图12-45所示。

图12-43　颜色渐变的简洁背景

图 12-44　具有空间感的环境型背景

图 12-45　装饰图案包围型背景

（2）装饰物

在多媒体课件界面的设计中，装饰物并不是必需的，初级设计者可以放弃装饰物。但在某些时候，增加装饰物还是很有必要的，其运用原则是提倡减去组装法，即在设计时考虑把装饰物放在这里是否有必要，减去行不行。装饰物可以是课件的标志，可以是标题文字的衬底和图案边框，也可以是空白处的点缀。

装饰物的设计原则是：与课件主题或内容有一定的关联；与界面的整体风格统一；与背景保持某种一致性，如颜色一致；不可过于醒目、喧宾夺主，如图 12-46 所示。

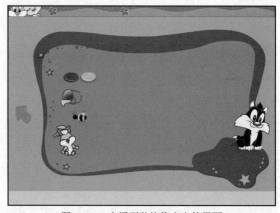

图 12-46　卡通型装饰物丰富的界面

（3）画面间的过渡与图像文字的缓出

大多数多媒体创作工具软件都为画面之间的过渡形式提供了多种选择，有的多达几十种乃至上百种。在选择过渡形式时，要根据画面和内容进行具体分析。过渡绝不可过快或过慢，以 1 秒钟为宜，不能少于 0.5 秒钟和长于 2 秒钟。许多创作人员和教师偏爱过渡效果，长时间运用过渡的现象屡见不鲜。原本过渡效果的作用是丰富画面，使学生集中注意力，而过渡时间过长时，教师讲课的思绪将被打断，学生正集中于教学内容的注意力也会遭到破坏，得不偿失。

图像和文字的缓出分为两种情况。一种是为了教学需要设计图像和文字缓出，教师讲这一部分的时候不让学生看到下一部分，以免他们分散注意力，但这些部分之间还有相当大的关联，最后还要统一讲解，这些部分最好在同一画面中出现。在这种情况下，缓出过程尽量不要有花哨的动画效果。另一种是为了使画面丰富、多变，在同一画面内图像、文字各自作为不同的对象，以相同或不同的形式，在相同或不同的时间内出现。这种形式多用于软件的主界面或者某一部分的标题性界面。对于这种运动形式，切忌出现过程过慢。若一个画面要素的出现需要 5 秒钟，下一个画面要素的出现又要 5 秒钟，则会引起学生产生烦躁情绪，对软件产生逆反心理。另外，还要注意动态画面要素不要过多，一般以两三个为宜。

四、多媒体课件界面的整体设计

多媒体课件界面的整体设计是指对多个界面和界面中的各种构成要素的结构与色彩进行整体设计，对最终要呈现在学习者眼前的所有构成要素进行统一编排。由于人的知觉具有完整性，引起学习者注意的不是某个要素，而是呈现在其面前的界面的整体，所以整体编排是多媒体课件界面设计中最重要的部分。具体地说，多媒体课件界面的整体设计就是如何在多个不同的界面中选择最有代表性的图像、模型或相关文字，设计不同的热点以及背景，并将它们有机地安排在一起，成为主题明确、内容醒目、画面和谐优美的屏幕布局。若设计者能合理地运用图像、声音、动画、视频等要素组成优良的界面，那么它们在教学中的作用将会被发挥得淋漓尽致。

在多媒体课件界面设计中，不管哪种设计形式都服务于内容，也就是说我们应根据内容来设计表现形式，明确内容后再决定采取什么样的风格和形式，以达到内容与形式的统一。内容是构成设计的一切内在要素的总和，是设计的基础；形式是构成内容的诸要素的内部结构或内容的外部表现方式。

不懂得或不注意界面设计，容易造成喧宾夺主、文图相碍以及颜色失调等现象，这些都会给学习者带来视觉上的困扰和心理上的不适，使想要表达的内容受到不同程度的影响，甚至还会因为设计的不合理而达到与预期目的相反的效果。所以，界面设计既是课件制作者应有的技能，也是课件评比中评委应该掌握的尺度。

设计界面时，整体编排的顺序应为：先安排承载教学内容的视觉构成要素，这是主体，如文本、图像、视频和动画等；再根据需要在主体周围依据设计原则放置所需的按钮、标志和各种装饰物等。切不可事先选好偏爱的装饰物，再根据装饰物设计界面的风格和主体形式。如果出现装饰物与主体冲突的情况，要舍弃装饰物，以突出主体为重。

1. 教学内容鲜明突出

界面要素整体编排的目的在于使界面产生清晰的条理性，使教学内容鲜明突出，达到最佳的教学效果并富有美感。整体编排有助于增强学习者对软件的注意，增进对教学内容的理解。承载教学内容的画面要素是界面的绝对中心，一切其他画面要素都要围绕它来设计。按照主从关系，使承载教学内容的画面要素成为视觉中心，突出教学内容。

① 在承载教学内容的画面要素四周留白（不要将"白"理解为单纯的白色），使被强调的画面要素形象更加鲜明突出。前面讲过，所谓"留白"，可为空白，也可为细弱的文字或淡雅的图形。为了强调承载教学内容的画面要素，可有意将其他部分削弱。我们总有一种认识：要充分利用界面，一旦某软件界面的尺寸确定，就要最大限度地用各种画面要素填满界面。从美学意义上讲，留白与文字和图像具有同样重要的意义，这是一种含蓄的、富有启发性的表现手法。留白不但能够突出承载教学内容的画面要素，还能够提升界面的整体格调，留给学生必要的思维活动空间和时间，如图 12-47 和图 12-48 所示。关于留白的多少，根据具体教学内容和空间环境而定。

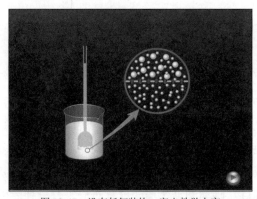

图 12-47　没有任何装饰，突出教学内容　　　　图 12-48　运用留白突出主题

② 通过对比突出教学内容。界面中各种不同的画面要素形成了对比，其中承载教学内容的画面要素与其他画面要素形成适当的对比，可以引起学生的注意，如图 12-49 所示。对比包括形象对比、色彩对比、肌理对比、动静对比等，其规律为：面积大的注目度高于面积小的，色彩鲜艳的注目度高于色彩暗淡的，肌理复杂的注目度高于肌理简单的，动态的注目度高于静态的。

③ 运用线条（线框）进行分割。这里的线条（线框）指的是实际的线条（线框），并非画面构成的消极分割线。运用线条（线框）进行分割是设计界面时突出承载教学内容的画面要素时最常用的方法，线条（线框）具有相对的约束功能。对于文字内容，多媒体制作集成软件（如 Authorware）会生成默认的文字框，达到突出文字的目的。线条（线框）细，界面轻快而有弹性，但引起的注意弱；线条（线框）粗，教学内容有被强调的感觉，同时诱导视觉注意；线条（线框）过粗，界面则变得稳定、呆板，空间封闭。运用消极的线条（线框）

限定空间时，界面显得柔和；用积极的线条（线框）限定空间时，界面强调效果强烈，给人的印象深刻。在对画面要素进行整体编排时，还要注意要素间隙的节奏感。间隙大，节奏减慢，视觉流程舒缓，但间隙过大时，则会失去联系，各要素彼此不能呼应，会给学生的心理造成拖怠的感觉；间隙小，节奏强而有力，布局显得紧凑，但间隙过小时，会显得紧张而拥挤，造成视觉疲累，教学内容传达的清晰度也会降低。教学画面有框限制和无框限制的效果分别如图 12-50 和图 12-51 所示。

图 12-49　运用色彩对比、明暗对比提高教学内容的注目度（见彩图 15）

图 12-50　教学画面有框限制时，视觉更加集中

图 12-51　教学画面无框限制时的情况

④ 动态要素的运用会使承载教学内容的画面的表现形式更加多样化。动态物体的注目度永远比静态物体高，如果教学内容能够用动画或视频来表现，将十分引人注目。这个观点早就在多媒体课件制作领域达成了共识，这里要提醒的是 GIF 小动画的运用。运用适当的 GIF 小动画可以起到画龙点睛的作用，但要考虑动画的大小、传达的意味以及整体感。一幅界面所用的具有装饰意味的小动画不能超过一个，作为功能性按钮的小动画要有共同特征、系列化；在以动态方式呈现教学内容的界面中，尽量不要使用 GIF 小动画，因为它将直接影响教学内容本身的动画或视频的注目度，进而影响教学效果，如图 12-52 所示。

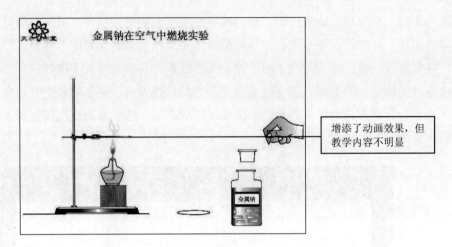

图 12-52　具有动画效果的画面

2. 形式与内容统一

无论是传达教学内容的画面还是整体界面设计所追求的完美形式，必须符合软件所要展示的教学内容，否则画面将会变得空洞或刻板。要将形式与内容统一，设计者必须深入领会教学内容的精神，再根据自己的设计灵感，找到一种合适的表现形式，这样画面才会体现出独特的分量和特有的价值。

3. 突出风格设计

综观人类艺术设计史，不同的时期、地域或艺术家（设计者）都有不同的风格，风格几乎成为了我们研究各种艺术时赖以通观把握的东西。对于多媒体课件来讲，风格是非常重要而又常常被忽略的一个方面。设计者和教师在设计多媒体课件的时候往往只注意其功能性和美观性，而忽略了应当首先确定的风格。风格是有人性的，我们制作的多媒体课件不能只是堆砌在一起的教学信息。利用多媒体课件学习时，学习者应理解、掌握教学内容，还要形成对美的感性认识。而带来这种感性美的就是这个课件不同于其他课件的地方，是它的整体形象给学生的综合感受。整体形象包括标志、色彩、字体、界面布局等。实际上，多媒体课件的风格就是课件界面的风格。风格如何表现呢？下面介绍一些规律性的方法。

首先，引入了网站设计的一个概念——标志（LOGO）。互联网是一个巨大的信息集群，为了在浩如烟海的网站中树立自己网站的品牌并与其他网站进行区分，网站的设计者运用了LOGO。每一个网站都有自己独特的 LOGO，它频繁出现在几乎每一个网页上。可以在多媒体课件中使用 LOGO，使它相对稳定地出现在每一个界面上。这种统一化的设计是多媒体课件界面形成自己风格的第一步，如图 12-53 所示。

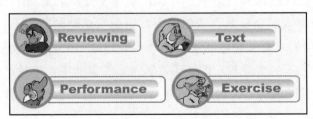

图 12-53　课件"白雪公主"的一套 LOGO

　　其次，制定标准色彩和标准字体。这又是从企业形象设计中引入的概念。形象设计的观念经过几十年的发展已经相当成熟了，最早采用标准色的企业如今已经大受其益。比如，可口可乐公司的红白两色对我们仍然具有暗示作用和强大的冲击力。将标准色的概念引入多媒体课件界面的风格设计中有以下两个理由。其一，色彩不能过多过杂，这对单个界面的视觉效果来说是非常重要的。色彩过多过杂就会使学习者产生"花"和"乱"的感觉，不利于信息的传播，也不利于课件品位的提升。标准色是画面（界面）总的色彩倾向和风格，它为画面（界面）定基调，而色彩基调既是视觉造型又是情绪氛围。其二，有了一两个统一的标准色，会使多媒体课件的不同界面看起来统一，这对课件的风格化来说非常有必要。同时，学生从中得到的是稳定的心理感受，有利于认知活动的开展。设计者可以将一个多媒体课件界面的标准色设置为一两种颜色，同时还可以指定四五种辅助色。这样不但可以简化设计过程中的配色工作，而且可以求得视觉效果上风格的一致性。采用标准字体的理由同采用标准色一样。在一个界面中，字体最好不要超过三种，整个软件的其他界面也要运用同样的字体。比如，所有的标题都用黑体，所有的正文都用宋体，字号也要一致。当然，世界上没有绝对的东西。对于卡通风格来说，一两种标准色显然不够用。大型多媒体课件中各个大框架内容的标准色也可以在亮度、饱和度统一的情况下在色相上有一些变化。所以，在实际运用上述规则时，也要具体情况具体分析。

　　再次，使用风格统一的背景和图像。在多媒体课件界面设计中，背景会占据较大面积。根据不同情况，可以选择一成不变的单色背景或稍有变化的图案作为背景。在大多数情况下，多媒体课件界面的背景应当有一定的变化，这种变化可以体现在作为背景的图案上，但处理方法和色调一定要统一。另外，在多媒体课件中也会用到大量图像。为了追求课件整体风格的统一，设计者可以对所有的图像进行同样的处理，比如加上阴影，阴影的方向、距离、透明度等保持一致。一般人习惯于光线从左前方射入，阴影出现在物体的右后方。

　　最后，按钮、装饰物等的风格统一。在设计课件界面之初就不要忽视按钮，因为它不仅能够帮助你实现操作功能，更可以成为一种富于个性的装饰物。比如，将某个多媒体课件中的按钮设计成一系列树叶、石头形像，或者统一的图形符号。哪怕在每个按钮前加上一个小圆点，那也将是该课件的风格。而对于很有必要出现的装饰物，设计者要考虑如何使不同界面上的不同装饰物表现出统一的风格。建议在设计时多进行一些处理，使装饰物变成独特的东西，如独特的修饰性花边、线条等。同时，还要注意不同界面的统一化，应确保要表现的主要内容在每一个界面上都出现在同一位置。

第四节　网络版多媒体课件的界面设计

　　随着互联网的发展，基于网络的教育技术越来越成为现代教育的支撑。网络版多媒体课件以其与生俱来的共享优势，解决了单机版课件无法解决的很多问题。具体来说，网络版多媒体课件具有多种媒体的集成性、超文本链接的可控性、存储资料的丰富性、拓展更新的便捷性、超越时空的共享性等诸多优点。当前普遍应用的网络版多媒体课件基本上是网页型的，借助 Internet 或 Intranet 来实现计算机辅助教学和远程教育。课件运行在服务器上，用户只需用浏览器访问就行了，简单快捷。随着网络版多媒体课件制作技术的发展，界面设计就显得更为重要了。界面是教师与学生双向沟通的窗口，符合学生心理特征的、美观的界面是开展教学活动的有力保障。本节将从网络版多媒体课件设计的艺术角度阐述与之相关的原则和规律。

一、网络版多媒体课件界面的设计原则

利用网络版多媒体课件进行教学的目的与单机版课件相同，一些原则上的要求（如主要教学内容突出等）也是单机版课件的要求，但由于传播方式不同，网络版多媒体课件又有其自身的特殊规律。下面针对网络版多媒体课件的特点介绍其界面的设计原则。

1. 主要教学内容突出

网络版多媒体课件界面呈现的是一定的教学内容，有明确的主题。成功的网络版多媒体课件会按照视觉心理规律将知识点主动传达给学生。界面设计就是要创造出适当的环境，适应学生的接受心理。在设计界面时，要考虑主要的教学内容是什么，通过什么形式表现出来，本身是否醒目，通过怎样的设计达到醒目的目的。突出主要教学内容永远是第一位的，设计形式要服从这一点。

2. 形式与内容统一

内容是课件的主体，是媒体等要素的总和，形式就是它的结构、风格等外在表现。内容决定形式，形式反作用于内容。一个优秀的课件必定是形式对内容的完美表现。网络版多媒体课件需要通过视觉形式传递教学内容，形式与内容通过设计达到统一将有利于学生对教学内容的接受。什么样的知识点应该有什么样的界面，我们很难想象用古典民俗风格的界面呈现高科技 DNA 的知识点。

网络版多媒体课件界面设计所追求的形式美必须适合主题的需要，只强调独特完美的设计风格而脱离内容，或者只求内容丰富而缺乏艺术表现，课件都会让人难以接受。设计者只有将二者有机地统一起来，深入领会教学内容的精髓，再融合自己的思想感情，找到完美的表现形式，才能体现网络版多媒体课件的价值。

3. 强调整体

网络版多媒体课件的整体性包括内容和形式上的整体性两个方面，这里主要讨论设计形式上的整体性。网页是教学信息的载体，它要表达的是一定的知识点在适当的时间和空间环境里为学生所理解和接受。设计时强调课件的整体性，可以使学生更快捷、更准确、更全面地认识和掌握它，并给人一种内部有机联系、外部和谐完整的美感。网络版多媒体课件是由多个页面组成的，我们在设计时应强调界面各组成部分的共性，或者使各部分共同具有某种形式特征，这是求得整体性的常用方法。在版式上，对界面中的各种视觉要素进行通盘考虑，以周密的组织和精确的定位来获得页面的秩序感。课件的各个界面都应统一规划，统一风格，让学生体会到设计者的完整设计思想；不能由于各部分出自不同教师之手，就忽略了整体风格。

但是，过分强调界面形式的视觉整体性必然会牺牲灵活的多变性。在强调界面整体性设计的同时必须注意："整体"是在"多变"的基础上的整体，过分强调整体性可能会使网页呆板、沉闷，影响学生的注意和继续学习的愿望。

二、网络版多媒体课件界面的设计规律

网络版多媒体课件界面设计可以借鉴单机版课件设计的很多规律，但又与单机版课件有着原则上的不同。

1. 界面中各种视觉要素的表达规律

被称为设计的行为永远包含主观和客观两方面的因素，网络版多媒体课件界面设计也不例外。在设计之初，首先要确定课件中规定性的客观要素，主要指课程（或知识点）的主题、性质，以及需要运用的媒体手段。明确了设计的对象和构成要素这些必要条件以后，设计者应围绕它们发挥自己的能动性。例如，利用 Java 语言提升页面的表现力，使这些要素有机地、艺术化地结合在一起，共同构成网络版多媒体课件的视觉形式。

（1）背景

与单机版课件不同，网络版多媒体课件页面的大小不是由设计者决定的，而是取决于用户屏幕的大小和浏览器的设置。一般来讲，在最常用的 800×600 像素的屏幕显示模式下，在 IE 安装后默认的状态（即工具栏、地址栏等没有改变）下，在窗口内能看到的部分为 778×435 像素，设计者可以这个大小为标准。但通常的情况还不是这样，大多数网页都采用了向下滚屏的方式来丰富页面内容。在网络版多媒体课件的制作中，并不提倡长屏的应用，因为网络版多媒体课件毕竟与一般的网站不同，它是用来传递知识点的，而不是大容量信息的堆砌。当某些知识点或某方面的内容（如相关网站链接页面）需要加长页面来表示时，当然也要利用长屏形式来为具体的内容服务，设计中要做到具体内容具体分析。在单机版多媒体课件界面设计中，我们提出了横向宽幅界面的设计方式。在网络版课件界面设计中，为了达到某种效果，仍可以采取这种样式，如图 12-54 所示。

图 12-54　可左右拖动的横向宽幅界面

网页界面的背景可以是单色的，可以是某种排列方式的图案，也可以采用实验室、博物馆等照片创设虚拟环境。虚拟现实技术在网络中已经得到了一定的应用，个别网上数字博物

馆即采用了这种方式。不是每个界面都采用不同的背景（图片），以免每次换页都要花时间去下载。采用相同的底色或背景图片还可以增强网页的一致性，塑造课件的风格。

（2）交互形象

网络版多媒体课件有很多交互方式，但通常看来，不外乎按钮、热字、热图等几种。与单机版课件不同的是，网络版多媒体课件的菜单变成了更加一目了然的导航栏。

由于网页浏览器具有多窗口同时工作以及后退功能，超链接的热字成了最普遍的交互对象，几乎没有哪一个页面不存在热字交互，即使是最低级别的正文，热字也会用来实现与相关页面（如上一层、相关文章等）的链接。由于大多数热字本身就是课件的某级内容，所以热字的形象设计问题放在下文中具体介绍。这里只强调一点：为了使界面友好，一定要将访问过的超链接的颜色与其他热字区分开来。这是个小问题，却往往被设计者忽视。

在网络版多媒体课件中，按钮的应用非常少。由于网络带宽的限制，较大的按钮无疑是对资源的浪费，也与网页中普遍应用的较小的文字不谐调；而小型按钮旁又不得不加上说明文字，说明这个链接的功能和方向。为了操作方便，文字就变成了热字，而按钮反而变成了热字前的装饰物。

导航栏是网络版多媒体课件中必不可少的交互形式，一般在首页中即会出现，它替代菜单出现在网页界面中。多级导航栏可以呈现课件整体的逻辑结构。在大多数网页中，导航栏会出现在页面最上部或标题（Banner）的下部，用户一般习惯到这些位置去了解网站主要包含的内容信息。也有一些个性化的设计将导航栏放在其他位置单独呈现。下一级导航栏通常被放置在第一级的下部，也有人利用框架技术，将导航栏设计为可折叠、扩展的形式，安排在并不随页面刷新而变化的固定框架里。这种形式在网络版多媒体课件中并不少见，因为它有利于学生把握教学内容的整体结构。

（3）装饰物

网络版多媒体课件的装饰物五花八门，单机版课件与之相比可谓是小巫见大巫。在网络版多媒体课件中，有各种形式的图标、分隔线、LOGO、Banner、滚动条、滚动字幕、鼠标移动特效、Java特效等可供选择。这些看似花哨的图像、动画等装饰物实现起来并不困难，互联网上有大量的素材和源代码可供使用。但是，设计者不能被它们炫目多彩的形式所迷惑，在惊喜的同时更要考虑什么是当前的课件所需要的，这个装饰对美化界面是否有用，不用行不行。装饰物应符合整体设计风格，有助于课件艺术品位的提升，有助于学生更加便捷地掌握课件的功能，甚至可以帮助学生理解教学内容。我们将这些装饰物分为两类：静态的和动态的。静态装饰物包括图标、分隔线、部分LOGO和Banner、滚动条等，动态装饰物包括部分LOGO和Banner、滚动字幕、鼠标移动特效、Java特效等。

网络版多媒体课件基本上为辅学型，适合个别化教学，而不适合多媒体教室大屏幕投影集体学习。这就对其中视觉要素的可辨认性降低了要求，即不必投射到大屏幕上使全班学生都能看清，只要满足单个学生近距离观看计算机屏幕时的可辨认性就可以了，所以各种装饰物普遍比辅教型单机版课件小，线型细。比如在单机版课件中，分隔线大都清晰质朴，往往只是一条直线或很粗的色线组合，网页中那种纤细的线条和细小的复杂装饰图案很少出现。

网络版多媒体课件中装饰性分隔线的运用提高了界面的艺术表现力。

　　网页中普遍运用的 ICO 格式的小图标题材丰富，形式小巧（多为 32×32 像素，16 色或 256 色），大多配套提供，选择余地大。用它们作为风格统一的装饰物，或取代部分高级别的链接热字来实现超链接，是提升网页界面人气的首选。设计者还可以运用"图标小精灵"或 IconCool Editor 等软件自行设计制作这种小图标。GIF 格式的小图标为动态的（GIF 格式也支持静态的小图标，但一般取其动态功能），体积小巧（最多支持 256 色），形态多样。GIF 格式的小图标最常见的运用有三种：一种是单纯的某种形状（如圆形、箭头等），通过发光、位移等方式产生动感，被置于多行热字性标题的前方，起到修饰和提示作用；另一种是动态线条，被置于网页界面下部，将主要内容与声明、电子邮件、版权声明等附属内容分隔开；还有一种是具有趣味性的小动画，根据设计要求位于某些位置，增强界面的亲和力，如图 12-55 所示。虽然网上有大量 GIF 小动画，但根据以往的经验，它们的运用效果并不理想。某个动画在这里也见过，在那里也见过，不能成为本课件中独特的东西，而且不容易与课件的整体艺术效果匹配。这就不如自己动手进行制作。除了普遍运用的 Flash、Ulead GIF Animator，Photoshop 附带的 ImageReady 也支持 GIF 动画的制作。

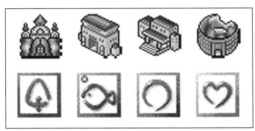

图 12-55　富有亲和力的小图标

　　为了配合页面的整体效果，滚动条也一改以往单调沉闷的灰色，出现了自定义划块等方式。我们在设计时可根据需要进行调整。

　　LOGO 用于和其他网站链接，它比热字更引人注意，有人将它比喻成网站的名片。互联网上最普遍的 LOGO 规格是 88×31 像素。Banner 是位于网页界面上部的装饰性部分（在一般网站中通常是广告），用户可以从中领会到这个课件的类型、内容和风格。Banner 比较通用的规格是 468×60 像素。关于 LOGO 和 Banner，我们并不提倡静态化的应用，原因如下。第一，动态的表现力比静态强。网络版多媒体课件不同于一般网站，不会出现无聊的广告性质的 Banner。网络版多媒体课件界面中的 Banner 应当是教学主题的形象化体现，动态形式自然是首选。LOGO 是整个网络版多媒体课件设计思想的浓缩，动态形式的传达使得意味更加丰富。第二，从形式上说，一个网页中往往文字居多，动态视觉要素较少，Banner 所在位置的注目度并不是最高，在这里稍有动感，可对网页起到调节作用。动态 LOGO 一般为 GIF 格式，Banner 一般为 GIF 格式或 SWF 格式，用 Flash 等软件制作。

　　将滚动字幕放在装饰部分进行阐述可能会产生歧义，因为滚动字幕大多是功能性的。比如，一些关于课程调整、内容更新的通知等以滚动字幕的形式出现，提醒学生注意。但也有一些课件中出现了诸如"欢迎进入本课程学习"等没有具体功能的滚动字幕，将这种字幕安排在 Banner 下方、课程内容上方注目度较高的位置，会分散学生的注意力。对于一些具有一定功能的滚动字幕，则要注意字体、字号、颜色、运动速度和面积。由于动态本身就容易吸引注意力，从右到左以条状形式滚动的字幕的面积较大，比页面中其他部分运用的面积较小的运动图标更吸引人，所以字体、字号和颜色不需特别突出强调，可以采用与正文相同的字体设置。

（4）图形和图片

图形和图片是网页中的重要元素。网页界面的风格和亲和力主要是由其上的图形和图片所决定的。图形和图片的运用要合理，通常有这样几个原则需要遵循。

① 图形和图片是界面中最具活力的视觉要素，我们要根据需要合理使用，不能滥用。只用一幅图形或图片会使内容突出、页面安定，增加图形或图片时页面会更加生动。但图形和图片的安排是由内容决定的，我们在设计时应优先考虑教学内容本身所需要的图形或图片，不能由于个人爱好而颠倒了主从关系。

② 图形和图片与背景应满足对比统一关系，即在和谐统一的基础上存在一定的对比，使主要内容更加突出。在设计中容易出现这样的问题：有的设计者偏爱某些颜色，矢量图、背景、文字都用这样几种颜色，使得某种视觉要素（如图表）的可辨认性降低；有的设计者用图案作为背景，图形和图片用得较多且琐碎，背景与图形和图片混成一片，整个界面花哨凌乱。这些都是要尽量避免的。

③ 图形和图片在网页界面中所占据的面积能够直接显示其重要性。一般来讲，面积大的图形和图片容易成为视觉焦点，对人脑的冲击力大；面积小的图形和图片常用来穿插在字群中，显得简洁而精致，有点缀和呼应页面主题的作用。在一个界面中，大小不同、起装饰作用和承载教学内容的图形和图片要根据需要穿插运用，达到清楚传递教学信息和平衡美化界面的目的。

④ 限于网络传输速度，使用图形和图片时一定要谨慎，过大和过多的图形和图片会降低页面的显示速度。图形和图片的优化是指在保证浏览质量的前提下将数据量降至最低，提高网页的下载速度。利用 Photoshop 或 Fireworks 可以将图形和图片切成小块，分别进行优化，输出的格式可以为 GIF 或 JPEG，视具体情况而定。一般把颜色变化较为复杂的小块优化为 JPEG 格式，而把那种只有单纯色块的卡通画般的小块优化为 GIF 格式，这是由这两种格式的特点决定的。

（5）文字

新版网页设计软件可以使文字的显示更加直观，用默认字体、字号是不错的选择。当然，如果有需要，也可以加大或缩小字号。现在许多大型网站流行小字号，小字号容易产生整体感和精致感，但可读性较差，在教学课件中不提倡使用。

网页的字体问题不用多说，因为最终显示的字体是由用户机的操作系统所决定的，即使设计时采用了艺术字体，最终显示时也不一定让用户看得到。所以，为了适应大多数用户机的情况，字体均选择 Windows 操作系统自带的几种默认字体，如宋体、黑体等。在确有必要使用特殊字体的地方，可以将文字制成图像插入页面中。一般情况下，一个界面所运用的字体不应超过三种。

值得一提的是文字的行间距问题，在 Dreamweaver MX 中默认设置一般不符合阅读要求，我们提倡用 CSS 样式表定义文本属性。CSS 的功能强大，可以预设很多属性，如字体、字号、字间距、行间距、对齐方式、列表标识、边框等。网络版多媒体课件不是 Word 文档，有时需要加大字间距或行间距，达到艺术化的韵律感。此时的调整也可以通过 CSS 来完成。

文字的颜色变化、加粗、倾斜、加下划线等操作不可滥用。记住：若什么都想强调，其实是什么都没有强调。

（6）视频和动画

由于网络传输速度问题，并不提倡在网络版多媒体课件中加入大量视频和动画。设计者在规划的时候，针对视频和动画部分，要考虑以下两个问题。第一，视频和动画是为课件服务的，课件中用文字、图像等不能表达清楚的内容可用视频或动画来表达。第二，视频和动画要能够有针对性地、清楚地传递某一教学内容。在设计制作之前，先搞清楚有没有使用视频和动画的必要，避免浪费资源。

网络版多媒体课件中的动画有两种：用于传达知识点的动画和装饰性、功能性的动画。用于传达知识点的动画不用解释，其要求是操作简单、界面清晰、一目了然。装饰性、功能性的动画包括前面提到的动态装饰，也包括一些用 Flash 制作的动画。

Flash 是一款流行的二维动画制作软件，许多教师都乐意在自己的课件中加入 Flash 作品，如图 12-56 所示。在课件中加入 Flash 动画一般有两种方式。第一种是将 Flash 动画直接嵌入网页，和网页紧密结合在一起。这种方式的优点是浏览知识点不间断，整体感强；缺点是数据量较大，在使用时可能因为网络速度慢而影响用户下载和浏览。第二种是在网页中使用超链接，把动画放在另一个网页中。当用户不需要动画的时候，可以不下载和浏览，这样可以减小课件使用时的下载量，但这种形式的课件对连贯性的要求更高。这两种方式可结合使用，以达到最佳效果。

图 12-56　Flash 场景型界面

视频和动画的形式设计应当是独立于网页界面设计的一个单元，具体可参考前面的相关内容。需要注意的是一些教师喜欢制作纯 Flash 课件。纯 Flash 课件的下载速度比用 HTML

语言制作的课件慢，网络上的纯 Flash 网站的字号一般偏小，可辨认性差，操作也不如用 HTML 语言制作的课件方便。

2. 界面设计

所谓界面设计就是网络版多媒体课件界面的统筹设计，是指在有限的屏幕空间内对各种媒体元素进行有机的排列和组合，将理性思维感性化地表现出来，以期在传递信息的同时使用户产生感官上的美感和精神上的享受。这同报刊等平面媒体的版式设计有很多相同之处，也是一种具有某种风格和艺术特色的信息传递方式。这与书籍杂志的排版也有很大差异：印刷品都有固定的规格尺寸，网页则不然，它的尺寸是由用户端来控制的，这使设计者不能精确地控制页面上每个元素的大小和位置；网页的组织结构不像印刷品那样为线性组合，这给网页的界面设计带来了一定的难度。

网络版多媒体课件的界面设计原则可以参照前面的内容，其中关于教学内容鲜明突出、形式与内容统一、突出风格设计这三个要求仍然具有普遍意义。需要强调的是突出风格设计。个性风格不等于唯艺术化，不等于希奇古怪。之所以将它特别提出，是因为国内网站的风格千篇一律。看惯了这种类型的网站，教师在设计制作网络版多媒体课件时也会依照这样的定式来进行。

网络版多媒体课件的界面设计有其独特要求：第一，为了节省资源，一个页面内的信息要尽可能丰富；第二，依据学生的认知心理，一个页面内不能安排过多的文字和其他教学信息；第三，根据现有网络的数据传输能力，一个页面承载的数据量不要太大；第四，还要考虑界面的美观问题。我们应将这四点结合在一起，对页面进行规划。

第十三章　PPT 课件的设计与评价

高校教师在教学过程中使用最多的课件制作工具是微软的 PowerPoint。PowerPoint 简单易学，容易插入多种媒体素材，因此受到广大教师的喜爱。但是，由于大多数学科教师并不具备相关的计算机知识，不是制作起来困难，就是不知道从何下手，或者制作的 PPT 课件只是用来代替板书，形式千篇一律，内容的呈现过程简单，缺乏交互性。教师辛辛苦苦做出来的课件只用于课堂教学演示，课后学生无法使用这些课件进行自主学习。

为了提高教师设计制作 PPT 课件的能力，下面从课件的教学应用模式和教学设计流程等几个方面进行介绍。

第一节　PPT 课件的教学应用模式与教学设计流程

教学设计是进行有效教学的前提，是由抽象的理念走向具体实践的桥梁，也是以解决教学问题、优化学习过程为目的的特殊的设计活动。

一、PPT 课件的教学应用模式

在教学过程中，PPT 课件主要有以下几种模式。

① 演示型课件：主要用于多媒体课堂教学演示，教师利用信息技术进行电子备课、演示教学内容。

② 网络探究型课件：利用信息技术向学生提供进行自主学习和探究性学习的资源环境。

③ 互动协作型课件：利用信息技术进行师生之间的交流、个别辅导和答疑、学生之间的交流和协作。

④ 测验操练型课件：利用信息技术进行教学测试和教学评估。

二、PPT 课件的教学设计流程

1. 项目规划和目标分析

① 教学对象分析。明确学生已有的知识和技能、认识结构的差异等，使教学媒体的设计与教学对象的特征相适应。

② 教学目标分析。教学目标是指希望通过教学过程使学生在认识情感和行为上发生的变化，是教学活动的导向，是学习评价的依据。

③ 教学环境分析。这里主要是明确课件的运行环境以及所需开发时间、人力、物力等。

2. 确定选题

确定选题的目的是明确具体的任务和要求，根据学科教学的需要，确定教学当中的重点和难点，解决教学中难以解决的问题。

3. 教学设计

① 确定教学目标。根据教学大纲的要求，首先明确教学目标、要求以及教材的重点与难点。例如，是激发学生的学习兴趣还是解决某一重要问题，是帮助理解、促进记忆还是加强知识的运用，是扩大知识面还是培养技能和技巧，等等。

② 对教什么进行设计。对课程的教学内容进行设计（内容的组合及结构）。

③ 对教学媒体进行设计。各类媒体应用在教学过程中，对不同的教学内容、教学目标和教学环境所显示出来的作用是不同的。

④ 对怎样教进行设计。对组织何种教学结构或模式、采用何种手段和方法进行设计。

4. 编写脚本

编写脚本是 PPT 课件制作中的一项重要内容。规范的 PPT 课件脚本可保证课件质量，提高课件的开发效率。PPT 课件脚本的编写包括文字脚本的编写和制作脚本的编写两部分。由于 PPT 课件的制作难度比多媒体课件小，所以文字脚本和制作脚本都由教师一个人来完成。

（1）文字脚本

在文字脚本中，应按照教学过程的先后顺序，描述各个环节的教学内容及其呈现方式。完整的文字脚本应包含学生特征分析、教学内容及教学目标描述、知识结构流程图、问题的编写等。

（2）制作脚本

首先需要按照教学设计编写出体现教学思想、教学过程等的文字脚本，再根据文字脚本编写制作脚本。完整的制作脚本包括屏幕布局、图文比例、色调、音乐节奏、显示方式及交互方式等。

5. 素材准备

多媒体信息素材包括文本、图像、动画、音频和视频等。

6. 课件制作

根据预先编写的制作脚本，利用 PPT 创作工具对多媒体素材进行集成。

7. 课件测试

课件制作完成后，还需要进行多次检查与修改，有时还要进行优化。

第二节　PPT 课件界面的组成与设计

一、PPT 课件视觉要素的组成与设计

在制作 PPT 课件时，很多人会碰到背景设计、内容表现形式设计等问题。由于缺乏美工基础，不少教师放弃了形式设计。事实上，课件的表现形式在很大程度上决定了其品质和亲和力，教师可以通过简单的学习掌握其中的基本规律，避免出现常见问题。

PPT 课件由多种视觉要素组合而成，主要的视觉要素包括背景、文字、交互形象、装饰物、图像、动画、视频等。这些视觉要素有各自的表现规律，它们之间的配合也有一定的规律。教师必须充分了解这些规律，才能够设计制作出高质量的 PPT 课件。

1. 背景

设计 PPT 课件的第一步就是确定窗口的大小以及长宽比例。通常 PowerPoint 提供的模板的显示比例是 4∶3，这种比例是显示设备默认的设置，不容易出问题，看上去比较均衡舒适，一般不用改变。如有特别需要，如宽屏显示等，则可以在"页面设置"对话框中将"幻灯片大小"设定为其他显示比例。

PPT 课件组合了用多种媒体表现的教学内容，它与用户的交互是通过显示器屏幕来实现的。为了美观，也为了使主体的表现不突兀，安排适当的背景非常有必要。背景的颜色、图案要根据课件的整体风格来制作，原则是色彩尽量单一，形象尽量简洁。

背景要尽量选择浅色或深色，避免亮度居中的颜色。文字的可辨认性是由背景的亮度和文字的亮度之差决定的，一旦背景用了亮度居中的颜色，无论将文字设置为黑色还是白色都难以达到投影所要求的亮度差，会降低文字的可辨认性。另外，背景不要选用大面积的高纯度色彩，如明黄色、亮青色等。这些颜色虽然符合亮度要求，但人眼长时间盯着看时会非常疲劳。图 13-1 所示的浅色背景非常不错。

图 13-1　简洁而不单调的浅色背景

PPT 课件的背景图像要尽量简洁，以突出教学内容为主。一般情况下，背景图像会被安排在边角或幻灯片的周围，目的是为教学内容留出足够的空间。对于面积较大的背景图像，可以采用边角清晰、靠近教学内容的部分虚化的处理方式，如图 13-2 所示。

在制作 PPT 课件时，如果出现了模板背景与文字的亮度差异过小、文字辨认困难的情况，可以通过给文字添加衬底等方式来调节，能够达到比较好的效果，如图 13-3 所示。

2. 交互形象

PPT 课件与传统教学媒体相比的突出特点就是能够实现人机交互，方便实用的交互设计是衡量课件品质的一个重要指标。PowerPoint 为 PPT 课件的放映提供了诸如"上一张"

"下一张""上次查看过的""定位幻灯片"等功能，但远远不能满足课件使用的要求。教师需要掌握的 PPT 课件交互设置方式主要有两类：一类是热字超链接，另一类是按钮（图像）超链接。

图 13-2　背景图像的面积较大，进行了虚化处理

图 13-3　在亮度居中的背景上为文字特别添加了深色和浅色的半透明衬底

　　热字超链接在 PPT 课件中的应用极为普遍，目录页大多用热字实现与其他页面之间的跳转，其他页面之间的跳转也往往通过热字来实现。热字分为两类：一类是目录中的标题，另一类是段落中的个别字句。第一类热字比较容易设置，颜色变化时要参照界面的整体风格和颜色，以不影响本页面的整体形象为准。对于第二种热字，则要考虑使其突出于其他文字而又不影响文字块的整体性，一般采取字体、字号不变而只使颜色稍加变化的方法。通过热字可以跳转到其他页面中，还要考虑能够方便地跳转回来。

　　按钮（图像）超链接也是 PPT 课件中应用得非常多的一种交互方式，其优点是一目了然、操作便捷。按钮（图像）本身可以是具体的教学内容，也可以是简洁的装饰。按钮交互的方式可分为三类：一类是利用"幻灯片放映"对话框添加动作按钮；另一类是设置好文本框或形状的格式，再为其添加超链接；还有一类是直接引入图像，再添加超链接。按钮设计要服从页面的整体设计。为了使页面更加生动和友好，按钮需要有一定的动感，也就是单击时按钮最好发生变化。

3. 装饰物

在 PPT 课件中，装饰物主要分为两类：一类是纯装饰物，另一类是功能性装饰物。装饰物与背景往往是一体的，我们在设计背景的时候就应考虑设计一些装饰物。

① 与教学内容有一定的关联性，如化学课件中的装饰物可以是分子结构。

② 与界面的整体风格统一。

③ 与背景有某些共性，如颜色一致。

④ 慎用动态装饰物。

⑤ 不可过于醒目，以免喧宾夺主。

功能性装饰物包括标题文字以及各类文字的填充和边框等。举个例子来说，在文字图形化的过程中必然要对"填充""描边""特殊效果"等选项进行设定。这些就是功能性装饰物，我们在设计与制作时不但要考虑其功能性（即是否直观、明确地表达了文字的意思），还要考虑其装饰性（要美观，与整个页面和谐统一。提倡将装饰物与教学内容相结合，达到功能性与美观性的统一，如图 13-4 所示。

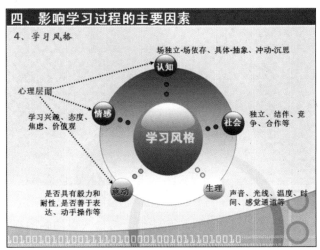

图 13-4　各色圆形按钮是功能性装饰物

4. 图像

在 PPT 课件中属于教学内容范畴的图像具有生动形象、信息量大、现场感强、容易记忆、便于学生理解和发挥想象力等特点，如图 13-5 和图 13-6 所示。

5. 文字

在 PPT 课件中，文字的用途最广，是非常重要的要素。文字的设计编排是赋予课件审美价值、增强教学效果的一种重要手段。

字体虽然多种多样，但由于 PPT 课件要在多媒体教室等地方播放，为了避免系统内未安装某种特殊的字体而使文字不能正常显示，一般仅选用系统自带的字体，如黑体、宋体、楷体、仿宋、隶书、姚体、行楷、新魏等。

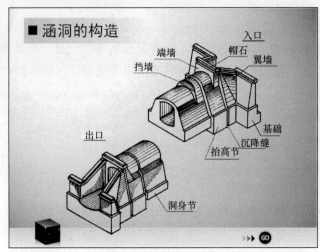

图 13-5　图像清晰，一目了然

图 13-6　放大的清晰图像有利于学生感知

对于正文文字，要特别考虑可辨认性与可读性，应给人以清晰的视觉印象，避免人眼辨认费力。

第一，注意文字与背景的亮度差。文字与背景之间的反差不是由色相（如红色、绿色、黄色等）的差异决定的，而是由亮度差决定的。比如，在红色背景上设置蓝色文字，色相差别很明显，但就是看不清楚，原因就是亮度没有拉开差距。为了应对随时出现的投影质量差的问题，必须尽量加大文字与背景的亮度差。背景尽量选择很浅的或很深的颜色，文字设置为与背景的亮度相差很大的色彩，如深蓝色背景上的黄色文字、白色背景上的深绿色文字等。

第二，注意文字和段落的格式设置。一般来讲，标题文字的字号不要大于 36 号；正文文字的字号不要小于 20 号，以 24 号为宜。对于过小的字号，坐在教室后面的学生难以辨认。图表等中一些难以加大的文字的字号也不要小于 16 号，尽量加粗，如图 13-7 所示。

无论是标题、正文还是图表，宋体、仿宋体文字必须加粗，其他字体可根据具体情况而定。PPT 课件中文字的行距一般需要手动设置，如果行距过小，上下文会相互干扰，学生容易跳行读错；如果行距过大，太多的空白会使界面显得松散，学生不能有效地保持阅读的延续性。对于段落中的文字，行距要大于 1 倍，1.15 倍左右比较理想；对于提纲中的文字，可以根据情况再设置得大一些。

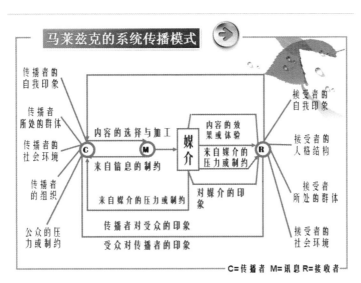

图 13-7　图表中的文字不能过小，要让学生看清楚

第三，页面上的文字不要过多，文字所占的面积不要过大，占页面面积的 60%～65%比较适宜。对于段落中需要突出的重点字句，可换一种颜色加以突出。

6. 视频和动画

在 PPT 课件中，对于一些知识点，应着意运用二维动画、三维动画和视频。动态画面会给课件带来动感和活力，提高课件的质量。

7. 过渡动画

PPT 课件中的过渡动画有两种：一种是图像和文字的缓出，另一种是页面之间的过渡。

图像和文字缓出的过渡动画是指在同一个页面内图像、文字各自作为不同的对象，以相同或不同的形式在不同或相同的时间内出现。这种过渡动画主要有三种功能：第一种仅仅是为了使形式丰富多变；第二种是为了满足讲课的需要，如讲这一部分的时候不让学生看到下一部分，以免分散注意力；第三种是完成某种动态说明，如过程图、模式图的演示等。设计制作过渡动画时应注意以下事项。

① 应当有明确的教学设计，按照教学设计的要求来完成，尽量不要使用过于花哨的动画效果。

② 在同一个页面中，过渡动画效果可以在统一中体现变化，但不要过多。

③ 切忌出现、退出等过程过慢，因为过慢的过渡效果会引起学生的烦躁情绪，对教学内容产生逆反心理。在 PowerPoint 中，一般将"速度"手动调整为"快速"或"非常快"。

PowerPoint 为页面之间的过渡提供了各种形式，在选择过渡形式时要根据画面和内容进行分析。一般来讲，页面之间可以不设置过渡，如果设置了过渡，要注意过渡时间不要过长，因为过渡的目的是使学生在变化中集中注意力，如果过渡时间过长，教师讲课的思绪会被打断，学习者的注意力也会遭到破坏。

二、PPT 课件的母版设计

PPT 母版用来设置和存储幻灯片页面格式，其中包含各种格式的模板，在每个模板中可以设置背景、项目符号、字体、字间距、行间距、文本框背景等。可以说，前面提到的大多数视觉要素都可以通过母版来统一设置，不必在每个具体的页面中一一设置。在利用 PowerPoint 制作课件的过程中很重要的一个环节就是设置母版，设置合理的母版不但可以为课件提供良好的格式，而且可以为制作过程提供很大的便利。

设置母版要考虑多种因素，遵循以下规律。

① 母版中的模板可以有多个，模板背景的风格尽量统一，如图 13-8 所示。

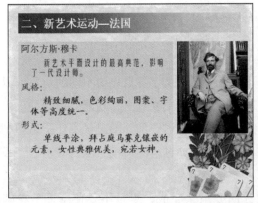 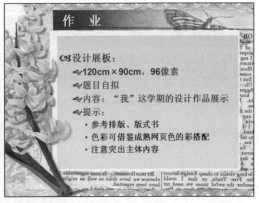

图 13-8　风格统一的各个版面

② 文字格式一般设计到三级，注意设置段落间距和行间距。

③ 在模板中设置统一、醒目、独特的项目符号，有利于提高课件的可读性和美观度，如图 13-9 所示。

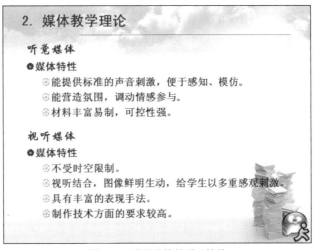

图 13-9 设置独特的项目符号

④ 要为课件制作提供较大的灵活性，尽量不要在母版中设置装饰性元素。

第三节　PPT 课件的制作步骤与相关问题

教师可以根据教学内容制作 PPT 课件，这不仅能增强和提高学生的学习兴趣和积极性，还能帮助学生突破难点，提高教学效率，达到令人满意的教学效果。那么教师怎么才能制作出适合教学要求的课件呢？

一、PPT 课件的制作步骤

目前，学科教师开发的课件往往以个人的教学经验为依托，围绕个人对学生情况、教学目标和教学内容的理解进行开发，课件体现的个人教学特征比较明显。这种课件的主要优点是特色鲜明、灵活性强。这两点集中体现了大学教学的特点，是非常有特色的。但由于一线教师缺少对软件制作知识的了解，在制作多媒体课件的过程中往往会受到技术问题的困扰。另外，缺乏课件评价的专业知识，不明确什么样的课件是好的课件，课件能够为教学提供什么样的支持，这也是制约课件质量提高的因素。关于媒体技术问题，本书有专门的章节进行讲解。课件评价也将放在本章最后一节中进行详细介绍，这里仅介绍课件制作步骤。

① 打开 PowerPoint，新建一个空白文件，选定并应用某种幻灯片模板。从 PowerPoint 自带的模板和网络下载的模板来看，幻灯片的背景一般比较单调，教师利用这些固定的模式是比较省事的，然而在时间和技术条件允许的条件下，建议自己制作模板背景或在原模板的基础上进行修改，按照需要制作出多种排版效果的模板背景。在现成的模板中，标题的位置和所占面积、正文文字的位置和所占面积等基本上都是固定的，往往并不符合具体要求，教师要亲自动手切换到母版视图，将课件的格式（如字体、行间距、项目编号等）在母版中设置好。

② 把要出现的主要文字罗列在各个页面中。本步骤不要求所有文字的排布完全到位，仅

仅是搭建一个内容框架，在接下来的操作中还要涉及页面的增减和文字的增减。此步骤对格式等形式问题不做要求，教师主要完成对知识点及其呈现顺序的策略性组织。

③ 插入所需媒体，包括图像、声音、利用 Excel 生成的图表、利用公式编辑器编辑的公式、动画和视频等，也包括通过插件引入的其他媒体等。对于这个步骤引入的动画、音频、视频，注意设置绝对路径（即课件与动画、音频、视频等媒体在同一个文件夹下），否则在其他计算机上可能无法播放。

④ 在可能的情况下，尽量精简文字。文字要起到提纲挈领的作用，绝不能面面俱到。课件上文字的表述方式绝不能是大块叙述性的语言，如有必要，可以精简为几个关键词。

⑤ 在上一步的基础上，考虑文字的图形化。

⑥ 排版，设置格式。如果决定用刚开始设定的模板背景，那么根据具体情况对当初设置的母版格式进行微调即可。如果对课件的要求较高，要使用自己设计的背景等，刚开始设定的模板仅仅是个参考，这一步要对其进行较大的调整。调整主要涉及两个重要问题：一是背景设计，二是母版设置。另外，在母版视图状态下设置文字的字体、字号、色彩、行间距、项目符号等也是非常有必要的，能够为整体格式的设计节约不少时间。

⑦ 设置出现、强调、退出等动态效果。众所周知，将一个页面中的内容一次性展现给学习者是达不到最好的教学效果的，而一些表明关系、说明过程的学习内容则特别需要动态演示。所以，为文字、图形等添加动态效果是非常有必要的。

⑧ 编辑目录页，进行超链接和返回等设置。大多数课程的教学内容是有明确的逻辑关系的，章、节、知识点的前后顺序分明，这能够帮助学生在大脑中建立良性的链接。因此，在 PPT 课件中设置体现内容结构关系的目录页是非常有必要的，如图 13-10 所示。在讲课过程中，讲完一个知识点后返回目录页，能够让学生了解教学进度，做好进一步学习的思想准备。

图 13-10　目录页

二、PPT 课件制作中容易出现的问题

1. 书本搬家

在当前大学课堂上使用的 PPT 课件中，最突出的问题是书本搬家。书本搬家问题主要表现为书上说什么课件上有什么，课件上出现大段的文字，教师上课时照着课件念，学生

不知道该如何记笔记。课件中最常出现的文字应当是简练的提纲性文字，也可以出现一些重要的概念、定理等，而说明性文字越少越好，可以关键词的形式出现，起提示作用。

衡量一个课件是否出现了这类问题，可以采用一个标准：如果是用黑板上课，教师是否要在黑板上写出那么多文字。如果答案是否定的，那么课件上的文字恐怕就多了，教师应当进行一定的调整。

2. 文字表现形式单调

多媒体辅助教学就是要发挥多媒体的优势，改进过去那种用纯文本教学的方法，将教学内容以更具说明性、更富有亲和力的方式表述出来。当前很多 PPT 课件存在"一行接一行"、表现单调的弊病。文字图形化（见图 13-11）是 PPT 课件制作的一项重要内容，也是教师的一种重要能力。除此之外，将数据、表格等转换为柱状图、饼状图、折线图等也是文字图形化的重要方式。

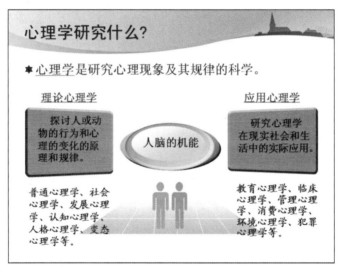

图 13-11 文字图形化的页面，各类文字明确，易于学习

3. 媒体运用单一

所谓"媒体运用"就是将文本、图像、动画、声音、影像等多种媒体通过计算机有机地融合为一体，使教学信息的表现更加形象逼真、丰富多彩，给学生以多方位的感官刺激，有效地改善课堂教学效果。

当前 PPT 课件出现的问题之一便是仅仅采用文本，以电子屏幕替代板书，媒体运用单一，没有体现出多媒体的特色，没有发挥出多媒体的优势。建议学科教师日常要注意收集、整理各种媒体素材，并将其恰当地运用到课件当中。

4. 逻辑性差

PPT 课件逻辑性差主要表现在两个方面：一是课件整体的逻辑性不明显，二是同一页面中的逻辑性表述语言不明确。

整体逻辑性不明显的问题主要体现在：很多 PPT 课件没有目录页，教师根据教学内容一页页向后翻，学生不知教师讲到哪个部分了，也不知所讲的知识点在整体内容中所处的位置，难以形成知识结构，不利于知识的接受和记忆。大学教学有个特色，即教师往往不会拘泥于某本教材来讲授，在对教学内容的筛选和组织上有较大的自由度。虽然有时有一本指定教材，但教学结构上的变动和教学内容的增减是家常便饭。因此，学生在课堂上特别需要关于各个知识点之间的逻辑关系的提示，目录页和适时返回功能都是非常有必要的，如图 13-12 所示。

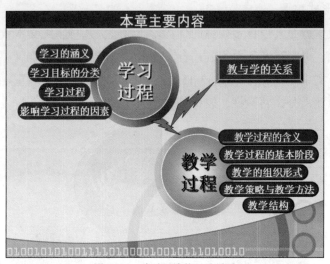

图 13-12　生动活泼的目录页面

　　同一页面中的逻辑性表述语言不明确主要体现在缩进的级别设置以及字体、字号、颜色的设置上。在同一页面内，一般通过缩进的多少表现级别的附属关系，缩进少的是级别高的标题，缩进多的是级别低的标题。对于文字段落，也可适当打破缩进的程式。另外，同一页面内的文字也要通过字体、字号、颜色的设置表现其中的逻辑关系。字号大的、笔画粗壮整齐的是较高级别的文字，字号相对较小的、笔画相对纤细的是较低级别的文字，如图 13-13 所示。

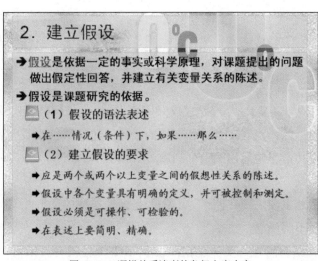

图 13-13　逻辑关系清晰的各级文字内容

5. 动态效果有问题

PPT课件的动态效果问题主要体现在以下三个方面。

第一，PPT课件不添加动态效果的情况比较普遍，很多学科教师在制作课件时忽略了这一环节，认为文字、图像的动态效果可有可无，这就将整个页面上的文字一下子展现在学生眼前，教师讲前面的内容时后面的内容会分散学生的注意力，不利于课堂悬念的制造，不利于启发式教学。

第二，需要添加动态效果演示的知识点没有添加动态效果。过程性的、结构逻辑分明的知识点往往需要设置动态效果，制作人员要注意先出现什么，箭头指向哪里，后出现什么。动态效果设计良好的结构性、过程性知识点能够让学生循序渐进地接受，能够增强课件的趣味性和亲和力。如图13-14所示，"使用与满足"过程的各个环节是随着箭头的指向按照先后顺序依次出现的，整个过程由教师单击鼠标进行控制。

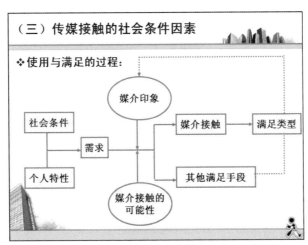

图 13-14　动态演示过程性知识点能够达到很好的效果

第三，PPT课件动态效果设置不合理，如过于花哨和速度缓慢等。

6. 界面设计问题

（1）文字可辨认性问题

在很多用于课堂教学的PPT课件中，文字的可辨认性差，学生反映看不清楚，课堂教学效果可想而知。产生这个问题的主要原因是教师对文字和背景之间的色彩搭配问题认识不清，有的教师认为在自己的显示器上能够看清就行了。事实上，多媒体教室的环境各不相同，设备良莠不齐，通过投影仪投射到屏幕上的画面质量要远远低于显示器上的画面质量。教师在设置文字的字号、色彩时需要考虑到质量较差的投影效果，尽量加大文字和背景之间的明度差，提高文字的可辨认性。

（2）装饰性动态媒体问题

有的教师为了增添课件的趣味性，在PPT幻灯片上添加小动画。这种方法是不可取的，因为动态效果特别吸引学生的眼球，会让学生的目光不自觉地偏离教学内容。在图13-15中，右上角是一直在旋转的GIF小动画，看上去不错，但在教学过程中容易分散学生的注意力。

这个动画存在于从互联网上下载的现成母版当中，需要将其清除。

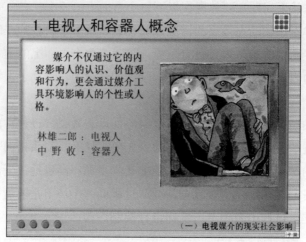

图 13-15　右上角是一直在旋转的 GIF 小动画

第四节　多媒体课件的评价

对教育类软件的质量和实用价值的评价是不容乐观的，许多教学软件仅仅是教学内容的"搬家"，即将书本上的内容搬到计算机上，无论是结构编排还是界面的表现形式、交互性，或者学习的灵活性、自主性等均无法满足多媒体教学的要求。学生不能很好地利用多媒体教学软件进行交互性、自主性的个别化学习，没有充分发挥多媒体的优势，造成了资源浪费。这里的原因主要是教育软件缺乏现代教育理论指导下的多媒体教学设计，没有经试用评价阶段的反馈和修改就推广发行。

一、多媒体课件的评价方法

1.　保证课件评价的客观性

课件开发的目的就是应用于教学，改善教学效果，提高教学效率。如果对它的评价中含有太多的主观因素，必将对已开发的课件的实际使用以及正在开发的课件的质量产生不良影响。

首先，评价指标的确立尽量做到客观公正，能用等级表示的尽量设立不同等级。其次，对评价者进行培训，提高他们对课件评价活动的认识，加深其对评价指标的理解，从而提高不同评价者对同一课件、同一指标评定的一致性。最后，将待评价课件的教学效果数据包含在评价结果之中，为课件的评价结果提供可靠的补充参考。

2.　针对不同情况细化评价指标

① 不同的认知能力（如基础教育与高等教育）。

② 不同的学科类别（如文科与理科）。

③ 不同的课件类型（如助学型与助教型）。

课件的目标用户不同，其评价指标也应该有所不同。比如，针对基础教育设计的课件与针对高等教育设计的课件对使用者回答问题的反馈设计肯定应当各有特色，而不应一概论之。同样，用语文教学课件的评价指标评价数学课件，可能也未必完全合适。用助学型课件的评价指标评价助教型课件，产生的偏差会更大。

3. 建立多媒体课件的评价体系

评价是一种判断实际行为或系统在多大程度上达到目标要求的活动和过程，其根本目的在于实现行为或系统的完善。多媒体课件评价需要把各种性能的规定变成描述性语言，成为可以度量的客观指标，即评价标准。目前通常有三种评价方法：自我评价（由软件开发人员自己进行的评价）、使用中评价以及组织评价（组织一批专家进行的评价，又称专家评价）。自我评价是形成性评价，优点是个性强，灵活度高，课件通过几轮教学的自我检验，能够形成有利于发挥教师特长的教学系统；缺点是教师受到个人思维定式的限制，往往看不出问题，缺乏权威性。使用中评价也是形成性评价，由学生或同行、听课专家等人完成，其优点是能够得到多方面的意见，及时发现问题，便于随时对课件进行调整；缺点是评价人员多数不具备相关教育理论，评价的主观性强，往往缺乏客观性和系统性。组织评价是总结性评价，其优点是由专家进行评价，能够切中肯綮，便于发现重要问题，操作性强；缺点是组织难度稍大。目前各级单位组织的多媒体课件评价一般都采用组织评价。

4. 建立评审模型

我国的组织评价在实践中形成了一种三级评审模型，其大体流程为：一审由工作人员检查课件的可靠性、稳定性，筛选掉不合格的课件；二审由学科专家与计算机多媒体专家进行，制定多媒体课件评价标准并进行加权与量化，再根据评价标准全面地评价多媒体课件的教育性、科学性、实用性、技术性和艺术性；三审则由各方面专家汇总评价意见，确定课件等级。

二、多媒体课件界面的直观评价

（1）屏幕显示

观察每一部分的显示质量。除了检查显示器的分辨率等技术问题外，还要求课件能够正常显示完整的页面，每屏显示的信息不宜过多，要与知识点的教学目标密切相关。在已有屏幕内容上显示新信息时，可以自然过渡，不干扰学生原来注意的区域。

（2）呈现元素

对于文本、图像、动画、音频、视频等媒体呈现元素，要评价它们用得是否合适，是否符合学科的特点和知识点的要求，在学生需要控制的地方能否被学生控制（如视频的暂停、继续播放等），媒体质量（如动画的清晰度、美观度）和呈现效果（如能否从背景中脱颖而出）如何。

（3）导航

导航是指使用者在运用课件进行教学或学习时能否随时定位。对于简单的课件，导航显得并不重要，但是对较大的和复杂的课件来说，良好的导航功能是必不可少的。

（4）交互

这里是指是否实现了真正的交互。交互应能促进更深层次的信息加工，而不是单纯地单击按钮或翻页。应检查课件中的交互反应是否准确（如输入正确答案后是否显示"正确"），该实现交互的地方是否实现了交互（如能够随时退出课件），交互是否与学习目标相关，能否促进理解和记忆。

（5）认知容量

呈现的信息量要与学生的接受水平相适应。单位信息（如一个页面中所呈现的文字数量）不应超出学生的短时记忆容量。

（6）学生控制

学生控制的类型和数量应该合适，同时应给学生提供关于控制的指示，不要只是迫使学生按照指定的路径学习。

（7）答题与反馈

让学生明确知道应该怎样回答问题，弄清楚问与答的过程及操作方法。反馈应是建设性的，是支持、激励，而不是要求、命令，应能促使学生更好地表现。反馈能够指出错误并提供正确答案，而不是让学生感到挫败。反馈的形式应该清晰、引人注意。

（8）隐性特征

隐性特征是指在课件运行中看不到的功能，包括登录课件、学习进度、学生进入和退出等。

三、多媒体课件的评价标准

表 13-1 列出了多媒体课件的评价标准。

表 13-1　　　　　　　　　多媒体课件的评价标准

一级指标（分值）	二级指标（分值）	三级指标（分值）	指标说明（分值）
教学内容（30）	科学性、规范性（10）	科学性（5）	教学内容正确，无科学性和知识性错误（0~5，错一处扣1分，扣完即止）
		规范性（5）	文字、符号、单位和公式符合国家标准（0~5，错一处扣1分，扣完即止）
	知识体系（16）	知识覆盖（6）	主题突出，内容完整：作品内容能够清晰、准确地表达并再现教材，整部作品已覆盖教材的主要内容（0~6）
		体系结构（10）	结构合理，逻辑顺畅：知识内容之间具有层次性和连贯性；逻辑顺畅，过渡恰当；整体风格统一、流畅、协调（0~5）。紧扣主题：版式、作品的表现方式能够恰当地表现主题内容（0~5）
	资源拓展（4）	资源形式（2）	有丰富的、和教学内容配合的学习辅助材料或网络资源链接，有利于学生学习（0~2）
		资源引用（2）	资源来源清楚，无侵权行为（0~2）

一级指标（分值）	二级指标（分值）	三级指标（分值）	指标说明（分值）
教学设计（25）	目标组织（10）	目标设计（5）	教学目标清晰，定位准确，体现课堂教学的知识框架，突出重点和难点，详略得当，内容呈现顺序合理（0～5）
		内容组织（5）	启发性、引导性强，符合认知规律，有利于激发学生主动学习（0～5）
	学习环境（15）	教学交互（5）	较好的人机交互，便于教师和学生、学生和学生进行交互、讨论（0～5）
		习题实践（5）	有多种形式的题型，题量丰富；能模拟实际环境，注重能力培养（0～5）
		学习评价（5）	有对习题的评判或对学生自主学习效果的评价（0～5）
技术性（25）	运行状况（10）	运行环境（5）	基本运行环境满足当前一般教学要求。作品经过优化处理，载入迅速，播放流畅，运行稳定，无故障（0～5）
		操作情况（5）	知识定位清楚，操作方便、灵活，交互性强，启动时间、链接转换时间短（0～5）
	设计效果（15）	软件使用（5）	合理使用软件的新功能和新技术（0～5）
		设计水平（5）	充分发挥软件的课堂演示优势，软件应用有较高的技术水准，用户环境友好，使用可靠、安全，素材丰富、规范、合理（0～5）
		媒体应用（5）	恰当运用多媒体（如图片、图表、图形、视频、音频、动画等）技术，并具有相应的控制技术，可使用超链接或动作功能（0～5）
艺术性（20）	界面设计（10）	界面效果（5）	版面设计和谐美观，布局合理，导航清晰简捷（0～5）
		美工效果（5）	文字清晰，字体设置恰当，色彩搭配协调，风格统一，视觉效果好，符合视觉心理（0～5）
	媒体效果（10）	媒体选择（5）	版面文字清晰易读，能恰当地使用多种媒体，符合教学主题（0～5）
		媒体设计（5）	媒体制作精良，交互性强，动态效果好，能激发学生的学习兴趣（0～5）
加分（10）	整体效果加分（5）		课件整体风格（包括模板设计、版式安排、色彩搭配等）统一，构思独特，设计巧妙，具有想象力和表现力（0～5）
	创新创意加分 （5）		原创程度达80%，具有鲜明的个性，创意新颖（0～5）

具体来说，多媒体课件应当符合以下要求。

（1）教学内容的科学性

① 描述概念的科学性：课件的取材适宜，内容科学、准确、规范。

② 问题表述的准确性：课件中所表述的内容准确无误。

③ 引用资料的正确性：课件中引用的资料正确。

④ 认知逻辑的合理性：课件的演示符合现代教育理念。

（2）教学设计的合理性

① 直观性：课件的制作直观、形象，有利于学生理解。

② 趣味性：有利于调动学生学习的积极性和主动性。

③ 新颖性：课件的设计新颖，进一步调动学生的学习热情。

④ 启发性：课件在课堂教学中具有较强的启发性。

⑤ 针对性：课件的针对性强，内容完整。

⑥ 创新性：能支持合作学习、自主学习或探究式学习模式。

（3）技术应用的规范性

① 多媒体效果：在课件的制作中恰当地运用了多媒体。

② 交互性：课件的交互性较强。

③ 稳定性：课件在调试、运行过程中不应出现故障。

④ 易操作性：操作简便、快捷。

⑤ 可移植性：能在不同配置的计算机上正常运行。

⑥ 易维护性：便于更新，有利于交流、提高。

⑦ 合理性：恰当地选择了软件的类型。

⑧ 实用性：适用于教师日常教学。

（4）界面设计的艺术性

① 画面艺术：具有较高的艺术性，媒体使用规范，整体标准相对统一。

② 语言文字：课件所展示的语言文字应规范、简洁、明了。

③ 声音效果：声音清晰，无杂音，对课件有充实作用。

四、教师日常使用的 PPT 课件的评价

为了改变课件评价与课堂教学脱节的情况，在一定条件下还可专门举办 PPT 课件评比活动。评比时，可以采用评课件与评"说课"相结合的方式。所谓"说课"，就是让教师以语言为主要表述工具，在备课的基础上，面对同行、专家，系统而概括地解说自己对具体课程的理解，阐述自己的教学观点，表述自己具体执教某课题的教学设想、方法、策略以及组织教学的理论依据等。这种评价方法在保留传统课件评价对科学性、技术性、艺术性、实用性等的要求的基础上添加说课环节，给教师机会将其独特的教学设计充分展现出来，说明课件的特点和在教学中的使用情况，避免"只评课件，不评课件在教学中的使用"的弊端。这种评价方法的主要操作流程是：由相关专家担任初审评委，评委以教育技术专家为主，主要考量课件的运行情况、技术情况、美观性等；组织复审团队，评委以学科教学专家为主，主要考量课件的选题情况、科学性、实用性、教学设计、创新程度等。复审要求教师结合课件"说课"，尽量展示课件在教学中的功能和作用。下面列出 PPT 课件初评、复评两个打分表，主要为教师评价 PPT 课件提供参考，如表 13-2 和表 13-3 所示。

表 13-2   PPT 课件初评打分表

评比指标（分值）	评比要素	分值
教学内容（40）	文字简洁、规范，非书本搬家	8
	文字表述生动，能够将文字图形化	8
	有必要的交互	8
	媒体选择恰当，表现方式合理，控制便捷	8
	媒体能激发和维持学生的学习兴趣	8
技术性（25）	运行稳定，操作简便	5
	媒体清晰，质量较高	10
	没有链接错误	5
	新技术运用有效	5
表现力（35）	界面设计美观，风格统一	10
	文字清晰，重点突出	10
	没有分散学生的注意力和不利于教学的装饰物	5
	有利于增强学生的兴趣，有利于学生集中注意力	10

表 13-3   PPT 课件复评打分表

评比指标（分值）	评比要素	分值
选题（10）	选题有价值，能解决教学中的问题	10
科学规范（20）	内容科学严谨，表述准确，术语规范	20
教学设计（40）	教学目标明确	5
	学习者特征明确	5
	媒体选择合理，能够解决重点、难点问题	10
	结构安排合理	5
	教学内容容量适当，节奏安排合理	5
	教学策略有效，能够调动学生积极思考	5
	有合理的交互设计或提示，体现启发式教学理念	5
创新程度（20）	教学思想明确、独特	10
	能够体现本领域的新思想和新技术	10
实用性（10）	能够运用在实际教学中，有推广价值	10